Agro-society

미래를 경작하는
농적 사회

未來を耕作する農的社會

Agro-society

미래를 경작하는
농적 사회

쓰타야 에이치 | 지음
경제학박사 **전찬익** | 옮김

옮긴이의 말

저자인 쓰타야상으로부터 본 책자를 받았을 때 제목이 다소 추상적이라는 느낌을 받았다. 그러나 목차를 보니 의외였다. "국내외에서 재평가되고 있는 소규모·가족농업", "농림수산성의 존재 의의", "도시농업이 시사하는 바" 등 역자가 평소에 관심을 가지고 있는 항목들이 눈에 확 들어왔다. 그뿐만이 아니었다. 서문을 읽어 보니 농업, 농을 통하여 생명원리를 회복해 나가자는 원대한 뜻을 지닌 내용의 책이었다. 이 일 저 일로 바빠 이제야 번역본을 내게 되었다. 원책자가 상당히 방대한 내용을 담고 있는 노작인 데다 역사적인 사건과 인물들도 꽤 많이 다루고 있어 번역에 예상보다 많은 시간이 소요되었다.

이 책자의 키워드는 '농적 사회(agro-society)'이다. 다음은 이 책자의 키워드와 목적을 함축한 필자의 말이다.

"인간은 스스로의 힘으로 살고 있다고 착각하고, 또 인간 스스로의 힘으로 살아갈 수 있다고 하는 환상에 사로잡혀 있다. 인간은 물론, 모든 생명체는 태양과 흙과 물 없이는 존재할 수 없다. 모든 것은 태양과 땅과 물의 은혜로 살아 있다.

이 지극히 간명한 사실, 즉 기본이 무시되고 망각되어 있는 것이, 살기 어려운 사회, 관리사회 그리고 격차사회, 분단사회를 초래하기에 이르고 있다. GDP(국내총생산) 신앙으로 상징되는 공업원리에 미래는 없으며, 다시 생명원리로 되돌아가는 것 이외에는 다른 방도가 없다.

이를 위해서는 생명을 접촉하고, 키워 가는 체험·경험이 절대적으로 필요하다. 농업을 경영하는 사람은 순환·지속성과 함께 생물다양성을 존중하는 농업을 전개하며, 도시 주민·소비자와의 교류를 소중히 해 나감과 동시에, 도시 주민·소비자도 다소라도 농업, 농(農)에 참여하고, 생명에 접촉해 간다. 이러한 국민개농(國民皆農), 시민개농(市民皆農)에 의해 생명원리를 최우선으로 하는 사회, 즉 「농적 사회(agro-society)」를 지역에서 실천하고 이를 지역에서부터 만들어 나가는 것이 생명원리 회복의 가장 빠른 길이라고 생각한다. 이 책의 목적은 이 「농적 사회」를 어떻게 창조해 나갈 것인가에 있다.

그래서 본서의 서명은 『미래를 경작하는 농적 사회』로 하였다. 확실히 「농적 사회」 완성을 통해서만이 미래를 개척할 수 있다. 그리고 이를 위해서는 「경작한다」고 하는 의식적·구체적인 행위·행동이 반드시 필요하다. 국민·시민 한 사람 한 사람이 자신과 가까운 곳에서부터 「경작해 감」으로써 「농적 사회」 창조에 관여하고, 참여해 가게 되기를 간절히 바란다.”

필자(1948년생. 2023년 현재 75세)는 이 책에서 자신의 오랜 연구생활(1996년 농림중금총합연구소 근무로부터 지금까지인 27년간)과 직접 영농 경험(42세 때 시작한 주말농업을 시작으로 현재까지인 33년간), 지역민들과의 교류 경험 등을 바탕으로 「농적 사회」를 어떻게 만들어 나갈 수 있을 것인지에 대한 구체적인 방안과 사례를 제시·소개하고 있다.

필자는 스스로가 연구소(농적사회디자인연구소) 운영은 물론 5도2촌(5都2村)을 해 가며 「농적 사회」 구현에 직접 나서고 있다. 도쿄도(東京都)에 인접한 야마나시山梨에서 2005년부터 18년째, 농사 체험과 시골생활 이 두 개가 그 축인 「어린이 시골체험교실」을 부인과 함께 직접 운영하고 있다. 또한 주중에 머무는 서도쿄시 자택 인근에서는 한 지역회관을 빌려 도시 아이들을 위한 「주먹밥 하우스」를 운영하고 있다. 월요일과 수요일 오후 4시부터 7시까지 아이들을 맡아, 아이들은 자유롭게 놀고, 놀다 지쳐 배고플 무렵 주먹밥을 함께 쥐고 먹는 프로그램이다. 또 다른 하나는 자택을 개방하여 운영하고 있는 「쓰타야상치」 프로그램이다. 2017년 10월부터, 집을 개방하여, 원칙적으로 매달 마지막 화요일에, 오후 3시부터 5시경까지 누구에게나 출입을 자유롭게 하고 있다. 차를 마시며, 수다를 떨면서 가까워짐으로써 지역 커뮤니티를 되살리고, 필요할 때는 서로 연락을 취하거나, 도울 수 있도록 해 나가자는 것이다. 편안한 다과회식이 중심이며, 여기에 가끔씩 만담을 듣거나, 노래를 부르는 시간을 넣고 있다. 이웃이나 몇몇 친구·지인에게 알려, 매번 어른이 10명 안팎이고 아이들도 들어와 20명 남짓한 모임을 이어 가고 있다.

이 책자는 총 7개의 장으로 구성돼 있다. 제1~2장은 농업론, 제3장은 경제학과 농업·자연과의 관계, 제4장은 협동조합론, 제5장은 보론인 쿠바론,

제6~7장은 농적 사회론이다. 제1~2장은 농적 사회에 대응하여 일본 농업의 있어야 할 모습을 묻고 있다. 농업을 좁은 의미의 농업과 넓은 의미의 농업, 즉 「농업」과 「농, 농의 세계」로 구분하여 재구성하는 한편, 지역농업을 기본으로 해서 진흥해야 함을 강조하고 있다. 제3장은 이러한 농업을 지향함과 동시에, GDP 신앙, 돈 중심주의에서 벗어나기 위해서는 경제학과 농업, 그리고 자연과의 관계를 확인해 두는 것이 필수적이라는 점에서 설정되어 있다. 애덤 스미스 등 경제학 대가들의 농업관이 흥미롭게 소개되고 있다.

제4장은 격차사회, 분단사회를 바로잡고, 농업을 부흥시키기 위해서는 지역공동체(community)의 재생이 필수적이라 생각하고, 에도 시대(江戶 시대, 1603~1867)까지 역사를 거슬러 올라가 협동조합에 대해 언급하고 있다. 제5장은 국가 단위에서 자급적 경제구축에 힘쓰고 있는 쿠바에 대한 보고서이다. 제6~7장은 이 책자의 요체인 농적 사회론이다. 제6장은 농적 사회의 성격과 이를 바탕으로 형성되는 농적 사회의 구도를 언급하면서 필자 자신의 농적 사회로의 대처 모습을 구체적으로 소개하고 있다. 마지막 제7장은 필자 이웃의 농적 사회로의 대처 모습 사례를 소개함과 동시에, 농적 사회 창조의 요건, 농적 사회에 의한 지역자급권 그리고 농적 사회와 국가와의 관계에 대하여 언급하고 있다.

이 책자의 번역을 거의 끝마쳐 가던 중 읽은 두 권의 책이 있다. 하나는 재레드 다이아몬드의 『문명의 붕괴(Collapse)』(한국어판 2005년 출간)이고, 다른 하나는 마크 비트먼의 『동물, 채소, 정크푸드(지속가능성에서 자멸에 이르는 음식의 역사)』(2022년 출간)이다. 『문명의 붕괴』는 아나사지문명, 마야문명 등 과거 사회의 붕괴는 그 문명의 환경파괴(ecocide)에 기인한 바가 크다고 말한다. 『동물, 채소, 정크푸드』는, 인류와 환경의 위기에 정면으로 맞서기 위한 정의로운 음식 시스템은 생태학적 원리를 농업에 통합하는 일련의 실천인 농생태학(agroecology)에 기반하여야 한다고 강조하고 있다. 기후변화를 비롯하여 열대우림의 난개발, 수자원의 고갈, 농지의 사막화, 해수나 해풍으로 인한 염해, 화학비료·농약 및 기타 약제의 과용에 의한 영향 등으로 세계 도처에서 여러 모양의 환경파괴가 초래되어 왔다는 본 책자의 시각이 이 두 유명 저작과 거의 일치하는 것으로 느껴진다.

독자의 이해를 돕기 위하여 각주를 최대한 달아 놓았으며 색인도 붙여 놓았다. 다만 부족한 일본어 실력에 시간에도 쫓기어 매끄러운 번역이 되지 못한 점, 독자분들께 너른 양해를 구하고 싶다. 본 책자는 농업정책입안자, 농업관련기관 및 단체의 임직원들께 일독을 권해 드린다. 특히 농업현장에서 농업인들과 직접 교류하고 호흡하고 있는 농협 임직원들께 일독을 권해 드리고 싶다. 본 역서가 우리 농업·농촌·협동조합 발전에 조금이라도 기여할 수 있다면 더 이상의 기쁨이 없을 것 같다. 시간이 없다고 방에 들어앉아 좋은 계절을 몇 번이고 그냥 흘려보낸 역자에게 무언의 격려를 보내 준 집사람에게 고마운 마음을 전하고 싶다.

2023.6.8.

전찬익

들어가며

올해(2018)도 농토향(農土香)·어린이 시골체험교실에서 주관하는 모내기를, H 씨가 중심이 되어 관리하고 있는 야마나시현山梨県 대보살고개 아래 골짜기에 있는 계단식 논에서 할 수 있도록 허락을 받았다. 그곳에는 커다란 네모 화덕[1]이 있는 세심도장(洗心道場)이라 불리는 건물이 있는데, 그 입구에는 「기본을 소중히」라고 새겨진 커다란 비석이 세워져 있다.

H 씨는 언제나 「스스로는 아무것도 아닙니다. 남이 써 주는 거야」, 「이렇게 나를 써 주는 사람이 가장 큰 재산」, 「스스로 생각한 것은 허사이다. 괴로울 뿐」, 「더 더 더 때문에, 인간은 고통스러워하고 있다. 물욕이 없음이 사람을 행복하게 만든다」고 말한다.

바로 인간은 스스로의 힘으로 살고 있다고 착각하고, 또 인간 스스로의 힘으로 살아갈 수 있다고 하는 환상에 사로잡혀 있다. 인간은 물론, 생명체 모두는 태양과 흙과 물 없이는 존재할 수 없다. 모든 것은 태양과 땅과 물의 은혜로 살아 있다.

---

1 네모 화덕: 이로리(囲炉裏). (농가 등에서) 방바닥의 일부를 잘라내고, 그곳에 재를 깔아 취사용·난방용으로 불을 피우는 장치. (두산동아 프라임 일한사전 제3판). -역자주.

이 지극히 간명한 사실, 기본이 무시되고 망각되어 있는 것이, 살기 어려운 사회, 관리사회 그리고 격차사회, 분단사회를 초래하기에 이르고 있다. GDP(국내총생산) 신앙으로 상징되는 공업원리에 미래는 없으며, 다시 생명원리로 되돌아가는 것 이외에는 다른 방도가 없다.

이를 위해서는 생명을 접촉하고, 키워 가는 체험 · 경험이 절대적으로 필요하다. 농업을 영위하는 사람은 순환 · 지속성과 함께 생물다양성을 존중하는 농업을 전개하며, 도시 주민 · 소비자와의 교류를 소중히 해 나가는 동시에, 도시 주민 · 소비자도 다소라도 농업, 농(農)에 참여하고, 생명에 접촉해 간다. 이러한 국민개농(國民皆農), 시민개농(市民皆農)에 의해 생명원리를 최우선으로 하는 사회, 즉 「농적 사회(agro-society)」를 지역에서 실천하고 지역에서부터 만들어 나가는 것이 생명원리 회복의 가장 빠른 길이라고 생각한다. 이 책의 목적은 이 「농적 사회」를 어떻게 창조해 나갈 것인가에 있다.

그래서 본서의 서명은 『미래를 경작하는 농적 사회』로 하였다. 확실히 「농적 사회」를 완성해 가는 것에 의해서만이 미래를 개척할 수 있다. 그리고 미래를 개척해 가기 위해서는 「경작한다」고 하는 의식적 · 구체적인 행위 · 행동이 반드시 필요하다. 국민 · 시민 한 사람 한 사람이 자신과 가까운 곳에서부터 「경작해 감」으로써 「농적 사회」 창조에 관여하고, 참여해 가게 되기를 간절히 바란다.

이 책은 총 7장으로 되어 있는데, 제1장과 제2장이 농업론, 그리고 제6장과 제7장은 농적 사회론이며, 길이 관계로 둘로 분할된 것이다. 실질적으로는 제1장과 제2장의 농업론, 제3장의 경제학과 농업 · 자연과의 관계, 제4장의 협동조합론, 제6장과 제7장의 농적 사회론 등 크게 4 기둥으로 구성되며, 제5장 쿠바론은 보론에 해당한다.

제6장과 제7장의 농적 사회론, 농적 사회를 어떻게 창조해 나갈지가 이 책의 요체가 되는데, 농적 사회에 대응한 일본 농업의 바람직한 모습에 대해 제1, 2장에서 묻고 있다. 농업을 좁은 의미의 농업과 넓은 의미의 농업, 즉 「농업」과 「농, 농의 세계」로 나누어 다시 구성함과 동시에, 지역농업을 기본으로 하여 진흥해야 한다는 점을 강조하고 있다.

이러한 농업을 지향함과 동시에, GDP 신앙, 돈중심주의에서 빠져나오기 위해서는 경제학과 농업 그리고 자연과의 관계를 확인해 두는 것이 필수적이라는 점에서 제3장을 두고 있다. 그리고 세상을 바로잡고, 농업을 다시 일으키기 위해서는 지역 커뮤니티(community)의 재생이 불가결하다고 생각하며, 에도江戶 시대까지 역사를 거슬러 올라가 협동에 대해 생각해 본 것이 제4장이다. 제5장은 국가 단위에서 자급적 경제 구축에 힘쓰고 있는 쿠바에 대한 보고이다.

제1장에서 제5장까지를 근거로 제6, 7장을 전개하고 있지만, 크게는 4개의 기둥으로 구성되어, 각각 독립적이기도 하므로 흥미·관심에 따라 좋아하는 부분부터 읽기 시작해도 좋을 것 같다. 농적 사회에 조금이라도 관심을 가져주면 좋겠다.

2018년 나뭇잎이 물들 무렵에
쓰타야 에이치

일러두기

- 본문의 글 중 인용문 뒤의 ( ) 내에 저술자명과 쪽수를 기록하고 있으며, 인용 · 참고문헌명은 권말에 장마다에 수록하고 있습니다.
- 본서에서는, 농(農)에는 많은 사회디자인 능력이 있으며, 사회변혁의 힘이 될 수 있음을 도처에서 분명하게 하고 있습니다.
- 등장하는 일부 분들의 경칭을 생략하였습니다.
- 가타카나 전문용어, 영자(英字) 약어, 난해어에 대해서는 주로 초출의 ( ) 내 등에서 말의 뜻을 제시해 놓았습니다.
- 본문의 그림은 모두 저자가 작성한 것입니다.

차 례

제1장

농 업 론

지역이 있기 때문에
식(食)과 농(農)이 유지될 수 있다

제 2 장

농업론

국내외에서 재평가되고 있는
소규모 · 가족농업

제 3 장

경제학에서
농업의 위치

경제학과 농업·
자연과의 관계

제 4 장

협동조합론

다시 되묻는
협동의 원류와 본질

제 5 장

보론: 쿠바론

가난하지만 풍족한 나라
쿠바

제6장

농적 사회론

농(農)이 있는 장을
가까이서 연다

제 7 장

농적 사회론

농적 사회로 가기 위한
다양한 구조 만들기

농 업 론

지역이 있기 때문에
식(食)과 농(農)이 유지될 수 있다

지원이 있어야 농업은 유지 · 존립

일본 농업에 대해서는 오랫동안에 걸쳐 갖가지의 떠들썩한 논의가 전개되어 왔지만, 현재도 기본적인 상황에는 변함이 없다. 단, 논의는 계속되면서도 해가 지날 때마다 농산물수입자유화가 진행되는 한편, 담당자[1]는 감소해 농촌의 활력 저하는 현저하다.

담당자가 감소하는 가운데, 규모를 확대하여 농업의 효율화나 소득증대가 필요하다는 것 자체에는 이론(異論)이 없다. 그러나 일본 농산물이 국제

---

1 담당자: 본 책자에 담당자(担い手. 니나이테) 또는 농업담당자(農業担い手)라는 용어가 많이 나옴. 이는 주력농가(leading farmer)를 뜻한다고 볼 수 있다. 좀 더 구체적으로 보면, 농업경영에 대한 의욕과 능력이 있는 농업자 중, 농업경영기반강화촉진법에 따라, 농업경영개선계획을 시정촌(우리의 시읍면)에 제출하여 인정을 받은 개인농업경영자 그리고 특정농업단체, 집락영농 등을 의미. 일본의 농업경제학자인 후미오 에가이츠는, "이는 막스 베버의 트레거(Trager: 이념의 구현자)에서 유래하는 것으로 생각된다. 일본 농업정책 용어로서는, 농업경영의 바람직한 형태인 동시에 농업정책의 주된 대상이 되는 경영체 내지 경영자를 의미"한다고 정의하고 있다. 후미오 에가이츠佳開津典生, 스즈키 노부히로鈴木宣弘, 『농업경제학』(제5판), 岩波書店, 2022, 224쪽. –역자주.

경쟁력을 가질 수 없는 것은 일본 농업의 근대화가 지연되고 있기 때문이고, 광공업 부문이나 서비스산업 부문에서 고도 경제성장을 실현한 데 비해, 농업의 근대화가 늦어진 것은 농업자의 보수성이 그렇게 만들기 때문이고, 창의적 발상 등의 노력이 부족하기 때문이라고 하는 논의에는 동의할 수 없다.

농업은 자연조건에 의거하는 바가 커, 무역의 자유화, 글로벌화가 진행되는 가운데, 이른바 농업 대국으로 여겨지는 브라질, 오스트레일리아, 뉴질랜드 등과 같은 정도의 생산성을 획득해 나가는 것은 곤란하다. EU는 물론이고, "세계의 빵바구니"라 불리던 미국조차 경쟁력을 잃어, 농산물의 가격 주도자(price leader)로서의 지위를 상실해 가고 있다. 농업생산액에 대한 농업 예산의 비율(2012)을 보면 일본은 38.2%인 데 반해 프랑스는 44.4%, 영국 63.2%, 독일 60.6%이며, 미국에 이르러서는 75.4%나 된다(JC 總硏 리포트, 2016 겨울).

일본 농업은 일정한 지원 없이 유지해 나가는 것은 곤란하다. 이 기본적 명제를 모호하게 둔 채 농업인의 노력 부족, 효율화나 소득 증대를 운운할 정도로 사태는 심각해져, 일본 농업은 수입 농산물에 점점 더 잠식되어 가고 있는 것이 현실이다.

일정한 지원을 해서라도 일본 농업을 지켜 나간다고 하는 명확한 국가로서의 의지와 이에 상응하는 지원 조치기 필요한 것이며, 그렇다면, 농업이 일본에 왜 필요한가, 그 존재 의의를 재차 명확하게 한 위에서, 거기에 일본 농업의 있어야 할 모습을 목표로 해야 하는 것이 아닌가. 규모 확대, 그리고 시장원리를 철저히 해 나가는 것이, 일본 농업이 경쟁력을 획득하여 살아남아 가기 위한 유일한 길이라는 환상을 떨쳐 버리고, 이러한 정당한 논의에 한시라도 빨리 되돌아갈 필요가 있다. 농업 유지를 위해 일정한 지원을 전제로 한다면, 규모 확대·소득 향상을 우선하는 것과 소농[2]·가족 경영을 중시하는 것으로 나누어 논의함과 동시에, 세금을 부담하는 쪽인 국민·소비자가 다면적 기능이나 공공성·공익성의 발휘를 농업에 요구하는 소리에 더욱 귀 기울일 필요가 있는 것은 아닐까.

농업이 가지는 다면적 기능, 공공성·공익성은 태양과 흙과 물의 위대한 힘에서 비롯되는 것이며, 농민도 국민·소비자도 인간은 자연의 은혜에 힘입어 살고 있다고 하는 인식으로 되돌아가는 것으로부터 출발해 가는 것이 요구되고 있다고 생각한다. 일본 농업이 크게 상실되어 왔다고는 하지만, 높은 기술과 품질에 대한 집요한 추구, 지역 커뮤니티와 경관 등 일본 농업이 가진 장점은 아직 어느 정도까지 남아 있어, 이를 활용한 농업 재생의 길을 개척해 나가는 것은 가능하다고 생각한다.

---

2 소농: 小農. "가족농과 깊은 관련이 있는 이념이다. 이는 「가족의 노동으로 경작할 수 있는 이상으로 크지 않고, 가족의 생활을 유지할 수 없을 정도로 작지는 않은」 농업경영을 말한다. 이러한 농장은 세계 곳곳에 존재하며, 그 수는 감소하고 있지만 시장경제를 가진 많은 나라의 농업에서 중심적인 위치를 차지하고 있다. 경제학적으로 말하자면 이 소농이라는 이념에서는 가족만으로 일하고, 사람을 고용하지 않는다고 하는 노동 측면에 중점을 두고 있다." 이상은 앞의 책 62쪽에서 재인용한 것임.
"자기 자신의 토지와 자기 자신의 자본과 자기 자신의 노동력을 투입하여 소규모의 농업을 경영하고 있는 농민을 독립자영농민, 소농 또는 가족노작적 농민이라고 한다(187쪽)." 소농이란 "자기의 가족과 더불어 통상적으로 경작할 수 있는 것보다 크지 않고, 또한 가족을 부양할 수 있는 것보다 작지 않은 자유로운 토지소유자 또는 농업생산자(423쪽)." 이상은 주종환, 1978, 『경제학개론』, 일조각에서 재인용. 필자인 쓰타야 선생은 이 책자에서 소농의 개념을 명확히 밝히고 있지는 않지만 위의 소농의 개념을 감안하고 이 책을 집필했다고 생각한다. -역자주.

도시농업이 시사하는 바

농업의 의의와 위치 설정

재차 일본 농업 본연의 모습을 생각해 가는 데 있어서 농업자에게 있어서 뿐만이 아니라 국민·소비자도 포함해 농업의 의의, 위치 설정을 명확히 해 나가는 것을 빠뜨릴 수 없다. 지금 농업에 대한 국민·소비자의 시선이나 가치관은 상당히 변화해 가고 있는 것 같다. 여전히 값싼 농산물이면 국산인지 수입산인지를 묻지 않는 소비자가 대부분을 차지하고 있는 것은 분명하지만, 3·11(2011년, 동일본대지진)을 비롯하여 대재해가 빈발하는 가운데 식료안전보장(식량안전보장)[3]의 중요성과 함께, 농업이 가지는 다면적 기능이나 공공성·공익성에 대해 이해를 가지는 사람도 많아지고 있다. 이러한 움직임과 병행하여 전원(田園)으로 회귀나 지방 이주를 희망하는 젊은이가 많아지고 있는 점, 또 산직(産直: 산지직판)[4]이나 지산지소(地産地消)[5]가 착실

---

3 식료안전보장(식량안전보장): 식료(食料)라 함은 food를 의미하는 것으로, 식량 또는 식품으로 번역 가능. 본 책자에서는 식료를 식량으로 번역하였다. -역자주.

4 산직(産直: 산지직판)의 사전적 의미는 산지직판(産地直販) 또는 산지직송(産地直送)임. 한편 일본 생협(생활협동조합)은 산직(産直)을 산지직결(産地直結)로 보며, '산지직결상품'을 다음의 세 가지 원칙을 충족하는 상품으로 규정하고 있다. 첫째, 생산지와 생산자가 명확해야 할 것, 둘째, 재배·사육 방법(농약·동물용 의약품·비료·사료 등)이 명확할 것, 셋째, 조합원과 생산자가 교류할 수 있을 것 등(자료: 일본 토야마 생협 홈피 https://www.coop-toyama.coop/products/sanchoku/) 및 일본생활협동조합연합회 홈피 https://jccu.coop/activity/sanchoku/introduce.html -역자주.

5 지산지소(地産地消): 지역생산 지역소비의 준말. 「지역에서 생산된 것을 그 지역에서 소비하는 것」을 기본으로 한 활동. 그러나 커뮤니케이션을 동반하여 농산물이 왕래하는 것으로 확대하여 생각할

하게 증가하고 있는 점 등 주목할 만한 동향도 볼 수 있다.

그런데 현재 진행되고 있는 규모 확대와 소득 증대를 기둥으로 하는 공격 농업에서는, 이러한 움직임, 트렌드는 경시되고 있어, 오히려 엇갈린 상태에 있다고 말하지 않을 수 없다. 신규 취농지원은 조치가 되었다고는 하지만, 그 전제는 규모 확대와 소득 증대로서, 식량안전보장이나 다면적 기능은 뒷전이다. 새로운 움직임·트렌드를 따르고 있다고는 볼 수 없다.

그러한 가운데, 재차 일본 농업의 존재 의의, 새로운 움직임·트렌드에 입각한 일본 농업 본연의 모습에 대해 생각해 가는 데 있어서 주목해 두고 싶은 것이 "변경(邊境: 변방)"인 도시 및 중산간 지역에서의 움직임이며, 특히 도시농업이다. 도시농업이란 「시가지 및 그 주변 지역에서 행하여지는 농업」(「도시농업진흥기본법」 제2조)을 말한다. 여기서 오해가 없도록 강조해 두고 싶은 것은, 도시농업이 농촌 지역의 농업 이상으로 중요하기 때문은 아니라는 점이다. 고도 경제성장에 따라 막대한 택지 수요가 발생하는 가운데 1968년 도시계획법에 의해 시가화구역(市街化區域)[6] 내의 농지는 기본적으로 10년 이내에 택지로 전용하도록 규정되어, 시가화구역 내의 도시농업은 농정 대상에서 제외됐다.

이에 따라 시가화구역 내 농지를 비롯한 도시농지는 크게 감소해 왔지만, 그 놓인 조건·환경을 살리면서 일정 수준의 도시농업은 유지되어 왔다. 그

필요가 있다고 일본 농림수산성은 해석하고 있음.

https://www.maff.go.jp/j/seisan/gizyutu/tisan_tisyo/pdf/pamphlet.pdf -역자주.

6 시가화구역(市街化區域): 도시계획구역 중 하나. 이미 시가지를 형성하고 있는 구역과 대체로 10년 내에 우선적이고 계획적으로 시가화를 도모해야 하는 지역(「도시계획법」 제7조 제2항).

https://ja.wikipedia.org/wiki/市街化区域 -역자주.

리고 2015년 4월에는 도시농업진흥기본법이 통과됨에 따라, 「택지화해야 할 농지」에서 「있는 것이 온당한 농지」로서 다시 자리매김하게 되었다. 이 「택지화해야 할 농지」, 즉 전용하여 농지가 아닌 것으로 되도록 했던 농지가 왜 「있는 것이 온당한 농지」로 다시 규정되게 된 것일까? 그것이야말로, 앞으로의 일본 농업의 있어야 할 모습을 생각해 감에 있어서 매우 중요한 열쇠가 들어 있다고 할 수 있다.

도시농업진흥기본법의 충격

그래서 재차 「도시농업진흥기본법」 성립까지의 흐름을 확인해 두고 싶다. 고도 경제성장, 저성장을 거치면서 거품 경기는 1991년 2월 꺼지게 되나, 경제의 성장 둔화(slowdown)와 함께 토지 수요도 한꺼번에 얼어붙게 됐다. 그래서 이제까지의 개발 일변도로부터 벗어나 도시의 주거 환경에도 관심을 갖게 되어, 도시 농지를 주변에 소재하는 녹색 환경으로 재편성함과 동시에, 신선한 채소 공급 장소로 여기는 움직임이 확산되어 왔다. 또한 시민농원 등도 늘어나, 「도시에 농지를 남겨 두어야 한다」는 사람들이 증가하여 왔다.

이러한 도시농업의 재검토 기운이 고조되는 한편, 도시 농지는 감소의 일로를 더듬어 왔다. 더 이상의 도시 농지 감소에 제동을 걸고, 유지해 나가기 위해서는, 지금까지의 법률과 세제의 재검토를 포함한 근본적인 대책이 필요하다고 하여, 국정을 끌어들이는 운동이 전개되었다. 2015년 4월에 의원입법에 의해서, 도시농지를 「보전해야 하는 농지」로서 다시 자리매김하고,

이것을 유지해 가기 위해서는 도시농업의 진흥이 필요하다고 하는 「도시농업진흥기본법」을 성립시키기에 이른 것이다. 그리고 2016년 5월에는 동 기본계획도 결정되어 도시 농지를 남겨 가기 위한 세제를 포함한 구체적인 시책이 실현되고 있다.

도시농업진흥기본법이 제정됨에 따라 도시 농지는 「지켜야 하는 농지」로 다시 자리매김되었는데, 여기서 초점은, 도시 농지에서 도시농업이 발휘해야 하는 「다양(多樣)한」 기능이다. 다면적(多面的) 기능이 아니라 다양한 기능으로, 거기서 제시되는 것이, 예를 들면 농산물 공급 기능, 방재(防災) 기능, 양호한 경관 형성 기능, 국토·환경의 보전 기능, 농작업 체험·교류의 장 제공 기능, 농업에 대한 이해 조성 기능 등이다.[8]

식량·농업·농촌 기본법에서 들고 있는 다면적 기능과 비교해 보면, 지진 등 재해 시의 피난 장소 등으로서, 도시이기 때문에 중시되는 방재 기능이 부가되어 있다. 아울러 주목받는 것이 농작업 체험·교류의 장 제공 기능으로서, 도시 주민의 농업 참여와 어린이들의 식농(食農) 체험의 장으로의 자리매김을 강조하고 있다. 그리고 이를 포함한 기능을 발휘함으로써 농업에 대한 도시 주민, 국민의 이해 조성을 도모해 나갈 것으로 기대되고 있다.

확실히 도시농업은 농산물을 공급하는 기능, 양호한 경관의 형성 기능, 국

---

7 「도시농업진흥기본법」: 우리나라에서도 「도시농업의 육성 및 지원에 관한 법률」이 일본보다 조금 뒤인 2017년 9월에 시행되었다. -역자주.

8 도시농업의 역할과 기능에 대한 보다 자세한 내용은 쓰타야 에이치 저, 전찬익 역, 2019, 『지역으로부터의 농업 르네상스』, pp.380~391 그리고 본 책자의 뒷부분의 〈표 3〉을 참조. -역자주.

토·환경 보전 기능이라고 하는 이른바 다면적 기능에 머무르지 않고, 방재 기능, 나아가서는 농사 체험·교류의 장 기능, 농업에 대한 이해 조성의 기능까지도 포함하여 넓게 공공성·공익성을 발휘해 나가는 것을 요청받고 있다. 또 이러한 도시농업의 역할은 농업에 대한 도시 주민이나 국민의 이해를 획득해 나가기 위한 전제이기도 하다. 일본 농업은 무역자유화가 진행되는 가운데 구조적 위기에 노출되어 있지만, 일본 농업이 목표로 해야 할 방향성이 도시농업진흥기본법에서 선행적으로 명확히 제시되고 있다고 이해할 수 있지 않을까. 한 걸음 더 나아가 말하면, 농업에 대한 이해 조성 기능은 다양한 기능이 발휘되는 가운데 얻어지는 것으로 이해되는데, 그것은 도시 주민·국민에게 있어서는 도시농업이 농사 체험·교류의 장 기능 발휘, 말하자면 시민의 농업 참획(參劃)[9]을 통하여 이루어진다고 볼 수 있다. 이런 의미에서 시민의 농업 참여는 도시농업뿐만 아니라 일본 농업의 재생에 있어서 큰 열쇠를 쥐고 있다고 할 수 있다.

농업의 '산업화' 흐름이 주류를 이루고 있긴 하나, 다면적 기능의 발휘에 머무르지 않고, 도시 주민의 농업 참여나 어린이의 식농 체험·교류 등의 농사일, 말하자면 '광의의 농업'이라고 할 수 있는 농업을 촉진하는 흐름이 시작되고 있는 것이 확실하며, 이 자그마한 움직임을 커다란 흐름으로 삼아 가는 것이 일본 농업을 지키기 위한 매우 중요한 과제가 아닐까 한다.

---

9 참획(參劃): (어떤 사업이나 정책의) 계획에 참여함. 개발 계획에 참여하다. (동아새국어사전 제4판). 일본 자료에 보면, 참획(參劃)은 매사에 주체적으로 참가한다는 뉘앙스를 가짐. 법안의 작성에 참획한다고는 해도, 반상회나 이사회에 참획한다고 쓰지는 않음. 또 하나의 예를 들면 대학의 설립에 참획하다임. https://www.weblio.jp/content/%E5%8F%82%E7%94%BB 및 중형 일본어사전인 広辞苑 참조. 우리나라에서는 잘 쓰지 않는 단어로서 본 책자에서는 '참여'로 번역하기로 함. -역자주.

특징을 살린 도시농업의 전개

도시농업 실태를 그 특징이라는 관점에서 좀 더 살펴보기로 한다.

도시농업의 특징 중 첫 번째는 그 안의 내용이 다양하다는 것으로, 고도의 기술을 구사한 시설형 채소와 화훼 등의 재배, 딸기와 블루베리, 포도와 배 등을 생산해 시민이 수확하여 가져가는 관광농원(觀光農園), 나아가 농지를 제공하는 시민농원(市民農園)이나, 자신의 농지에서 시민들이 농사를 지어 그 수확물을 가지도록 하는 과정에서 생산 지도를 하고, 그 지도료를 수입으로 하는 체험농원(体験農園) 등 경영 형태에는 여러 가지가 있다. 고도 기술을 구사해야 하는 시설형 농업이나 체험농원 등은 전업농가가 담당자의 중심이 되지만, 도시농업자 중에는 주택이나 사무소, 창고 등의 임대나 주차장 경영, 또는 회사 근무 등을 하고 있는 겸업농가도 많다. 단, 이 경우는 도시에서 농업을 영위하기 때문에 많은 금액의 고정자산세·도시계획세, 또 상속세의 부담을 피할 수 없게 되어 있어, 여기에 필요한 수입을 확보하기 위해서 주차장이나 임대주택 등의 경영을 하고 있는 것이 실태인 점에 유의할 필요가 있다.

여기서 특히 주목해 두고 싶은 특징인 두 번째가, 전업농가나 겸업농가라는 농가·농업자에 더하여, 시민농원이나 체험농원에 주로 많은 시민이 농업에 참여하고 있다는 점이다. 담당자라고 하기에는 못 미치지만 스스로가 농사짓는 것 자체를 즐거움으로 삼음과 동시에, 일부는 농가의 농작업 도움 요청에도 응하고 있어 아마추어 농가라고 칭해야 할 층이 출현하고 있다.

세 번째 특징으로서 들 수 있는 것이 고부가가치 실현에 의한 자립경영을 행하고 있는 경우가 많다는 것이다. 시설 재배가 많음과 동시에, 노지 재배에서도 소비자 니즈에 대응한 다품종 소량 생산을 하고 있는 경우가 많아, 고소득의 실현으로도 연결되고 있다. 또 시가화구역 내에 있는 농지의 경우에는 농정대상에서 제외되는 가운데, 보조금 없이 자립경영을 어쩔 수 없이 해 왔다고도 볼 수 있다. 단, 앞서 언급한 바와 같이 많은 세 부담에 의해 고소득이 상쇄되어, 부동산 등에 의한 농외수입 없이는 성립될 수 없다는 것이 경영의 실정이기도 하다.

넷째, 도시농업이 신선도를 살림과 동시에, 직접 판매방식을 통하여 소비자와 직접 교류해 가면서 소비자 니즈를 파악하고, 이것을 토대로 한 생산에 임하고 있는 점이다. 아울러 해당 지역에 있는 레스토랑이나 식당, 여관, 상점이나 식품공장 등과도 연계해 가면서 지산지소(地産地消)에 의한 지역 순환을 창출하고 있다고 할 수 있다.

이와 같이 도시농업은, 고도의 기술을 살려 고부가가치 농업이나 소비자 니즈에 대응한 농업을 전개함과 동시에, 유통 거리가 짧다는 유리한 지리적 조건을 살려 직접판매나 신선도로 승부하는 한편, 시민농원이나 체험농원을 경영에 끌어들임으로써 소비자·시민의 농작업 체험이나 교류의 장을 제공하는 등, 다양성에서 특징 있는 농업을 펼치고 있다. 처한 환경이나 지리적 조건을 살려 나가는 동시에, 이와 병행하여 시민이 농업에 참여하는 장을 적극적으로 추구해 가는 등, 앞으로의 일본 농업에서 선구적인 위치에 있다고 해도 무방할 것이다. 첨언한다면, 국토 면적이 좁고, 도시와 농촌과의 시간 거리가 짧은 일본의 경우, 농업 전체를 도시농업적인 것으로 만들어 가는 것이 큰 방향성이라고 할 수 있을 것이다.

요코하마시에서 볼 수 있는 녹농일체화로서의 농업진흥

　이러한 도시농업의 실태를 판단의 근거로 삼아, 이를 어떻게 평가하고, 정책적으로 어떻게 자리매김해 갈 것인가가 커다란 문제가 된다. 이에 대해 선진적인 대처를 진행시켜 오고 있는 곳이 인구 371만 명(2015년 1월 현재)으로 시로서는 최대의 인구를 갖고 있는 요코하마시橫浜市이다. 요코하마시는 2,952ha(2017)의 농지 면적을 가지고 있으며, 시 면적의 약 7%를 차지하고 있다. 시가화구역내농지(市街化区域内農地)[10]는 517ha이고, 그중 택지화농지 225ha, 생산녹지는 292ha이며, 또 시가화조정구역[11] 내 농지는 2,434ha이다. 그리고 농지의 93%는 밭이 차지하고 있고, 논은 7%이다.

　농업 산출액은 134억 엔으로, 채소가 3분의 2를 차지하고 있지만, 과실, 화훼, 감자, 고구마 및 토란, 젖소, 돼지 등 품목이 다양하며, 농업 산출액으

10　시가화구역내농지(市街化区域内農地): 도시계획법상 시가화 구역 내에 있는 농지를 말한다. 3대 도시권(수도권, 나고야시를 중심으로 하는 중경권, 교토 및 오사카시 등을 중심으로 하는 근기지방) 특정시의 시가화 구역 내 농지는 택지화 농지와 보전할 농지(생산녹지)로 나뉘고 택지화할 농지는 택지 등으로 전환이 추진되고 있다. 이 때문에 택지화하는 농지는 평가를 농지로 하지 않고 택지와 비슷하게 하며 고정자산세 · 도시계획세가 택지 수준의 과세로 된다. 「보전하는 농지(생산녹지)」는 농지보전을 목적으로 하고 있기 때문에 농지와 동일하게 평가한다.
　　https://www.nomu.com/glossary/law/586.html -역자주.
11　시가화조정구역: 도시계획구역에 대해 무질서한 시가화를 방지하고 계획적인 시가화를 도모하기 위해 필요할 때 정하는 구역 구분 중 시가화를 억제해야 하는 구역으로서 정하는 구역이다.
　　https://ja.wikipedia.org/wiki/市街化調整区域内農地 -역자주.

로 보면 미우라三浦 무[12]로 유명한 미우라시를 넘어 현 내에서 제1의 산지로 올라 있다.

이러한 요코하마 농업의 대응 지침으로 되어 있는 것이 「요코하마 도시농업추진플랜」인데, 이는 2015년 2월에 마련되었다. 〈표 1〉에서 보는 바와 같이 거기에 세워져 있는 기둥은 2개인데, 대응의 기둥 1은 '지속가능한 도시농업을 추진한다', 대응의 기둥 2는 '시민이 가까이에서 농(農)을 느낄 수 있는 장소를 만든다'이다.

대응의 기둥 1은, 〈1〉 농업경영의 안정화·효율화를 향한 농업진흥〉, 〈2〉 요코하마 농업을 지탱하는 다양한 담당자에 대한 지원〉, 〈3〉 농업생산의 기반이 되는 농지이용촉진〉, 〈4〉 시대에 따른 새로운 시책〉으로 이루어진다. 그리고 대응의 기둥 2는, 〈1〉 농(農)을 가까이하는 대응 추진〉, 〈2〉 지산지소 추진〉으로 구성된다.

특히 주목해 두고 싶은 것이 농업추진 플랜의 2개의 기둥 중 1개는 농업경영의 안정화·효율화와 담당자 지원에 두어져 있으나, 또 하나의 기둥을 시민의 농업 참여와 지산지소의 추진에 두고 있다는 점이다. 농업자에 의한 농업의 진흥과 아울러, 또 균형을 취해 가면서 널리 일반시민을 대상으로 농과 맞닿는 장(場) 만들기나 지산지소의 추진이 확실히 자리매김하고 있다.

---

12 미우라 무: 미우라 무는, 가나가와현의 미우라반도 특산의 무 품종이다.

〈표 1〉 요코하마 도시농업추진플랜(2015.2.)

기둥(pillar)	구체적 내용
1. 지속가능한 도시농업을 만든다	1) 농업경영의 안정화 · 효율화를 향한 농업 진흥 ① 시내농축산물의 생산 진흥 ② 도시농업의 거점 만들기 지원 ③ 생산기반의 정비와 지원
	2) 요코하마 농업을 지탱하는 다양한 담당자에 대한 지원 ④ 농업담당자의 육성 · 지원 ⑤ 농업경영의 안정대책
	3) 농업생산의 기반이 되는 농지이용촉진 ⑥ 농지의 임대차의 촉진 ⑦ 정리가 되어 있는 농지 등의 보전
	4) 시대에 따른 새로운 시책 ⑧ 농업을 활성화시키는 새로운 노력
2. 시민이 가까이서 농(農)을 느낄 수 있는 장소를 만든다	1) 농(農)을 가까이하는 대응 추진 ① 양호한 농경관(農景觀) 보전 ② 농과 접촉하는 장(場) 만들기
	2) 지산지소(地産地消) 추진 ③ 가까이서 느끼는 지산지소 추진 ④ 시민이나 기업과 연계한 지산지소 전개

주: 본 표는 역자가 본문 내용에 따라 작성.

아울러 특기할 만한 것은, 「요코하마녹색업(up)계획」[13]의 존재이다. 요코하마시는 시민생활과 가까운 장소에 있는 수림지[14]나 농지를 녹색 환경으로 자리매김하고, 이를 차세대에 계승해 나가기 위해, 2025년도를 목표로 하는 '요코하마시 물과 녹색 기본계획'[15]을 2006년도에 책정하고, 본 계획에 근

---

13 요코하마녹색업(up)계획: 원문은 横浜みどりアップ計画. -역자주.

14 수림지: 樹林地. 나무가 우거진 숲. -역자주.

15 '요코하마시 물과 녹색 기본계획'의 원문은 横浜市水と緑の基本計画. -역자주.

거해 장기적 관점에서 「요코하마다운 물·녹색환경의 실현」[16]을 위한 노력을 전개하고 있다.

이러한 대책을 강화하고 충실화하기 위해 매 5년마다 「요코하마녹색업(up)계획」이 책정되고 있으며, 이를 추진하기 위한 재원의 일부로서, 개인의 경우, 시민세의 균등할[17]로 900엔을, 법인의 경우에는, 연간 균등할 금액의 9% 상당액을 추가하는 형태로 징세하는 '요코하마 녹색세(綠稅)'가 도입되어 있다. 그리고 시민에 의한 녹색 업(up) 계획 평가와 의견·제안, 정보 제공을 목적으로 하는 「요코하마녹색업(up)계획시민추진회의」도 설치되어 있다. 앞서 언급한 요코하마도시농업추진플랜은 요코하마녹색업(up)계획과 연동되어 있으며, 요코하마녹색업(up)계획에서 정한 농업시책이, 요코하마시 도시농업추진플랜의 추진 기둥 2인 「시민이 가까이에서 농을 느낄 수 있는 장을 만든다」로 되어 있다. 즉 요코하마시에서는 농업을 단순히 농업으로서만 자리매김하는 것이 아니라, 녹지와 일체화시킨 녹농정책(綠農政策)으로 전개되고 있음과 동시에, 이에 필요한 재원의 일부를 시민이 부담하는 동시에 그 계획 추진을 시민이 직접 감시하고 제안하는 시스템을 채택하고 있다.

요코하마녹색업(up)계획시민추진회의는 2009년도에 설치되어 2018년 현재 제2기 5년 차, 최종 연도에 접어들었는데, 사실 필자는 본회의 개시 이래, 학식 경험자로서 참가해 오고 있다. 회의의 멤버는 공모 시민 5명, 관계 단체 6명, 읍내회(町內会)·자치회 대표 1명, 학식 경험자 4명 등 총 16명으

---

16 「요코하마다운 물·녹색환경의 실현」의 원문은 「横浜らしい水·緑環境の実現」. -역자주.

17 균등할: 均等割. 균등하게 할당함.

로 구성되어 있으며, 농업자나 농협 관계자도 포함되어 있지만, 일반 시민이나 NPO(비영리단체)[18]등의 관계자가 주가 되어 협의가 이루어지고 있다. 도시농업이 지금까지의 농업에 새로운 숨결을 불어넣고 있을 뿐만 아니라, 요코하마시에서는 시민 스스로가 부담도 하면서, 녹농(綠農)을 일체화시킨 농업을 추진하는 행정의 방식을, 시민이 직접 감시하고, 제언해 나간다고 하는, 새로운 시대에 어울리는 장대한 사회실험이 전개되고 있다고 볼 수 있다.

 ## 광의의 농업과 협의의 농업

농업의 개념

여기에서 살펴 온 도시농업을 일본 농업의 선구자로 자리매김한 위에서, 앞으로의 일본 농업의 있어야 할 모습에 대하여 생각해 보기로 한다. 도시농업의 주된 부분은 농업인에 의해서 영위되고 있지만, 아울러 많은 시민·소비자가 참여하여, 관계를 맺고 제휴도 하고 있는 방식으로 성립되고 있다. 즉 농업이 이른바 산업으로서의 농업만으로는 파악할 수 없는 실태를 가지

---

18 NPO: Non Profit Organization. 국가와 시장(市場)을 제외한 제3영역의 비영리단체를 가리키는 말이다. 비영리조직(Non Profit Organization)의 영문 머리글자를 딴 말로, 비영리단체, 비영리민간단체, 비영리기관, 비영리집단 등으로 다양하게 불린다. 제3섹터 또는 시민사회조직이라고도 한다. NPO는 국가와 시장 영역에서 분리된 제3영역의 조직과 단체를 통칭하는 포괄적 개념을 가진 말로, 이윤을 추구하지 않는 영역에서 주로 활동하는 준공공(semi-public) 및 민간조직을 가리킨다. (두산백과). -역자주.

고 있음을 밝히고 있는 동시에, 산업과는 다르게 된 부분이 시대의 변화와 함께 그 가치가 재평가되어, 가치가 커져 오고 있다. 물론, 농촌지역의 농업도 본래적으로 같은 요소를 안고 있지만, 도시농업에서는 그것이 보다 선명하게 표면에 나와 있어 이해하기 쉽다고 할 수 있다. 한편, 도시농업은 감소가 계속되는 가운데 서로 만나서 행하는 영농은 곤란해져, 취락 단위에서의 대처는 어렵고 농업자가 개별 단독으로 영농하고 있는 경우가 많아, 농촌지역의 서로 협동해서 영위하는 농업과는 크게 상이하다고 하는 것은 알고 있는 이야기이다.

따라서 일본 농업의 바람직한 모습에 대해 생각함에 있어서 큰 포인트가 농업의 개념이라고 생각한다. 이미 「농업」이 아니라 「농」이라는 말을 의식적으로 사용함으로써 농업의 개념을 바꾸려는 시도도 일부이면서도 뿌리 깊다는 점도 포함하여, 재차 농업에 대한 개념 정리가 필요하게 되어 왔다고 생각한다.

상품으로서의 농산물·식량을 산업으로서 생산해 가는 농업을 "협의의 농업"이라고 한다면, 여기에 생계·생활을 떠받치는 자급으로서의 농산물 생산, 혹은 논두렁의 풀베기나 물 관리, 둘러보기 등 환경에 대한 작용도 포함한 「농(農)의 영위」, 「농사일」이라고도 해야 할 "광의의 농업"이라는 두 가지를 설정해 볼 수 있을 것이다. 논두렁의 풀베기나 물 관리, 둘러보기 등 환경 작용은 산업으로서의 농업으로는 평가되지 않지만, 이것이 이루어져야 산업으로서의 농업이 원활하게 진행될 수 있다. 여기에 경관도 포함한 「농」, 「농의 세계」라고도 해야 할 것을 확실히 규정해 둘 필요가 있으며, 「도시농업진흥기본법」에서는 이것을 공공성·공익성이라고 칭하고 있는 것으로 이해된다. 또한 이 「농」, 「농의 세계」야말로 농업의 즐거움이나 기쁨, 긍지를 가져다주는 것으로, 여기에 농민으로서의 보람, 삶의 보람이 존재함과 동시에, 국민 · 시민이 매력을 느끼고 농업에 참여하고자 하는 포인트가 되고 있다고 할 수 있다.

「농」, 「농의 세계」의 가치

현재, 농정의 세계에서의 농업은 오로지 협의의 농업에 한정해서밖에 논할 수 없지만, 경제가 어려워짐에 따라 지속성이 중시되고 가치관도 변화해가는 것이 불가피한 가운데, 이제부터 요구되는 일본 농업론은, 이 「농(農)」, 「농의 세계」를 명확히 하고, 그 가치를 평가해 나가는 동시에, 이것을 크게 만들어 나가는 것이 불가결하다. 이와 같이 광의의 농업과 협의의 농업을 구분 · 명확화하는 동시에, 광의의 농업 안에 협의의 농업을 확실히 자리매김하고, 「농」, 「농의 세계」와 조화를 이룬 일본 농업으로 만들어 가는 것이 불가결하다(그림 1).

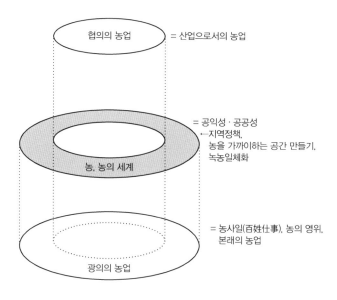

협의의 농업 = 산업으로서의 농업

= 공익성 · 공공성
←지역정책,
　농을 가까이하는 공간 만들기,
　녹농일체화

농, 농의 세계

= 농사일(百姓仕事), 농의 영위,
　본래의 농업

광의의 농업

〈그림 1〉 광의의 농업과 협의의 농업의 관계

　광의의 농업으로서 파악하는 농업의 세계는, 대규모 경영 농가를 핵으로 하면서도, 소농경영이나 겸업농가도 중요한 위치를 차지한다. 그리고 시민 농원 등에 의한 도시농업, 나아가 옥상농원이나 도시 주민이 베란다 등에서 식물재배용기(planter)를 사용하여 행하는 자가채소 등의 재배도 포함한다. 말하자면 프로 농가가 영위하는 농업뿐만 아니라, 많은 아마추어 농가, 즉 일반시민에 의한, 취미농업이라고도 불리는 약간의 농적 활동 · 작업, 이것을 「시민참가형 농업」이라고 부르고 있는데, 이것을 포함한 농업을 광의의 농업이라고 한다.

　광의의 농업이 있어야만 협의의 농업도 존재할 수 있고, 지켜 나갈 수 있다는 것이 이 책의 기본 모티브다. 광의의 농업 중 소농경영이나 겸업농가,

아마추어 농가 등도 경제 원리에서 벗어나기는 어렵지만, 다업적(多業的)[19]·부업적임과 동시에, 자급적·생업적이어서, 경제 원리에 직접적으로 휘둘리는 부분은 상대적으로 작다. 이에 비해 협의의 농업은 경제원리에 직접적으로 크게 좌우되는 것으로, 국제경쟁에 노출됨과 동시에, 생산성과 가격으로 승부하는 것이 부득이하다. 경제 원리에 좌우될 정도로, 협소하고 기복이 커, 경제성 면에서 불리한 생산조건에 놓여 있는 일본 농업은 경제 원리에서 보면 생존이 참으로 어려운 일이 아닐 수 없다. 따라서 어렵기 때문에 일정한 농업, 식량을 안전 보장의 일환으로서 정책 지원을 통하여 지켜나갈 것인가 어떻게 할 것인가가 물어져야 한다. 이를 위한 국가 차원의 명확한 의지의 유지·표명과 이에 필요한 재정의 확보가 필요한 동시에, 이에 대한 국민의 이해 획득이 전제가 된다.

농업 성립의 필요조건

여기서 앞서 언급한 농업문제와 광의의 농업, 협의의 농업과의 관계에 대해 확인해 두고 싶다.

광의의 농업 안에, 협의의 농업도 포함된다. 본래, 생업 가운데에 공업과 농업은 일체적으로 결합하여 왔으나, 공업이 분리하여 발전하는 가운데 도

---

19 다업적(多業的): 다업(多業)이란 1개의 일에만 종사하는 것이 아니라 동시에 복수의 일에 종사하며 일하는 방식을 가리킨다. 여기서 말하는 "일"이란, 수입을 얻는 것을 목적으로 해 일하고 있는 것만이 아니고, 수입을 동반하지 않는 자원봉사나 NPO의 활동 등도 포함한다. 이른바 "부업"이, 본업과 함께 "수입을 얻기 위해서" 하는 일인 데 반해, 다업(多業)의 경우는 수입의 유무는 불문이다. https://www.glocaltimes.jp/6431 -역자주.

시를 형성해 왔으며, 광의의 농업은 자본주의 발전 이전의 농업과 내용적으로는 겹친다. 바로 「본래의 농업」의 모습이 여기에서 보인다. 자본주의의 발전은 공업을 분리시킬 뿐만 아니라, 농민의 계층분화를 촉진하여, 전업농가, 겸업농가, 토지보유 비농가 등으로 분화시켜 왔다. 전업농가가 협의의 농업을 담당하고, 겸업농가나 토지보유 비농가, 여기에 정년귀농이나 시민농원 등에 참여하는 도시 주민을 더해 광의의 농업이 형성되어 왔다. 종전에는 국토의 대부분이 농촌이었고, 거기서 생업으로서의 농업이 영위되고 있었지만, 공업이 농업으로부터 분리하여, 도시가 형성되는 가운데, 도시 주민을 포함한 새로운 광의의 농업이 출현했다고 할 수 있다. 광의의 농업은 협의의 농업이 성립하기 위한 필요조건이며, 자본주의적 경영에는 친숙하기 힘든 농업문제의 상징이 되는 소농경영이나 겸업농가는, 광의의 농업 가운데서는 명확하고 일정한 위치를 차지하게 된다.

이처럼 협의의 농업은 생업적인 옷을 벗어던지면서 산업으로서의 농업으로 특화되어 온 것으로, 오로지 상품으로서의 농산물, 식량의 생산에 해당한다. 산업으로서의 농업은 국제경쟁 가운데에서 소비자 니즈에 대응해 나가는 동시에 식량안전보장의 역할을 주로 담당하게 되지만, 국제경쟁력이 부족한 부분에 대해서는 산업정책에 의해 이를 지원해 유지해 나갈 수밖에 없다.

이에 반하여 광의의 농업 중의 「농」, 「농의 세계」는 산업정책에는 익숙하지 않지만, 농업이 갖는 다면적 기능의 발휘를 비롯하여, 농업, 농촌에 더해 도시환경을 유지해 나가는 데에 중요한 역할을 발휘하고 있다. 이러한 광의의 농업에 대해서는, 지역정책과 함께, 요코하마시에서 볼 수 있는 양호한 농경관(農景觀)의 보전, 농(農)과 접촉하는 장 만들기, 지산지소의 추진, 녹농일체화 대책 등을 포함한 시책을 통해 지켜 나가야 한다. 나아가 최근, 주목받고 있는 농복(農福)연계(농업 쪽과 복지 분야의 연계를 통해, 장애인 취로의 장 만들기 추진)도 이와 맞물려 있다.

협의의 농업은 산업정책에 의해 리드됨과 동시에, 이 광의의 농업의 핵으로서의 위치를 차지하게 되지만, 지역정책, 환경정책 등과 균형을 이루어 가면서, 일체적으로 전개해 가는 것이 요구된다.

이탈리아의 사회적 농업

도시농업은 미국의 CSA(Community Supported Agriculture, 지역지원형농업)나 독일의 클라인 가르텐(Klein Garten, 작은 정원)을 비롯해 구미에서 활발할 뿐만 아니라, 고도 경제성장을 이룬 한국, 대만, 나아가 중국 등에서도 빠르게 전개되고 있다. 이러한 도시농업과는 약간 다르지만 광의의 농업으로서 자리매김되는 이탈리아에서의 움직임을 살펴보고 싶다.

나카노미키中野美季의 「이탈리아에 있어서 포섭과 관용의 사회적농업」에 따르면, 이탈리아에서는 2015년에 「사회적농업법」이 만들어졌으며, 그 제2조에서 사회적 농업(Agricoltura Sociale)을, 「농업종사자(개인, 그룹) 및 사회적 협동조합에 의한 활동으로, "A" 노동기회에서 불리한 사람, 신체장애인, 취로연령에 도달한 미성년자로서 재활과 사회적 지원 프로젝트에 참가하는 자의, 사회·노동 진입, "B" 유형무형의 농업자원을 활용하여, 능력·기능의 향상, 사회 · 노동포섭의 촉진, 즐거움과 일상생활에 유익한 서비스를 제공하는, 지역사회를 위한 사회 · 서비스 활동, "C" 대상자의 건강과 사회적 · 정서적 · 인지적 기능을 향상시키기 위한, 의학적 · 심리학적 · 재활적 치료의 지원 활동. 동물, 식물 재배를 통한 방법 등을 포함한다. "D" 주(州) 차원 인증을 받은 사회적 농장 · 교육농장을 통한, 환경 · 식교육, 생물다양성 보호, 향토 지식의 보급을 위한 프로젝트, 학령 전의 유아와 사회 · 신체 · 정신적 어려움을 겪고 있는 사람들의 수용 · 체재(滯在) 활동」이라고 정의하고 있다.

이와 같이 사회적 농업은 「『사회적 농업』의 큰 틀에서, 지역사회 전체에 열린 『시민적 농업(Agricoltula Civica)』을 포괄한 정의」로 되어 있어, 농(農), 농업이 갖는 사회적 · 문화적 기능 · 역할이 높게 평가됨과 동시에, 그 기능 발휘에 대한 기대가 명확해지고 있다.

사회적 농업은, 1980년대부터 이탈리아 농촌부에서 「농가의 수입보전을 위해, 농업의 다면적 기능을 활용한 다각경영이 권장되고, 지역경제, 경관, 거주환경 등」의 개선에 힘쓰는 가운데, 농가에 의한 숙박 · 레스토랑 사업인 아그리투리스모(agriturismo), 그리고 체험교육 활동에 이어 발전해 온 것이라고 할 수 있다. 이러한 흐름은 이탈리아에 머무르지 않고, 2012년 12월에는 EU 레벨의 통일 기준의 필요성을 제창하는 「사회적 농업의 기본 방향에 관한 제언서」가 EU자문기관(EESC)으로부터 발표되는 등, EU권에서 확대를 보이고 있다고 한다. 광의의 농업을 유형화함으로써 구체적 대응을 명확히 하고, 그 전개를 정책적으로 유도하고자 한다고 볼 수 있다.

산업정책에 편중된 일본의 농정

 광의의 농업 가운데에 협의의 농업을 위치시킨 일본 정부의 농정 방향성을 살펴보면 다음과 같다.

 일본의 농정은 산업정책과 지역정책을 수레의 양 바퀴로 하여 전개되고 있다. 현재의 농정은 「농림수산업 · 지역의 활력 창조 플랜」에 따라 전개되고 있는데, 2016년 11월에 개정된 플랜 항목을 보면, ① 국내외 수요를 흡수하기 위한 수출 촉진, 지산지소, 식육(食育) 등의 추진, ② 6차 산업 등의 추진, ③ 농지중간관리기구(農地中間管理機構)[20]의 활용 등을 통한 농업구조 개혁과 생산코스트 삭감, ④ 경영소득안정대책 재검토 및 일본형 직접지불제도 창설, ⑤ 농업의 성장산업화를 위한 농협 · 농업위원회 등에 관한 개혁 추진, ⑥ 농업의 보다 높은 경쟁력 강화를 위한 개혁, ⑦ 인구 감소사회에 대응한 농어촌의 활성화, ⑧ 임업의 성장산업화, ⑨ 수산일본의 부활, ⑩ 동일본 대지진으로부터의 복구 · 부흥 등이다. 핵심 콘셉트는 「강한 농업의 창조」이며, 「농업 · 농촌 전체의 소득을 향후 10년간에 배증」시키는 것을 목표로 하고 있는 것으로 상징되듯이, 산업정책에 특화한 내용이 되고 있는 것

---

20 농지중간관리기구(農地中間管理機構): 이는 2014년도에 일본의 전 도도부현(全都道府県)에 설치된 '신뢰할 수 있는 농지의 중간 인수처'를 말한다. 농지중간관리기구는 다음과 같은 경우에 활용할 수 있다. 즉 영농을 그만두게 되어 농지를 임대하고자 할 때, 이용권을 교환하여 분산돼 있는 농지를 한데로 모으고자 할 때, 신규 취농을 하기 때문에 농지를 빌리고 싶을 때 등이다. 동 기구에 농지를 빌려주고 싶은 경우, 동 기구로부터 빌리고 싶은 경우 각 도도부현 농지중간관리기구 홈페이지를 참조하면 된다. https://www.maff.go.jp/j/keiei/koukai/kikou/kikou_ichran.html -역자주.

은 분명하다 할 것이다. 특히, 2016년 11월 플랜 개정에서 추가된 것이, ⑥의 농업경쟁력 강화 프로그램이며, 동시에 ①의 농림수산산업 수출역량 강화 전략, 농림수산물 수출 인프라 정비 프로그램이다.

⑥의 농업경쟁력 강화 프로그램의 내용을 살펴보면, 1) 생산자재 가격 인하, 2) 유통·가공 구조개혁, 3) 인력(human resources) 강화, 4) 전략적 수출체제의 정비, 5) 원료 원산지 표시 도입, 6) 체크오프(생산자로부터 갹출금을 징수, 판매촉진 등에 활용) 도입, 7) 수입(收入)보험제도 도입, 8) 토지개량제도 개편, 9) 농촌 취업구조 개선, 10) 사료용 쌀 추진, 11) 육용우·낙농의 생산기반 강화, 12) 배합사료가격안정제도의 안정적 운영, 13) 우유 유통개혁 등 13개 항목이다. 생산자재 가격 인하는 JA[21]전농(전국농업협동조합연합회) 개혁과 연동하고 있고, 농산물 유통·가공 구조개혁도 JA전농 개혁과 함께 도매시장 개편과 연동하고 있다. 또 이미 이제까지의 종자의 안정공급과 유전자원의 보존을 규정해 온 종자법도 2018년 4월 폐지돼, 이들의 역할은 널리 민간에 개방되는 등 농정의 산업정책으로의 전환은 급하다.

한편, 도시농업진흥기본법의 성립에 의해 도시농지가 「있는 것이 온당한 농지」로 여겨지는데, 도시농업은 국토교통성과 함께 농림수산성의 소관으로 여겨지지만, 일단 도시농지를 유지해 나가기 위한 세제 재검토 등에 대한 대응 움직임은 있지만, 이러한 움직임을 일본 농업 전체 가운데에 어떻게 포함시키고, 또 위치시켜 나갈 것인지, 그 방향성은 잘 보이지 않는다고 하는 것이 필자의 솔직한 표현이다.

---

21 JA: 일본 농업협동조합 영어 표기의 약어. Japan Agricultural Cooperatives. https://org.ja-group.jp/about/ja -역자주.

농림수산성의 존재 의의

앞에서 서술한 것처럼, 산업정책은 대체로 협의의 농업을 대상으로 하고 있다. 광의의 농업으로부터 협의의 농업을 제외한 「농」이나 「농사일」 부분은 지역정책 및 도시농업진흥이나 도시농지 보전을 위한 정책에 의해 지원되지만, 산업정책과 지역정책이 일체가 되어 전개되어야 협의의 농업도 포함한 광의의 농업이 성립하게 된다. 그럼에도 오히려 산업정책에 특화된 농정은, 소농경영이나 겸업농가의 분쇄로 직결된다. 민주당 정권 시대에 조치된 호별소득보상제도(戸別所得補償制度)[22]는, 주식인 쌀의 판매농가(販賣農家)[23] 모두를 대상으로 생산에 필요한 비용과 판매가격과의 차액보전과 정액(定額)보상을 하는 것으로, 농가경영의 "암반" 확보를 보증함으로써, 산업정책과 동시에 지역정책으로서의 기능도 아울러 가지고 있는 것이었다고 할 수 있다. 그러나 아베安培농정에서는 이를 검증하지 않고 호별소득보상제도를 경영소득안정대책으로 이름을 변경하면서 보전금액을 반감시키고,

---

22 호별소득보상제도(戸別所得補償制度): 일본의 호별소득보상제도(2010~2012)는, 지원대상을 논 경영면적이 4ha 이상인 농가로 한정하여 일본농업의 현실을 외면했다는 비판을 받아 온 '품목횡단적 경영안정대책'의 문제점을 보완하여, 0.3ha 이상의 농가로 대상을 크게 확대하여 실시되었던 대책이다. 쌀 등 농산물 가격이 생산비에 못 미칠 경우 그 차액을 생산농가에 보상하는 제도이다. 이는 '시장가격은 낮추되 직접지불로 소득을 보상해 준다'는 미국 및 유럽의 직접지불제를 벤치마킹한 것이다. 민주당 정권하에서 2010년 도입되었다가 자민당으로의 정권 교체에 따라 2013년에는 '경영소득안정대책'으로 변경되었다. -역자주.

23 판매농가(販賣農家): 경영경지면적이 30a(0.3ha) 이상 또는 농산물 판매금액이 50만 엔(500만 원. 100엔=1,000원 적용) 이상인 농가를 말한다. '자급적 농가' 개념도 있는데 이는 경영경지면적 30a 미만, 농산물 판매금액이 50만 엔 미만인 농가를 말한다. 일본농림수산성. -역자주.

2018년산 쌀부터는 전면 폐지하고 수입보험제도(收入保險制度)로 전환했다. 호별소득보상제도가 가지는 지역정책으로서의 기능을 배제하고, 산업정책에 대응한 수입보험제도로서의 재검토를 도모한 것이다.

이러한 정책의 대부분은 농정심의회에서의 논의를 뛰어넘어 규제개혁회의(規制改革會議)[24]의 제안에 입각하여 전개되고 있는 것으로서, 관저(官邸) 주도형 농정이 전개되고 있는 실태이다. 목표 미달이라도 아무런 책임을 지지 않는, 형식뿐인 식량자급률 목표를 내거는 것만으로, 국가가 단호하게 식량안전보장을 지켜 나가겠다는 명확한 의지를 갖고 있음을 국민이 실감케 할 수는 없다. 시장원리를 끝없이 침투ㆍ철저화시키겠다는 생각으로, 시장원리가 매사에 걸쳐 관철되는 것이 식량안전보장으로 이어진다고 하는 궤변을 농할 뿐이다.

수레의 양 바퀴이며, 광의의 지역정책과 일체화시켜, 균형을 잡고 진행되어야 할 것임에도 불구하고, 산업정책이 선행, 철저히 추진되고 있는 상황으

---

24 규제개혁회의(規制改革會議): 고이즈미 내각 때에는 종합규제개혁회의로 불리었다. 규제개혁을 추진해 가기 위해 민간이 주체가 된 심의기관으로서 내각부에 설치되어 의료, 복지ㆍ보육, 교육, 노동, 농업 등의 「사회적 규제」가 행해지고 있는 분야에 대해, 「관제시장의 개혁」을 목표로 하였다. 규제개혁은 17개 항목에 대하여 정해진 「액션플랜」으로 추진되며, 「규제개혁특구제도」도 제언되어 있다. 농업에 관한 항목에서, 「액션플랜」으로 채택된 것은, ① 경작자주의에 입각한 농지집적, ② 주식회사 등에 의한 농업경영 참입(entry)에 초점이 맞추어졌다. 결과적으로는, 2002년에 구조개혁특별구역법을 제정, 농지법의 특례로시, 농지대부(貸付) 방식에 의한 주식회사 등의 농업 참입을 가능하게 하였다. 또 2003년도에는 「농업경영기반강화추진법」을 개정하여, 농업생산법인의 구성요건을 완화하고 있다(이상은 쓰타야 에이치 저, 전찬익 역, 『협동조합시대와 농협의 역할』, 2013, pp.33~34에서 재인용). 이 규제개혁회의는 중간에 '규제개혁ㆍ민간개방추진회의'로 이름이 바뀌고 2007년에는 아베 수상이 같은 취지로 '규제개혁회의'로 명명, 설치하여 지금에 이르고 있다. 보다 자세한 내용은 https://ja.wikipedia.org/wiki/規制改革會議 참조. -역자주.

로서, 협의의 농업에만 중점을 두는 흐름은 한층 강해지고 있다. 농림수산성의 존재 의의는 국민에게 식량의 안정적 공급을 확보해 나가기 위해서 농업·농촌을 유지·발전시켜 나간다는 데에 있으며, 산업정책과 광의의 지역정책을 일체적으로 추진해 나가는 것에 의해서만 이는 가능하게 된다. 그리고 산업정책으로의 편중은 소농경영이나 겸업농가를 배제하게 되어, 식량자급도를 끌어내릴 수도 있을 뿐만 아니라, 농촌의 활력을 현저하게 깎아내리는 것으로 연결돼 왔다. 산업정책과 지역정책의 일체적인 전개를 의도적으로 피하고, 산업으로서 특화해 나가는 정책밖에 강구하려 하지 않는 농림수산성은, 이미 존재 의의를 상실하고 있다고 하지 않을 수 없다. 산업정책 부분을 경제산업성에, 한편, 지역정책은 국토교통성이나 환경성에 소관시키는 편이, 오히려 훨씬 낫다고 할 것이다.

 ## 일본 농업의 특질을 살린다

경쟁 일변도로부터의 탈각

정부가 TPP(Trans-Pacific Partnership, 환태평양경제동반자협정, 아시아·태평양 지역 국가들의 자유무역협정)나 FTA(Free Trade Agreement, 자유무역협정)에 의한 무역확대를 목표로 하고 있는 만큼, 농업을 포함한 산업 전체적으로 수출 공세를 펼쳐 가기 위해서는, 한편으로 무역상대국과 상호 균형을 도모하기 위해서 인신공양을 내미는 것이 요구되어, 결과적이라고는 하나 인신공

양을 강요당해 온 것이 농업이다. 「농업은 중요하다」, 「농업은 지킨다」고 입으로는 말하면서, 결국은 언제나 무역협상의 거래 재료가 되어 온 것이 농업이며, 그 청구서는 농업·농촌·농가에 떠맡겨져 현재의 농업·농촌·농가의 피폐를 초래해 왔다. 이러한 사태를 초래해 온 것은 '농업 측이 농업의 구조개혁에 임해 오지 않았기 때문이며, 구조개혁을 방해해 온 장본인은 겸업농가이자 농협'이라고 하는 논리가 버젓이 통용되어 왔다.

일본 농산물이 가격경쟁력이 부족한 주요 원인은, 다른 산업의 발전, 고도경제성장에 따른 급격한 엔고(엔화 강세)와 산업 간의 비교우위 문제에 있고, 아울러 협소하고 기복이 심하다고 하는 자연조건에 의한 점이 크다. 대규모화 등에 의해 생산성을 어느 정도까지 향상시킬 수는 있어도, 일본 농산물이 가격경쟁력이 부족한 것은 구조적인 필연이며, 국제경쟁력을 획득하기에는 크게 미치지 못하는 것은 명백하다. 생산성 향상에 의한 가격인하 노력은 필요하지만, 어차피 이것에는 한계가 있음을 판단의 근거로 삼아, 국가가 식량을 지킨다는 자세를 명확히 하고, 이에 걸맞은 정책지원을 강구해 나가는 것이 필요하다.

오히려 이를 전제로 하여 어떠한 일본 농업으로 만들어 나가야 할지가 논의되어야 한다는 점을 반복하여 언급하고 싶다. 이를 위해서는 이제까지의 구미(歐美)농업을 모델로 하는 어리석음, 바꾸어 말하면 일본 농업은 근대화가 늦어지고 있다고 하는 콤플렉스로부터 탈피하지 않으면 안 된다. 본래 자연에 크게 의존하는 농업은, 국가보다 지역에 따라 가지각색인 것이 마땅하며, 오히려 일본 농업이 갖는 특성을 가지고 확실한 판단의 근거로 삼는 것이 중요하다.

이런 관점에서 일본 농업의 특징으로서 생각할 수 있는 것이, ① 풍부한 지역성·다양성, ② 극히 수준이 높은 농업기술, ③ 고소득이면서 안전·안심·건강에 민감한 대량의 소비자의 존재, ④ 도시와 농촌과의 극히 가까운 시간 거리(거리는 멀어도 교통 발달로 시간이 짧아졌다), ⑤ (잘 관리된 인근의 산림과 농지·저수지·초원 등) 사토치·사토야마里地·里山,[25] 계단식 논 등의 뛰어난 경관, ⑥ 풍부한 숲과 바다, 그리고 물의 존재 등이다.

지역성·다양성의 중시

지금까지의 흐름 가운데 특히 주목해 두고 싶은 것이, ①의 풍부한 지역성·다양성이다. 와쓰지 테쓰로和辻哲郎[26]의 『풍토』를 들고 나올 필요도 없

---

25 사토치·사토야마里地·里山: 일본 환경성은 사토치·사토야마를 「도시지역과 원시 자연의 중간에 위치하여, 다양한 인간의 작용을 통해 환경이 형성되어 온 지역이며, 취락을 둘러싼 2차림(二次林: 원시림, 즉 1차림이 벌채나 산불 등에 의해 파괴된 뒤 자연적 또는 인위적으로 재생된 숲)과 이들과 혼재하는 농지, 저수지, 초원 등으로 구성되는 지역 개념」이라고 정의하고 있다(일본 환경성). 이 정의에 따르면, 2차림의 면적은 약 800만ha, 농지 등의 면적은 약 700만ha로, 2차림은 국토의 40% 정도를 차지하게 된다. 일반적으로, 주로 2차림을 사토야마里山, 여기에 농지 등을 포함한 지역을 사토치里地라고 부르는 경우가 많지만, 이러한 모든 것을 포함한 개념으로서 사토치사토야마里地里山라고 불리는 경우가 많다. 사토치·사토야마는 농림업 등 사람과 자연의 오랫동안의 상호작용을 통해 형성된 자연환경이며, 다양한 생물의 서식환경으로서, 또한 지역 특유의 경관이나 전통문화의 기반으로서도 중요한 지역이지만, 과소화(過疎化), 고령화 등에 의해 인위(人爲)의 작용이 감소하여, 경관의 황폐나 사토야마里山 특유의 동식물의 쇠퇴 등 생물다양성의 열화(劣化: 품질이나 성능 등이 나빠짐)가 진행되고 있어 보전·재생이 시급하다.

  https://www.eic.or.jp/ecoterm/?act=view&serial=3906 -역자주.

26 와쓰지 테쓰로和辻哲郎: 1889~1960년. 일본의 철학자, 윤리학자, 문화사가, 일본사상사가. 『고찰순례(古寺巡禮)』, 『풍토(風土)』 등의 저작으로 알려져, 그 윤리학 체계는 와쓰지 윤리학이라고 불

이 세계는 몬순(=계절풍), 사막, 목장 등으로 나뉘어 서로 다른 풍토 그리고 농업이 형성되어 왔다. 그러나 근대화의 진행과 함께 밀, 옥수수, 쌀을 필두로 생산성이 높은 대규모 경영 방식으로 단작에 의한 대량생산이 확대되어 가격 저하를 가져왔고, 전통적인 식사에서 서양식으로의 식생활 변화와 농산물 무역의 자유화가 하나가 되어 이것을 지지해 왔다. 소품종 대량생산을 지향할수록, 단순해서 평평한 토지를 이용한 대규모 생산 쪽이 효율은 높고, 농업에 적합한 것으로 된다. 따라서 브라질이나 호주 등 신대륙형 농업이 최저가격을 실현함으로써 경쟁력을 확보하고 수출공세를 펼쳐 왔다.

브라질 농업지대를 차로 달리면 반나절, 하루를 달려도 풍경에 거의 변화가 없다. 끝없이 끝없이 옥수수밭이나 초지, 혹은 사탕수수밭이 이어진다. 이에 비해 일본에서는 그야말로 20분, 30분만 달리면 풍경이 자꾸 달라진다. 남북으로 길게 산등성이가 뻗어 있고 또 분지(盆地)가 곳곳에 형성되어 있어 기복이 심하다. 그만큼 평지는 적고 경사지가 많다. 또 해안선이 길고, 모래사장뿐 아니라, 급경사로 치솟은 해안도 적지 않다.

원래 일본은 몬순 지대에 있으며, 오랫동안 일본 열도의 북쪽은 아한대(亞寒帶), 남쪽은 아열대(亞熱帶)에 속한다. 또 태평양으로 구로시오 해류가, 일본해를 구로시오 해류로부터 갈라지게 한 쓰시마 난류가 북상하는 한편, 북으로부터는 오야시오 해류가 남하한다. 남북 간의 큰 온도차와 함께, 몬순이나 해류의 영향도 크고, 게다가 사계절의 변화가 지극히 명확하다. 여기에 앞서 언급한 대로의 복잡한 지형이 얽혀 풍부한 지역성과 다양성을 가져

린다. 일본윤리학회 회원. https://ja.wikipedia.org/wiki/和辻哲郎 -역자주.

오고 있다. 지역의 특성을 살려, 홋카이도에서는 낙농과 밭농사, 동북지방과 호쿠리쿠北陸지방[27]에서는 벼농사, 간토關東지역[28]에서는 채소, 고신에츠甲信越지방[29]에서는 과수, 중부·킨키近畿지방[30]에서는 벼농사와 채소, 쥬고쿠中国·시코쿠四国에서는 과수와 채소, 규슈九州에서는 과수와 축산 등이 성하다. 이와 더불어, 각 지역 내에서도 표고(標高: 해발고도)나 토질 등의 차이를 살려, 적지적작(適地適作)으로 그 풍토에 맞는 농산물이 재배되고, 여기에 야마노사치山の幸[31]도 더해져 전통적인 식사, 향토요리가 형성되어, 다양한 농축산품이 생산되어 왔다. 지형 변화가 심하고 기복이 많은 일본이기에 지역마다 다양한 농업이 전개되어 왔다고 할 수 있다.

이런 한편으로 평평한 토지는 적고, 대체로 대형 농기계 도입은 쉽지 않아, 대규모 경영으로 향하지 않고, 생산 효율은 낮다. 반대로 지역성·다양성이 풍부하기 때문에 농업의 근대화를 방해해 왔다고 하는 것이 경제 효율을 중시하는 측의 견해이다. 그리고 이러한 견해가 메이지明治 유신[32] 이후,

---

27 호쿠리쿠北陸지방: 혼슈本州 중앙부에 위치하는 중부지방 가운데 우리나라 동해에 접한 지역이다. 니가타현新潟県, 도야마현富山県, 이시카와현石川県, 후쿠이현福井県의 4현 또는 니가타현을 제외한 나머지 세 현을 가리키기도 한다. https://ja.wikipedia.org/wiki/北陸地方 -역자주.

28 간토關東지역: 일본중앙부인 도쿄, 이바라키, 도치키, 군마, 사이타마, 치바, 가나가와 등의 1도(都)6현으로 이루어짐. (두산동아 프라임 일한사전). -역자주.

29 고신에츠甲信越지방: 야마나시현山梨県, 나가노현長野県, 니가타현新潟県 등 3현의 총칭. https://ja.wikipedia.org/wiki/甲信越地方 -역자주.

30 킨키近畿지방: 혼슈本州 중서부에 위치한 일본 지역이다. 관동지방에 이어 일본 제2의 도시권·경제권으로 서일본의 핵심이다. https://ja.wikipedia.org/wiki/近畿地方 -역자주.

31 야마노사치山の幸: 산에서 잡히는 새나 짐승. 또는 산채나 초목의 열매. -역자주.

32 메이지明治 유신: 선진 자본주의 열강이 제국주의로 이행하기 전야인 19세기 중반의 시점에서 일본 자본주의 형성의 기점이 된 과정으로 그 시기는 대체로 1853년에서 1877년 전후로 잡고 있다.

농정(農政), 농학을 지배해 온 것이 현실이었다고 해도 과언이 아니다.

이미 이러한 견해, 이러한 농정은 시대에 뒤떨어져 가고 있다고 해도 무방할 것이다. 지역성에서 풍부하고 다양한 농업이 가능하다고 하는 것은 일본의 강점·재산이며, 이를 살려 가는 것을 향후 농업의 기둥으로 삼아야 한다.

그 지역에서 생산되는 소량 다품종 농산물은 어디서나 만들어 낼 수 있는 게 아니며, 게다가 거기밖에 없는 맛으로, 자연히 차별화돼 수입물과의 경합은 상대적으로 적다고 말할 수 있다. 오히려 농업은 자연조건에 많은 것을 의존하기 때문에 자연조건·풍토를 살려, 거기밖에 없는 지역성·다양성이 풍부한 농업을 전개하는 가운데, 식량의 안전보장을 확보하기 위해 일정 정도의 벼농사 등 생산을 도입해 농업경영을 가능케 해 가는 방안을 고민하는 것이 순리가 아닐까.

다음 ②의 매우 높은 농업기술을 갖고 있다고 하는 점에 대해서는 설명이 필요 없을 것이다. 오랜 역사 속에서의 지혜·궁리의 축적이 장인 기술이라고 해야 할 농업기술을 결정지어 온 것이다. 다만, 기계화의 진행, 혹은 농업기계의 대형화가 진행되는 가운데, 기계 조작 기술이 향상하는 한편, 수작업에 의한 기술이 차츰 없어지고 있음과 동시에, 전답이나 농작물의 생육 상황 등을 관찰하는 힘이 저하되어 가고 있는 것은, 부득이한 면도 있지만, 의식적으로 이것들을 남겨, 이어 가는 노력이 요구되고 있다.

(네이버 지식백과). -역자주.

소비자의 이해를 구해야

앞으로의 농업에서 가장 필요한 것이 소비자의 이해 획득이다. 일본에 있으면 당연해서 잘 못 느끼지만, ③의 1억 2천만 명에 달하는 인구, 게다가 안전·안심·건강, 품질에 민감하고 까다로운 소비자가 많다는 것은 커다란 강점(advantage)이므로, 소비자 니즈에 대한 대응을 도모하면서, 재차 국산 농산물에 대한 이해를 획득해 나가는 것이 중요하다. 그리고 소비자의 이해를 얻어내는 데 가장 좋은 것은, 소비자가 직접 농장을 방문하여 교류나 체험을 할 수 있도록 하는 것이다. 좁은 일본, 게다가 고속도로, 고속철(신칸센新幹線), 비행기 등의 교통 인프라가 일본에서는 고도로 정비되어 있어, ④와 같이 도시와 농촌 간의 시간 거리는 지극히 가깝다. 약간의 교통 비용 부담을 감수해야 하지만, 그에 비해 극히 혜택이 따르는 것이 일본 농업인 것이다.

일본에서도 (잘 관리된 인근의 산림과 농지·저수지·초원 등) 사토치·사토야마里地·里山나 계단식 논에 "고향"을 느껴 재평가하는 움직임도 있지만, 최근에는 인바운드(inbound: 일본을 방문하는 외국인) 붐으로 많은 외국인이 일본 방문을 하는 중, 일본의 (마을 인근의 산인) 사토야마里山[33]나 계단식 논에 매력을 느껴 농촌을 방문하는 경우가 증가하고 있다. ⑤의 사토치·사토야마里地·里山나 계단식 논 등의 경관은, ⑥의 숲이 육성해 준 풍부한 물과 함

---

33 사토야마里山: 취락, 마을에 인접한 결과, 인간의 영향을 받은 생태계가 존재하는 산을 말함. 심산(深山)의 대칭어. https://ja.wikipedia.org/wiki/里山, 마을에서 가깝고, 생활과 밀접한 낮은 산. (두산동아 프라임 일한사전). ―역자주.

께 확실히 일본의 재산이며, 이들과 일체가 되어 일본 농업은 형성되어 온 것을 다시 평가해 봄과 동시에, 이들을 살려 나가는 것이 일본 농업을 유지해 나가는 것으로 직결되어 갈 것으로 생각한다.

완전히 도시농업이 농정에서 제외되면서도 일정 정도의 농업·농지를 유지할 수 있었던 것도, 이러한 특질, 도시 특유의 특성을 살려 왔기 때문으로서, 도시농업에서 배울 점이 많다.

다시 생각해 보면, 지금, 존속 위기에 처해 있는 일본 농업은 이 정도의 특질을 가지며, 매우 혜택받은 조건 아래에 놓여 있음과 동시에, 생태계는 풍부하며 세계에서도 유수의 바이오매스(biomass: 생물자원) 부존량(이론적으로 도출된 총량)을 자랑하고 있다. 세계에는 사막과 건조지대도 많은 가운데, 이처럼 천혜의 자연을 포함한 조건에 놓여 있는 일본에서 농업경영이 성립할 수 없다는 것 자체가 세계의 비상식이라고 해야 할 것이다. 이 같은 사태가 빚어진 것은 농가, 농협의 책임이라고 하는 것은 터무니없는 말이며, 바로 일본의 정치와 농정의 빈곤이 초래한 것이라고밖에 할 수 없다.

 ## 축이 되는 커뮤니티 농업

이와 같은 일본 농업이 지닌 특질을 살려 발휘하게 하는 것이 일본 농업 재생의 출발점이 되는데, 특히 이 특질 중「고소득이고, 동시에 안전·안심·건강에 민감한 대량의 소비자의 존재」는 그 의미가 크다. 게다가 도시와 농촌은 매우 가까운 시간 거리에 있다. 소비자 니즈(needs)에 대한 대응과 함께 소비자와의 교류가 큰 열쇠를 쥐고 있다. 필자는 이를 축으로 한 농업을 「커뮤니티 농업」으로 강조해 온 바 있다.[34]

커뮤니티 농업이 기본으로 하는 것은 사람과 자연에 의해서 맺어지는 관계의 중시이며, 사람과 사람과의 관계, 즉 생산자와 소비자와의 얼굴과 얼굴이 보이는 관계=제휴, 사람과 자연과의 관계, 즉 환경에 친화적인 농업의 전개=환경보전형 농업 · 유기농업 등의 추진, 자연과 자연과의 관계, 즉 지역순환과 생물다양성의 존중을 기둥으로 한다. 즉 커뮤니티 농업이란 「자연과의 관계성을 존중 · 유지해 가면서, 생산자와 소비자(산소제휴, 産消提携), 농가와 지역 주민(지역커뮤니티), 농촌과 도시(농도공생, 農都共生) 등의 관계성을 살려 전개되는 농업의 통합적 개념」이다. 그리고 이것이 농업이 가지는 다면적 기능의 발휘와 일체적인 관계에 있다는 것은 말할 필요도 없다.

이러한 생산자와 소비자의 제휴에 힘입어, 소비자의 요구가 반영됨과 동시에, 환경 친화적이고 지속적인 순환형의 농업에 의해서 생산된 농산물이 판매되며 계속 생산할 수 있게 된다. 그리고 생산자와 소비자가 교류하고, 소비자도 신변인 곳, 가까운 곳에서부터 농업에 참여해 나가는, 이러한 관계성을 확립해 나가는 것을 일본 농업 재생을 위한 토대로서 확실히 고정시켜가는 것이 요구된다. 국산인지 수입인지를 불문하고, 싼값을 우선하는 소비자가 과반을 차지하고 있는 것이 현실이지만, 바로 그렇기 때문에 저비용화에 의해 가격으로 수입농산물과 승부해 가는 것은 한계가 있다. 한편, 앞서 살펴본 바와 같이 일본은 풍부한 특성을 가지고 있으므로, 이를 제휴나 지

---

34 커뮤니티 농업에 대한 상세한 내용은 같은 저자의 책인 전찬익 역, 『지역으로부터의 농업 르네상스』, 한국학술정보, 2019년 7월 참조. -역자주.

산지소 등에 의해 소비자와 하나가 되어 특성을 발휘시킨 농업을 전개해 나가는 것을 기본전략으로 해야 한다고 생각한다.

이 커뮤니티 농업과 관련하여 언급해 두고 싶은 것이 FEC 자급권이다. FEC 자급권은 커뮤니티 농업의 근저에 있는 자연순환기능의 발휘나, 생산자·소비자제휴(産消提携)[35] 그리고 지산지소의 대응을 지역 레벨에서 전개해 나아갈 때 거기에 목표, 구체적인 이미지를 제공하는 것이기도 하다. F(Food)는 식량, E(Energy)는 에너지, C(Care)는 복지개호(福祉介護)[36]를 가리

---

35 생산자·소비자 제휴(産消提携): 산소제휴. producer—consumer collaboration movement. 생산자와 소비자가 직접 제휴하고, 얼굴과 얼굴이 보이는 관계 속에서, 농산물의 교환을 해 나가는 것. 산지직매, 산지직송, 산지직결을 의미하는 산직(産直)과는 의미하는 바가 다르다. 산직은 상품교환의 합리화를 뜻한다. 즉 농가는 비싸게 팔고 싶어 하고 소비자는 싸게 사고 싶어 한다. 중간에 마진이 있기 때문에 양쪽으로 나누어, 생산자는 비싸게, 소비자는 싸게 하는 것이다. 그러나 이런 것은 유통의 합리화이지 '제휴'는 아니다. 즉 '제휴'라고 하는 것은 도시민의 식(食)의 변혁을 진행시키는 것이다. 서로 교류를 통해 대화를 나누고, 도시민이 원농(援農: 농사일을 도와줌)을 하거나 심지어 농촌에 장기 체류하거나 거주하는 데까지 나아가는 사람들도 있다. 일본의 유기농업연구회는 도시민과 농민의 '제휴'를 권유하는 유기농운동을 펼치고 있다. http://www.aseed.org/agriculture/organic/yuuki_2.html -역자주.

36 개호(介護): 개호와 간호의 차이점은 다음과 같다. -역자주.

	개호(介護)	간호(看護)
공통점	노인과 장애인 등의 일상생활을 지원하는 활동이라는 점에서는 같음	
차이점	1. 일상생활을 안전하고 편안하게 영위하기 위한 지원이 주 2. 개호복지사나 헬퍼 등의 자격을 가진 복지(福祉) 전문 자격인이 수행	1. 질병이나 부상 등의 치료나 요양 지원이 주 2. 간호사나 보건사 등의 의료(醫療) 전문자격을 가진 경우가 서비스를 제공함
참고	일본에서는 주로 나이가 들어 혼자서 행동이 불편하여 가족이나 다른 사람의 도움으로 식사나 다른 행동의 도움을 받는 가이조에 간호(介添え看護)를 줄여서 개호(介護)라고 하고 그런 서비스를 받는 사람을 개호 환자라고 함. 가이조에介添え는 시중듦 또는 시중드는 사람의 뜻. 개호는 우리말로 간병에 가깝다고 할 수 있음	

자료: https://sumai.panasonic.jp/agefree/qanda/answer-2-02.html
http://www.ohmynews.com/NWS_Web/View/at_pg.aspx?CNTN_CD=A0002237524

키는데, 지역에서 생활하는 데 필요한 기본적인 것을 최대한 지역에서 산출해 감과 동시에, 변통해 가면서 지역 가운데에 순환을 만들어 냄으로써, 최대한 자급도를 향상시켜, 지역의 경제적·정치적인 자립 향상을 목표로 하는 것이다.

　이러한 맥락 속에서, 다시 일본 농업의 나아가야 할 방향에 대해 구체적으로 검토해 나가기로 한다.

 # 기본은 가족농업에 의한 지역농업

지역농업의 진흥을 위하여

　농업은 광의의 농업이어야 지속 가능하고, 농업의 기쁨도 즐거움도 긍지도 느낄 수 있는 것이다. 농업은 자연에 의거해 농작물을 기르는 것이기 때문에, 인간이 생각하는 대로는 되지 않는, 어떤 의미에서는 불합리하다고도 말할 수 있는 것을 다분히 포함하고 있다. 계산대로는 좀처럼 되지 않는다. 낮 동안에 일하고 시간이 되었으니 오늘은 끝(퇴근)이라고는 말하기 어렵다. 또한 논두렁의 풀베기와 경관 보전 등에 의해 유지되는 「농」, 「농의 세계」는 어떠한 수익을 가져오는 것도 아니다.

　산업으로서의 농업인 좁은 의미의 농업에 있어서는, 합리화를 철저히 따르게 되어, 「농」, 「농의 세계」는 자칫하면 골칫거리로서 취급되기 쉽다. 생산과 생활(가계)이 일체화한 가족경영이라는 바로 그 점 때문에 어느 정도, 시간을 느슨하게 포착하고, 수익에로는 결부되지 않는 작업도 의미 있는 것으로 파악되는 것이므로, 농업을 본래의 농업인 광의의 농업으로 포착해 가는 데 있어서 기본이 되는 것이 가족경영인 것이다. 하지만 가족경영은 개별경영인 만큼 이를 넘어 지역 레벨에서의 대응이 필요한 점도 적지 않다. 개별경영을 되살려 나가기 위해서도 지역 차원에서의 대응·대처는 필요하며, 서로의 힘을 합쳐 가는 협동 대처가 반드시 필요하다. 이 협동의 대처를 통한 지역농업으로서의 전개가 요청되는 것이다.

이와 같이 일본 농업의 있어야 할 모습, 지향해야 할 방향성은, 가족경영을 중심으로 한 다양한 담당자가 다양한 농업을 전개해 가면서 지역으로서의 통합을 갖고 생산·판매 등에서 제휴·조화를 유지해 가면서 대처해 나가는 지역농업에 있으며, 지역농업의 진흥이 기본으로 된다. 브라질, 오스트레일리아, 미국 등의 농업수출국들은 대규모이면서 또한 저렴한 외국인을 포함한 고용노동력을 사용하는 개별 경영체가 담당자가 되어 경쟁력을 확보하고 있다. 반면에 일본은 가족경영을 중심으로 전업농가에 소농경영, 겸업농가 등의 다양한 농가·담당자가, 개별경영이면서도 지역을 무대로 하여 서로, 때로는 농밀하게 때로는 느슨하게 제휴하면서 다양한 농업을 전개함으로써, 지역자원을 유효하게 활용해 가면서 효율성도 높여 나가려고 하는 것이다. 비록 다양한 담당자에 의한 다양한 농업을 지역농업으로서 전개해 나간다고 해도, 차별화는 가능해도 국제경쟁력을 획득해 나가는 것은 용이하지 않다. 그러나 지역자원이나 식(食)과 농(農)을 시작으로 하는 크고 작은 다양한 순환을 만들어 나가는 동시에, 도시의 소비자와도 교류해 가면서 산소제휴(産消提携)를 넓혀 갈 수 있다. 이렇게 해서 소비자, 국민의 일본 농업에 대한 이해를 획득해 가면서, 재생산을 가능하게 하는 지원도 확보해 나감으로써 지역농업의 지속을 가능하게 만들어 간다.

이하에서는 지역농업이라고 해도, 그 지역을 어떤 넓이·범위에서 파악할 것인지, 지역농업의 주체는 누가 될 것인지, 지역농업에서는 무엇을 작부·생산해 나갈 것인지, 지역농업이 성립해 나가기 위해 필요한 요건은 무엇인지 등, 지역농업의 내용에 대해 구체적으로 언급하고자 한다.

지역농업의 범위

지역농업의 넓이·범위는 자치단체 레벨이 기준으로 되겠지만, 담당자나 농지관리, 작부와 판매·유통 등에 따라 그 넓이와 범위가 다르며, 이들을 탄력적으로 조합하면서 넓이와 범위를 가동시켜 나가야 한다고 생각한다.

담당자는 수십 호 정도의 마을단위가 기초단위로 된다. 이곳에서 공동의 농작업이나 물 관리, 논두렁 풀베기 등이 행해진다. 그러나 농작업 부분에 대해서는 담당자가 부족하여 경작 포기지를 발생시키는 마을도 많아, 이를 오아자단위大字單位,[37] 초등학교 단위(小學校單位) 내에 살고 있으며, 어느 정도 토지감(土地勘)[38]도 있는 인근 마을에서 상대적으로 여력을 가지고 있는 담당자에 의해 보완해 나가는 것이 바람직하다(그림 2).

---

37 오아자大字: 말단 행정구역의 한 가지. 정(町)·촌(村) 내의 고아자小字를 포함한 비교적 넓은 지역. 고아자는 오아자를 세분한 구역. (두산동아 프라임 일한사전 제3판).

38 토지감(土地勘): 그 지방의 사정·지리 등에 밝음. (두산동아 프라임 일한사전 제3판).

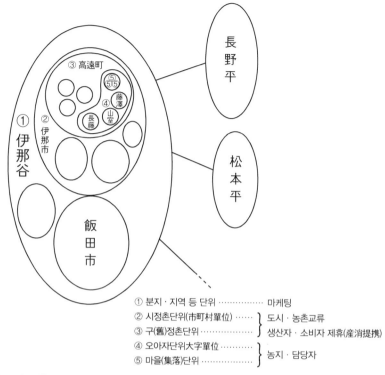

① 분지 · 지역 등 단위 ·············· 마케팅
② 시정촌단위(市町村單位) ····· ⎫ 도시 · 농촌교류
③ 구(舊)정촌단위 ·············· ⎭ 생산자 · 소비자 제휴(産消提携)
④ 오아자단위大字單位 ·········· ⎫ 농지 · 담당자
⑤ 마을(集落)단위 ·············· ⎭

주: 1. 이 그림은 나가노현長野県의 예.
　 2. 伊那谷(이나다니)은 나가노현 남부에 있는 분지. 長野平(나가노다이라)과 松本平(마쓰모토다이라)은 산으로 둘
　 　러싸인 평지. 나머지 지역의 일본어 발음은 다음과 같다. 伊那市는 이나시, 高遠町은 다카토마치, 마을인 藤澤
　 　은 후지사와, 山室은 야마무로, 長藤은 나가후지, 飯田市는 이이다시.

〈그림 2〉 지역농업 (이미지)

　농지 관리는 농작업과 연동된다. 담당자가 없게 된 농지에 대해서는 마을 내에서 담당자와 농지를 매칭시켜 나가는 것이 가장 좋지만, 적당한 담당자가 마을 내에 없을 때에는 인근 마을의 담당자에게 농지 관리를 부탁하게 된다. 담당사와 농지의 매칭은, 서로 안면이나 정보를 가지고 있으며, 또 마

을의 다른 사람들과 공동으로 농작업도 마다하지 않는 사람이어야 하는데, 그래야만이 안심하고 임대차 혹은 매각할 수 있게 되기 때문이다. 현(県)을 단위로 원격지에서라도 담당자를 끌어들이는 농지중간관리기구는 최후의 수단으로서 기능해야 하며, 가급적 마을 내 혹은 인근 마을 가운데서 조정해 나가는 것이 바람직하다.

이것에 대해서 작부, 즉 어떠한 농작물을 생산해 갈 것인가에 대해서는, 적지적작이 기본으로서, 같은 지자체(원문은 自治体) 내라도 평지가 있으면 산간지도 있기 때문에, 놓인 조건, 지세에 의해서 달라진다. 대체로 농지가 협소하고 경사지가 많기 때문에 다품종 소량생산을 기반으로, 벼농사 · 채소 · 과수 · 축산을 복합시킨 지역복합경영을 전개해 나가는 것이 기본이다. 그 위에서 지역 브랜드를 붙여 특산품을 만들어 가는 것으로도 되는데, 지역 브랜드 만들기부터 시작해 간다고 한다면 지자체 단위로 만들어 가는 것이 타당하다. 여기에 유통 · 판매가 겹쳐진다. 지역 브랜드에 대해서는, 경우에 따라서는 인근 지자체가 연합하거나, 분지나 유역(流域) 단위 등 지리적 조건이 유사한 지자체가 연합하거나, 혹은 도도부현(都道府県) 단위로 대응해 가는 것도 있을 수 있다.

이러한 직접적인 농업뿐만 아니라, 지역자원의 순환 등도 고려하면, 지자체 단위를 기준으로 지역농업을 파악하는 것으로 되는데, 어디까지나 그 기초 단위가 되는 것은 집락(集落)[39]이다. 지역농업은 집락단위를 네트워크로

---

39 집락(集落): 농산어촌의 지역사회에서 공동생활을 영위하는 가정들의 집합. 일반적으로 마을(村落)이 그 단위. (일본어사전 広辞苑 제6판). 우리말로는 '취락(聚落)'으로 번역되나 본 책자에서는 본문 그대로 '집락'으로 표현함.

연결하여, 오아자단위大字單位, 지자체단위 등과 중층적으로 조합하여 대응하는 농업이라고 할 수 있다. 집락단위로 조정이 곤란한 경우도 적지 않으므로, 이런 부분을 이보다 큰 오아자단위(大字單位)에서 보완해 나가는 것이 중요하다.

지역농업의 주체

집락을 기초단위로 하여 전개되는 지역농업의 담당자는, 전업농가와 겸업농가로 이루어진 프로 농가와, 자급적 농가나 정년(停年)귀농인 등의 아마추어 농가로 구성된다. 농업생산의 중심은 프로 농가 중 전업농가가 되지만, 논두렁 풀과 농도관리 등 농업에 부수되는 작업은 겸업농가나 자급적 농가 등이 함께하여 행하여진다. 대형농기계 등을 사용하는 직접적인 농사일의 상당 부분은 전업농가에 의해 이루어지지만, 이에 부수되는 논밭 풀베기와 물길 관리 등 이른바 넓은 의미에서의 농사일은 그 외의 농가가 수행하며, 이는 역으로 말하면, 겸업농가나 자급적 농가가 농업에 부수되는 관리를 해 줌으로써 전업농도 농작업이 가능하게 된다고 할 수 있다.

이 전업, 겸업의 관계도 살펴보면, 오로지 전업으로서 농업에 임하는 사람도 있지만, 농외에서 근무해 가면서 하는 겸업도 있고, 오히려 정년 후에 전업으로서 임하는 사람도 있는 등, 전업, 겸업으로서의 지위나 관계는 결코 고정적인 것은 아니다. 예를 들면, 회사 등에 근무하고 있는 동안에는 힘들여 농사를 지을 수가 없어 밭을 전업농가에 빌려주었던 것을, 정년 후에는 이를 되돌려 받고, 결과적으로 규모를 확대하여 전업농가로 활동하게 되는 사람도 많다. 즉, 겸업농가의 일정 부분은 전업농가의 예비군이기도 해서, 전업농가로 바뀔 가능성을 갖고 있다.

전업농이 중심이라고는 하지만, 지역농업에서는 겸업농가나 아마추어 농가의 존재는 크며, 이들이 함께 되는 지역커뮤니티가 매우 중요하다는 점이다. 이전의 촌락공동체로서의 커뮤니티는 매우 희박해져 버려, 집락 내에서의 상호부조의 관계를 회복·재구축해 나가는 것이 불가결하며, 새삼스럽게 아마추어 농가도 끌어들인 지역커뮤니티의 재생·활성화가 큰 과제이다.

오늘날에는 농가에서도 농업상속자(農業の跡取り)가 없는 것이 보통이 되고 있다. 1호 단위(개별농가단위)에서의 농업, 영농의 계속이 어려워지고 있는 현 상황을 고려하면, 집락영농(集落營農),[40] 나아가 집락법인화를 통해 농업, 농지를 운영·관리해 나가는 것이 중요한 사안이 되고 있다. 담당자 확보를 위해서는 외부에서 인재를 획득해 신규 참입(entry)시켜 나가는 것이 불가피하며, 고용관계로 신규 참입을 종업원으로서 받아들여, 이를 교육해 가면서 지역의 담당자로서 육성해 나가기 위해서도 집락영농의 법인화가 필요하다. 물론, 집락영농에 머무르지 않고 개별경영체도 법인화해 경영 관리 등을 강화해 나가는 것이 필요한 정세에 있다.

이와 같이 지역농업은 다양한 담당자에 의해서 유지·진흥해 나가게 되는데, 개별경영체인 전업농가나 겸업농가에 더해 집락영농이나 집락법인은

---

40 집락영농(集落營農): 집락 등 자연적으로 통합되어 있는 일정 지역 내의 농가가 농업생산을 공동으로 행하는 영농활동. 전작(轉作)논의 단지화, 공동구입 농기계의 공동이용, 담당자(선도농가)가 중심이 되어 생산으로부터 판매까지 공동화하는 일 등 지역 실정에 따라 그 형태나 운용은 다양함. - 역자주.

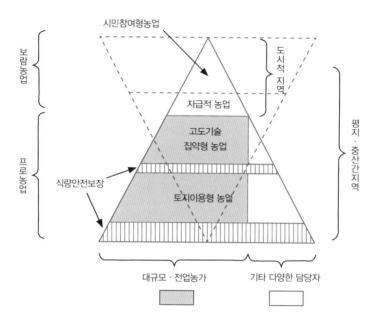

주: 실선으로 그은 삼각형은 면적 기준, 점선으로 그은 역삼각형은 담당자 수 기준.

〈그림 3〉 다양한 담당자에 의한 다양한 농업

지속성을 확보해 나가기 위해서 큰 역할을 발휘하며, 법인화는 경영 능력을 높이는 데 기여하고, 또 외부로부터 신규 참입을 확보해 가는 인수자로서 기능해 나가는 것이 기대된다(그림 3).

지역성을 살린 작부·생산 품목

지역농업을 위한 품목은 적지적작(適地適作)이 기본이며, 이렇게 되어야 일본 농업이 가지는 풍부한 지역성·다양성 등의 특성을 살려 나갈 수 있게 된다.

식량안전보장을 확보해 나간다고 하는 의미에서는 쌀, 벼농사에 의한 논 경영은 빠뜨릴 수 없다. 아울러 소비자 니즈에도 대응하면서, 적지적작과 함께, 지역이 가진 특성을 살리면서, 지역특산물을 육성하여 생산해 나가는 것이 바람직하다. 지역특산물과 일정 정도의 벼농사(식량안전보장용)를 조합 하되, 보다 더는 자급 부분을 포함해, 농지를 효율적으로 활용해 가기 위해 지역농업이라는 관점을 갖고 노력해 가는 것이 매우 중요하다. 적지적작 그 리고 지역이 가진 특질을 살려 가는 것은, 농업선진국과 같은 대규모 경영 에 의한 단작 경영과는 달리, 다품종 소량생산을 함으로써 수입농산물과의 직접적인 경합을 어느 정도 피할 수 있게 하는 동시에, 브랜드화를 도모하 면서 상품성을 높여 맛이나 품질 등에서 차별화하는 것으로도 이어진다.

글로벌화가 진행되면서, 수입농산물과의 경합이 불가피한 가운데, 지역 성을 발휘시킨 작부·생산 품목을 통한 대응이 개별농가 차원에서 이루어 질 경우 그 특정 농가만 남을 뿐, 지역 전체가 살아남기는 어렵다. 반드시 지 역농업 진흥에 대한 대책이 전제되어야 함은 새삼 말할 것도 없다.

농지 이용

이러한 작부·생산품목을 무엇으로 할 것인가 하는 문제와는 약간 별도 로, 중장기적으로는 인구가 감소하므로 식량생산도 수입을 대체하여 자급 률이 대폭적으로 늘지 않는 한 감소는 불가피하며, 필요한 농지도 감소하게 된다. 여기에 쌀 소비량 감소, 담당자의 감소도 가세해, 농지의 잉여·과잉 발생은 피할 수 없다. 이대로라면 경작포기농지는 필연적으로 늘어날 수밖에 없다.

그래서 농지 이용을 도모하는 가운데 토지이용형(土地利用型) 작물과 고도기술집약형(高度技術集約型) 작물로 구분함으로써, 농지의 대규모 면적 이용을 적극적으로 촉진해 나가는 것을 목표로 하는 작물, 혹은 작형을 명확하게 위치시켜 도입해 나가는 관점이 필요하다. 토지이용형 작물로서는 벼농사나 밭농사가 중심이 되지만, 주식용이나 쌀가루 생산 용도로 벼농사를 늘리는 것은 곤란하고, 사료용 쌀이나 사료용 벼 생산을 늘리는 데도 한계가 있으므로, 앞으로는 가축 방목을 대대적으로 도입해 가는 것이 필요하다.

논을 사용하는 방목인 논 방목은, 현재 주고쿠中国지방 등 고령화가 진행되어 담당자의 부족이 현저한 중산간지역에서 도입되고 있다. 대다수는 번식우를 방목하여, 거기에서 태어난 송아지를 판매함으로써 약간의 현금 수입을 올림과 동시에, 농지에 난 풀을 먹임으로써 사료 자급화를 꾀할 수 있고 사료의 외부 구입을 억제할 수 있다. 소의 "혀 깎기"에 의해, 1마리로 1ha 정도의 조방적인 농지관리가 가능하다.

방목은 사료 자급화를 촉진할 뿐만 아니라 축사 내 사육에서 소를 해방시키는 것이기도 하므로, 축사에서 기르며 외부 구입한 농후사료의 공급을 기본으로 하는 일본 축산의 재검토로도 이어진다. 축사에서 기르는 사육(舍飼)은 농후사료 공급에 의한 완전히 집약적인 축산인 데 비해, 방목은 토지이용형에 의한 축산의 으뜸가는 모습이다. 유럽에서는 소의 방목은 당연하며, 방목이 사양(飼養)의 중심이 되고 있는바, 유럽에서는 가축복지에 대한 관심이 강하고, 가축윤리[41]를 존중하여 건강한 환경 속에서 사육하도록 의무화되어 있어, 이런 면에서도 방목은 지지를 받고 있다. 더구나 닭이나 돼지의 케이지 사육 등도 금지되어 있다. 일본에서도 조금씩 가축복지에 대한 국민의 관심이 점차 높아지고 있기 때문에, 이런 면에서도 방목을 자리매김해 나갈 필요가 있을 것이다.

가축복지와 동시에 주목해 두고 싶은 것이, 방목이 가지는 경관의 보전 기능으로서, 잡초가 "혀 깎기"에 의해 말끔히 베어지고, 소가 여유롭게 풀을 뜯고 있는 경관은 보기에 평화롭고 한가로우며, 마음을 안심시키기도 한다. 사토야마里山 경관의 아름다움이 재평가되고 있는데, 계단식 논 등과 더불어 방목에 의해 "혀 깎기"가 된 농지·초지 등도 사토야마里山 경관의 일부로서 추가하여 파악할 필요가 있다. 풀베기도 하지 않고 황폐해진 경작포기지에는 조수(鳥獸)가 숨어들어 해를 초래하는 한 요인이 되고 있는데, 방목으로 경관을 개선해 가면 조수해(鳥獸害)의 감소로도 이어질 수 있을 것이다.

소는 대면적을 "혀 깎기" 하는 능력을 가지지만, 일정 이상 각도의 경사면에서는 미끄러지는 등의 사고를 당할 확률도 높다. 협소하고 경사지가 많은 일본에서 방목을 넓혀 갈 경우, 적극적으로 돼지나 염소, 양, 닭 등과 같은 중소 가축 도입을 꾀하는 것을 생각해 가는 것이 좋다. 대상 농지의 조건·상황에 따른 다양한 가축 방목, 말하자면 일본형 방목에 의한 농지관리의 강화가 요망된다.

---

41 가축윤리: 필자가 동물윤리(animal ethic)에 빗대어 쓴 용어인 것으로 보인다. 동물윤리란 '동물도 고통을 느낀다는 점을 배려하여 동물도 인간과 동등하게 다루어져야 한다는 입장'을 의미한다. -역자주.

여전히 농지, 초지는 물론, 임지(林地)도 손이 없어 잡초 베기를 못 하고 방치되어 있는 곳도 많다. 임지에 소를 방목하는 임간방목(林間放牧)도 포함해, 방목을 활용할 수 있는 곳은 많다.

지역 순환의 형성

지역농업에서는 적지적작(適地適作), 다품종 소량생산을 추진하는 동시에, 식량안전보장을 위한 일정의 논 벼농사와 더불어 축산, 즉 유축(有畜)에 의한 지역복합경영으로 만들어 나갈 것이 요구된다. 축분(畜糞)을 퇴비로 하여 발효 · 완숙시켜, 벼농사 · 밭농사 · 과수원예 등에 이용해 가는 것을 전형(典型: 본보기)으로, 지역에 있는 자원을 지역 가운데에서 효과적으로 활용해 순환시켜 가는 것이다.

한편, 지역농업에 의해 생산된 농축산물은 최대한 지역 안에서 유통 · 판매시켜 나가는 동시에, 가공도 해 나간다. 지역에 있는 식품 공장에서 가공하고, 식당이나 여관 등에서도 조리 · 제공 등을 해 나간다. 확실히 농상공 제휴에 의해서 지역 가운데에서 순환을 만들어 가는 것이 바람직하다.

더 나아가서는 농산물에 그치지 않고 사람 · 물자 · 돈의 순환을 창출해 나갈 필요가 있다. 이것은 사람이나 돈을 포함해 모든 것을 가능한 한 가까운 곳, 지역의 가운데에서 사용해 가고자 하는 것으로서, 많은 순환을 만들어 내고, 그리고 강력하게 할수록, 변동하는 외부로부터의 영향을 억제하는 것으로 연결되어, 지역 경제의 자립성을 높이는 것으로 된다.

지역농업의 성립 요건

이러한 지역농업을 만들어 나가는 주체는 다양한 농업담당자이지만, 담당자만으로 만들어 가는 것은 어렵다. 담당자를 주체로 하면서도 행정과 농협(農協)의 지원이 필수적이며, 특히 기초단위가 되는 집락(취락)을 넘는 수준에서는 그러하다. 즉 담당자와 농지 이용의 조정, 작부 품목의 선정 등에 대해서는 행정이나 농협의 역할 발휘가 필요하다. 또한 생산된 농산물의 판매와 가공에 대해서는 농협이 사업으로서 이에 일체적으로 대응해 나가야 한다. 이를 위해서도 행정과 농협은 한 몸(one floor)이 되어, 서로 제휴하여 지역농업을 유도해 나갈 필요가 있다.

또한 지역농업진흥을 위해 중장기 계획을 책정해야 하는데, 중장기 계획의 내용은 물론, 계획 책정 시 담당자와의 논의와 의사소통이 매우 중요하며, 졸속에 빠지지 않고, 실질적인 협의를 거듭해 가는 것이 필요하다. 그리고 중장기 계획으로 하는 가장 큰 이유는, 5년 후, 10년 후의 시간 경과와 함께, 담당자가 어떻게 변화해 나갈까를 보고 정하며, 조금이라도 더 빨리 5년 후, 10년 후에 농지 이용을 계속할 수 있는 담당자 확보 등의 대책을 강구해 나간다는 데에 있다.

농가의 자제(子弟)만으로 담당자를 확보해 나가는 것은 어려운 시대에 접어들고 있어, 외부로부터 참입(參入, entry), 신규 취농자를 확보해 나가는 것이 불가피하다. 중장기 계획에 연동 · 병행하여, 이를 특정의 농업인뿐만 아니라, 취락(集落)이나 지역단위에서 신규 취농자 확보를 위한 인수 태세를 구축해 가는 것이 필요하다. 또 이와도 관련되지만, 그 지역을 이해하고 응원해 주는 도시 주민 · 소비자와의 교류가 더욱 중요해지고 있어, 중장기 계획과 병행하여 이러한 교류의 기획, 떠맡을 인수자 만들기에 힘써 나가는 것이 불가결하다.

국내외에서 재평가되고 있는
소규모 · 가족농업

프로 농가의 요건

프로 농가와 아마추어 농가

　제1장에서는 지역농업의 진흥이 일본 농업의 방향성임을 서술함과 동시에 지역농업의 요건이나 구체적인 내용 등에 대해 언급했다. 지역농업은 다양한 담당자들로 구성되는데, 여기서 다시 담당자에 대해, 지금까지의 전업농가와 겸업농가, 혹은 주업적 농가, 준주업적 농가, 부업적 농가로 구분하는 것과는 별도로 프로 농가(professional farm household -역자주)와 아마추어 농가(amateur farm household -역자주)로 나누어 생각해 보기로 한다. 즉 농업 수입과 농외수입의 비중에 착안할 뿐만 아니라, 프로 농가와 아마추어 농가는 원래 요구되는 바가 다르다는 점에서 출발해야 한다고 생각한다. 지금까지는 전업농가가 계층 분해되어 전업농가와 겸업농가, 자급적 농가 등이 연속적으로 파악되었지만, 앞으로는 담당자 수가 절대적으로 감소하는 한편,

외부에서 전업농가나 겸업농가 등으로 신규 진입해 오는 사람이 증가해 오고 있는 점, 그리고 무엇보다도 농업의 산업화가 진행됨과 동시에 많은 시민이 농업에 참여하게 되어 오고 있는 점 등에 그 배경이 있다.

　여기서 말하는 프로 농가(professional farm household)는 전업농가에 일부 겸업농가를 포함한다. 겸업농가는 농업을 중심으로 하면서도 계절적으로 농외에서 일을 하거나, 농외에서 퇴직한 후, 전업농이 되기 위해 본격적으로 영농에 나서는 겸업농가인 A타입과, 자급적인 영농을 하면서 잉여분을 판매하고 있는 B타입 등 두 가지로 나뉜다. 산업으로서의 농업에 임하는 농가라는 점이 프로 농가라고 부르는 취지라는 점에서, 겸업농가 A는 프로 농가로, 겸업농가 B는 아마추어 농가로 구분된다. 아마추어 농가에는 겸업농가 B 외에 정년귀농인이나 시민농원 · 체험농원 등에 참여하는 시민도 포함한다. 프로 농가와 아마추어 농가는 경제적으로 농업에 대한 의존도는 전혀 다르며 프로 농가는 이를 뒷받침하기 위해 고도의 기술이 요구되는 동시에 판매능력 등 다양한 능력 발휘가 요구된다. 농업인, 특히 신규로 진입하는 사람은, 프로 농가로서 농업에 매진할 것인지, 아마추어 농가로 자급적으로, 혹은 즐기면서 농업에 매진할 것인지, 확실히 판단 · 선택해 나가야 한다. 그래서 담당자별로 필요한 부분을 제시해 보고 싶다.

구분	내용	
프로 농가	전업농	
	겸업농(A타입)	농업을 중심으로 하면서도 계절적으로 농외에서 일을 하거나, 농외에서 퇴직을 한 후, 전업농이 되기 위해 본격적으로 영농에 나서는 겸업농
아마추어 농가	겸업농(B타입)	자급적인 영농을 하면서 잉여분을 판매하고 있는 겸업농
	정년귀농인이나 시민농원 · 체험농원 등에 참여하는 시민도 포함	

자료: 책자 내용에 의거, 역자가 작성.

생산 · 경영 · 판매 관리

프로 농가는 제대로 된 생산관리가 전제로 되어야 함과 동시에, 경영관리, 판매관리, 정보관리 등 다방면에 걸쳐서 관리를 철저히 해 나갈 필요가 있다. 현장을 다녀보면서 핵심이 된다고 느껴 온 점을 들어 보면, 우선 생산관리에 대해서인데, 그 중심에 있는 것이 기술이다. 기술은 지식만으로는 몸에 붙지 않는다. 기술의 기본은 체험 · 경험하면서 몸에 익혀 가는 것에 있으며, 그만큼 선배 · 선생의 OJT(On-the-Job Training, 직장 내 교육)가 중요하다. 기계화가 진행되어 대형 농기계를 타고 이루어지는 작업이 증가하고 있어, 운전, 조작 기술이 향상되고는 있으나, 반면에 직접 흙을 만져보고, 그 냄새나 감촉으로 흙의 상태를 판단하거나, 농작물의 생육 상황을 관찰하는 능력이 저하되어 가고 있는 것이 우려된다. 또 OJT를 통해서 선배 · 스승의 대처하는 모습이나 생각의 사고방식을 배워 가는 것도 극히 중요하다.

다음으로 경영관리이다. 일본 농가의 가장 취약한 것이, 이 경영관리에 있을 것으로 생각되어 견딜 수 없다. 대부분의 농업자들은 열심히 농사지어, 생산한 농산물을 판매하고 있는 것은 틀림없지만, 그 경영 내용에 대해 '숫자'를 가지고 말할 수 있는 농가는 유감스럽게도 매우 적다고 할 수 있다. 소비자, 판매업자 등 관계되는 사람들에게 경영을 수치화·가시화하여 설명하고 경영 실정을 양해받는 것이 필요한 시대가 되어 가고 있는데, 이 경우 우선은 농업자 스스로가 수치화하여 분석한 경영 내용을 잘 이해하고, 자기 자신 경영의 장점과 결점, 문제점을 파악해, 경영 개선으로 연결시켜 가는 것이 필수적이다. 이러한 것을 지원(backup)해 나가기 위해서 미야자키 현宮崎県을 비롯한 미나미큐슈南九州를 중심으로 이 지역 농협들은 청색신고[1]의 기장 대행을 기초로 하는 농업경영관리 지원시스템을 도입하고 있다. 이를 통해 농가들은 동일한 품목·축종 등에 힘쓰고 있는 타 생산자들과 비교함으로써 자신의 경영상 장점과 단점, 문제점 등을 쉽게 파악할 수 있게 되고, 농협도 이에 근거하여 지도나 지원을 수행하고 있다. 농가가 이러한 시스템을 활용해 나갈 것을 추천하고 싶다.

판매관리에 대해서는, 이 중에서도 고객관리가 중요성을 더해 가고 있다. 기존에는 농협을 통해 위탁판매하는 것이 주였으나 이제는 직접 판매하거나 둘을 조합해 판매하고 있는 농가가 늘고 있다. 농협을 통한 위탁판매로 안정적인 판매 확보나 매상대금 회수에 관한 위험을 회피하는 것도 하나의

---

1 청색신고: 青色申告. 청색신고란 정규부기(복식부기) 또는 간이부기(개인에 한정)에 기초하여 부기를 기재하고, 그 기장으로부터 정확한 소득세(부동산소득, 사업소득, 산림소득) 및 법인세를 계산하여 신고하는 것을 말한다. 청색신고가 아닌 신고방법을 '백색신고'라고 한다.
https://ja.wikipedia.org/wiki/青色申告 -역자주.

방법이지만, 직접 판매에 의해 소비자 등의 반응을 직접 수렴하여, 품목이나 품질 등의 재검토나 경영 개선 등으로 이어 가는 동시에, 소비자와의 교류로 이어 가는 것은 지극히 중요하다. 이는 자신의 농업을 재미있게 느끼고, 또 농업에 자부심을 갖게 하는 중요한 포인트이기도 하다.

중요한 정보 발신

이것과 함께 최근, 매우 중요시되고 있는 것이 정보관리이다. 인터넷을 통해 농업자가 고객으로부터의 정보를 확실히 받아들일 수 있고 동시에, 스스로의 농업관이나 이념, 그 실천·대응 등에 대해서 소비자에게 직접 알릴 수 있어, 직접 판매의 세계가 크게 넓어지고 있다. 이것은 확실히 ICT(Information and Communications Technology, 정보통신기술)의 진전이 가져온 정보혁명으로서, 프로 농가는 PC를 사용한 생산관리, 경영관리 등을 해 나감은 물론, 인터넷을 구사하여 적극적으로 정보를 발신해 나가는 것이 필수 사항이 되고 있다.

이러한 PC 등 ICT를 이용해 나가는 것이 프로 농가의 요건이 되고 있지만, 고령 농업자에게는 쉽지 않은 것도 확실하다. 고령 농업자를 프로 농업자도 그룹화하여 ICT를 잘하는 사람이 가르치거나, 혹은 공동으로 운용해 나가는 것도 하나의 방법이다. 이를 위해서도 적극적으로 농협 등의 지도를 받아들일 필요가 있다.

이들 영역의 모든 것에 대처해 가는 것이 쉬운 일은 아니다. 따라서 부부 사이에 적절한 분담·분업 관계를 확립해 나가는 것이 필요하다. 이제까지 농가의 며느리가 되어도 대부분은 남편의 심부름을 하는 정도가 많고, 농업에는 일절 손을 대지 않는 며느리도 많아지고 있다. 또 한편으로는, 농업 이외 일에 파트타임으로 나가는 며느리도 많다. 그러나 미국의 경우 생산은 남편, 회계는 아내로 분담하고 있는 곳이 많다. 최근에는 회계뿐만 아니라 판매관리나 정보관리가 중요해지고, 그 비중(weight)도 증가하고 있는데, 판매관리나 정보관리 등 소비자와의 접점이 많은 일은 남성보다 여성이 더 잘할 수 있는 일이라고도 할 수 있다. 따라서 앞으로의 가족경영은 부부로 농경(農耕)한다고 하는 것보다는, 각자의 특성을 발휘해 분담관계에 따라 일을 꾸려 나간다고 하는 이인삼각이 필요할 것 같다.

아마추어 농가의 역할과 기대

겸업농가 B(자급적인 영농을 하면서 잉여분을 판매하고 있는 타입) 외에 정년귀농인이나 시민농원, 체험농원 등에 참가하는 시민도 포함하여 필자는 아마추어 농가로 정의하고 있는데, 이들은 농업생산에서 차지하는 비중은 낮지만 농촌과 지역에서의 존재감은 점차 커지고 있다. 아마추어 농가는 농업에 대한 의존도는 낮지만, 농업 이외에도 일을 가지고 있어, 즉, 회사나 공장에 근무하는 사람도 있는가 하면, 장사 등의 자영업을 영위하는 사람, 인터넷 등을 사용해 창업하는 사람 등이 있어, 종래의 겸업농가라고 하는 개념을 넘어 다업적 경영체라고 부르기에 적합한 실태로 바뀌고 있다. 즉 농외의 일을 갖게 됨으로써 전업농가에서 겸업농가가 되는 사람이 있는 한편, 연금을 받으면서 농사를 짓는 정년귀농이나 전원회귀 현상에 의해 농촌으로 이

주해 자급적으로 농사를 짓는 등 별도로 현금수입이 들어오는 방도나 직업 (skill)을 가진 사람이 늘고 있다.

이러한 도시에서 농촌으로 이주해 오는 사람들의 대부분은, 농업하는 것 그 자체, 또는 농업으로 자급해 나가는 것을 즐거움으로 삼고 있으며, 농업 이라고 하는 것보다도 농적 경영, 농사를 짓는 것이 목적이며, 확실히 자아 실현으로서의 농업진입·참여라고 할 수 있다. 물론 프로 농가, 산업으로서 의 농업을 행하고 싶어 이주하는 사람도 늘고 있지만, 아마추어 농가를 목 표로 이주하는 사람이 많다. 또 환경이 좋은 곳에서 아이를 키우기 위해 도 시에서 농촌으로 이주하는 사람도 적지 않다. 이처럼 산업으로서의 농업이 아니라, 삶의 보람으로서의 농업이나, 환경으로서의 농촌에 매료돼 이주하 고 있는 것이어서, 농법도 유기농업이나 자연농법을 하는 비율이 높다.

아마추어 농가가 가진 프로 농가에는 없는 강점은, 다업적 경영체이며, 또 한 자급률도 높다는 점에서, 농산물의 작황이나 가격변동에 좌우되는 정도 가 적고, 상대적으로 경영은 안정되어 있다는 데 있다. 그리고 농업 이외의 세계와의 연결성도 높고, PC 등 정보통신 기기에 정통해 있는 사람도 많다. 또 도시 주민과의 유대는 강하고, 교류도 빈번히 하고 있는 사람이 많다.

이처럼 아마추어 농가는 프로 농가와는 농업에 대한 생각도 크게 다를 뿐 만 아니라, 가진 능력이나 기술도 다르다. 이를 농촌 가운데에서 살려, 프로 농가가 가지고 있지 않은 것을 발휘하여 보완해 나감으로써 지역활성화로 연결시켜 가는 것이 아마추어 농가에 기대되는 역할이다. 자칫 농업에 대 한 사고방식의 차이 등으로 반목하거나, 혹은 무시해 버리기 쉽지만, 서로 의 힘을 감쇄시키는 것이 아니라, 잘 보완해 나가는 것이 요구된다. 아마추어 농가의 많은 비율을 I턴(I-turn)[2]이 차지하고 있는데 그 지역에만 살았던 사람들과는 엇갈림이 발생하는 것은 불가피하다. 이러한 때에, 중간에 들어가 조정하는 능력을 가지는 것이 U턴한 사람이다. 지역, 고장의 사정도 잘 알고, 한편으로 밖에서 농업·농촌을 보는 시각도 이해할 수 있어 이를 현실적으로 조정하고 타협하는 역할을 발휘하는 것이 상대적으로 용이하다고 할 수 있다. 전국에서는 I턴자가 활약하고 있는 지역도 적지 않아, 자주 잡지 등에서 I턴자의 활약상이 다루어지는 경우도 많은데, 필자가 현지를 방문해서 보면 I턴자의 뒤에서 U턴자가 지탱해 주고 있는 경우가 많다.

 ## 지역농업의 유지를 위하여

그 지역(地元, local) 안에서만 지내 온 농가는 좀처럼 가질 수 없는 발상 내지 인적 네트워크에 대해, 아마추어 농가, 특히 외부에서 온 사람들에게 기대는 크지만, 지역의 농업이나 농촌을 지켜 나간다는 면에서는 프로 농가와 함께 소농경영이나 겸업농가에 기대하는 바가 크다. 담당자가 없어진 농

---

2 I턴(I-turn): 도시로부터 출신지와는 다른 지방으로 이주하여 일하는 것을 의미한다. 예를 들면 도쿄 도심에서 태어났지만, 섬 생활을 동경하여 오키나와의 낙도로 이주하는 경우이다. 시골 특유의 풍부한 자연과 온화한 생활환경에 매력을 느끼고, I턴을 결심하는 사람도 적지 않다. U턴과 J턴도 있는데, 먼저 U턴은 지방에서 도시로 이주한 사람이 다시 고향으로 돌아오는 것을 말한다. J턴은 태어나서 자란 고향으로부터 진학이나 취업 때문에 도시로 이주한 후, 고향과 가까운 지방 도시로 이주하는 것을 말한다. 어느 정도의 편리성도 있고, 자연도 풍부한 땅에서 일하고 싶어 하는 사람에게 매력적일 것이다. https://www.creativevillage.ne.jp/21854#head_1 -역자주.

지에 대해서는, 임대차나 작업위탁 등을 통해 직접적인 경작은 프로 농가에 부탁할 수밖에 없지만, 풀베기나 물 관리 등과 같이 기계화에는 한계가 있어 시간이 필요한 작업에 대해서는 소농경영이나 겸업농가의 일손이 반드시 필요하다. 즉, 담당자가 없어졌을 경우, 특정 프로 농가나 대규모 농업자가 있다고 해서 단순하게 계속 대응할 수 있게 되는 문제가 아니다. 이 프로 농가와 소농경영 및 겸업농가와의 지역 연계가 있어야 농지관리가 가능하다.

여기에서 몇 가지 유의해 두고 싶은 점을 들어 두고 싶다. 첫 번째는, 프로 농가를 중심으로 규모 확대가 진행되고 있지만, 적극적으로 규모 확대를 하고 있는 농가는 의외로 적다는 점이다. 대부분은 경작할 수 없게 된 농지를 어떻게든 경작해 달라는 의뢰가 있어 맡고 있는 것으로, 원격지이거나, 행정구역상 격리되어 있는 땅이거나, 또 경작 조건이 좋지 않은 곳으로부터 오는 의뢰가 많아, 규모 확대가 효율성 향상과는 반드시 결부되어 있지 않은 것이 그 실정이다. 오히려 효율은 떨어져도 지역 내 농지를 경작 포기화 시킬 수는 없다며, 채산을 도외시하고 떠맡고 있는 경우가 많다. 쇼와 한 자릿수 세대(쇼와昭和 원년-9년, 즉 1926~1934년생)[3]의 은퇴에 따라 단카이団塊 세대[4](1947~1949년생)가 중심이 되어 지역농업 유지를 위해 농지를 맡아 왔지만, 이제 앞으로 약 10년 후인 2028년경에는 단카이 세대가 은퇴할 때가 되

---

3 쇼와 한 자릿수 세대: 쇼와昭和 원년-9년, 서기로 1926~1934년 기간 중 태어난 세대. 이 책이 출판된 2018년을 기준으로 만 84~92세. -역자주.

4 단카이団塊 세대: 베이비붐 세대의 일본식 조어. 단카이는 덩어리의 뜻. 단카이 세대는 1947~1949년 무렵의 베이비붐 시대에 태어난 세대. 다른 세대에 비하여 인구수가 특히 많았던 데서 비롯됨. 이 책자 발간 해인 2018년 기준으로 만 69~71세. (두산동아 프라임 일한사전). -역자주.

므로, 더 이상 이러한 농지의 인수자는 거의 존재하지 않을 것으로 보여 우려가 된다.

두 번째는 겸업농가가 규모 확대를 방해하고 있다는 비판은 완전히 빗나갔다는 점이다. 오히려 농외수입으로 벼농사 경영의 적자를 보전하면서 벼농사를 유지해 오고 있는 것이 그 실태이다. 농외수입을 쏟아부으면서 벼농사를 계속해 온 것으로, 겸업농가가 농지를 지키고, 지역을 지키며, 조상묘를 지켜 왔다고 해도 과언이 아니다. 평가를 받아야 마땅한데, 오히려 비판의 대상으로 여겨졌던 점에서는 겸업농가로서는 보람이 없다.

호쿠리쿠北陸지방[5]에서는 근래, 농업 외의 일에서 퇴직하게(retire) 되면서, 농업도 자급할 정도의 농지만 남기고 그만두고 마는 사례가 증가하고 있다고 한다. 농외수입이 없어지면서 연금수입으로 벼농사의 적자를 보전해서는 생활 유지가 어렵게 돼 버리는 것이 가장 큰 이유인 것 같다. 또한 미야기현宮城県에서는 고이즈미小泉구조개혁[6]에 따라 지역에 있던 공장 대부분이 해외로 이전해 버려, 겸업의 기회가 사라져 버렸다. 그래서 농외취업 기회를 찾아 미야기현의 센다이仙台[7]시에 거주하다가, 주말에 지역으로 되돌아가 농사를 짓는 형태로 겸업이 진행되어 왔다. 그런데 센다이시에 거주하는

---

5 중부지방인 후쿠이福井, 이시카와石川, 도야마富山 그리고 니가타新潟 등 4현의 총칭. -역자주.

6 고이즈미小泉구조개혁: 일본 고이즈미 준이치로小泉純一郎 내각(2001~2006)이 내건 경제정책 슬로건. 발상 자체는 신자유주의 경제파의 작은 정부론에서 출발하였다. 우정사업(郵政事業)의 민영화, 도로 관련 4대 공단의 민영화 등, 정부에 의한 공공서비스를 민영화 등으로 줄여, 시장이 할 수 있는 것은 시장에 맡기는 것, 이른바 「관에서 민으로」, 또 나라와 지방의 삼위일체 개혁, 이른바 「중앙에서 지방으로」를 개혁의 기둥으로 하고 있다. https://ja.wikipedia.org/wiki/聖域なき構造改革 -역자주.

7 센다이仙台: 미야기현의 중부에 위치한 시. 태평양 연안 쪽. -역자주.

사이에 자신의 집을 짓는 사람이 많아, 정년으로 농외의 일에서 퇴직을 해도 지역으로 돌아오지 않는 사람이 많다고 한다. 여기서도 은퇴하면 지역에서 전업농가로 활약한다는 패턴은 무너지고 있으며, 부모가 사망하면 농지 등도 처분해 버리는 경우가 늘고 있다.

겸업농가의 감소, 정년 후에도 농사에 전념하지 않는 전업화 감소는, 일본 농업, 특히 논 벼농사의 경영과 담당자의 확보를 크게 뒤흔들고 있어, 확실히 구조변화를 초래하고 있다. 겸업농가를 비판하는 것 그 이상으로, 조금이라도 오랫동안 겸업농가에 버티어 달라고 하면서 빨리 다음 체제를 구축해 나갈 필요가 있다. 이제는 농가로부터 영농후계자(營農後繼者)를 확보하는 것은 어려워지고 있다는 것을 냉정하게 받아들이는 것이 중요하고, 외부로부터 신규 취농자를 확보해 나가는 것이 필수이며, 이미 현장에서는 신규 취농인 쟁탈전이 시작되고 있는 것이 실정이다.

셋째, 담당자, 특히 프로 농가는 지역커뮤니티나 공공적 이익에 유의해 가는 것이 강하게 요구된다. 골드슈미트[8] 가설이라는 것이 있는데, 이는 미

---

8 골드슈미트: Goldschmidt, Walter Rochs(1913~2010). 독일계 미국인으로서 UCLA 대학 인류학 교수를 역임. 골드슈미트는 1936~1937년 북캘리포니아에 사는 Hupa와 Nomalki 부족과 함께 현지 조사를 하였고, 그의 박사학위 논문은 캘리포니아의 산 호아킨 계곡의 농촌 마을에서 수행한 지역사회 연구에 기초했다. 이 연구는 주로 산업화된 애그리비즈니스의 사회에 대한 충격에 관련된 것이었고, 응용 인류학으로 알려진 것의 한 예이며 자주 인용된 그의 저서, 『당신이 뿌린 대로: 애그리비즈니스가 사회에 끼치는 영향에 관한 세 편의 연구』의 기초였다. 골드슈미트 박사는 이후 대규모 농업이 지역사회에 미치는 영향 연구를 위해 미 농무성(USDA) 농업경제국에 고용되었다. 그 연구결과물은 완료되기를 기대했던 정책들과 관련이 있었다; 연구 결과는 대규모 영농에 대하여 매우 드라마틱하고 충격적인 것이어서 그 내용은 국회에서 논의되었고 의회 기록에도 나타나 있다. https://waltergoldschmidt.wordpress.com/about/. LA Times지는 "캘리포니아 농업공동체에 관한 그의 연구는 소규모 가족농의 삶을 애그리비즈니스에 의해 통제되는 지역과를 비교함으로써, 가족농 공동체가

국에서 1940년대에 골드슈미트에 의해 실시된 조사에서 도출된 가설로서, 「대규모 농업의 비율이 농촌 지역 내에서 증가하면 지역공동체의 생활이나 문화적인 질이 저하한다」는 것이다. 골드슈미트는 연방정부 농무성(USDA) 농업경제국(BAE: Bureau of Agricultural Economics)에 소속되어 있었으나, BAE 를 사임함으로써 비로소 공표할 수 있었다고 하는 복잡한 사정이 있는 가설로서, 또 많은 비판도 받아 왔다. 이 가설을 소개하는 동시에, 스스로도 미국에서 조사를 거듭해 온 민속학자 모리타 사부로森田三郎는 「커뮤니티 생활도, 토지생산성의 장기적인 유지와 관련된 환경문제도, 단기적인 이익이 아니라 장기적인 이익을 중시하지 않으면 지킬 수 없다」고 하는 한편, 대규모 농가가 가지는 「공업적 가치관이라 불리고 있는 발상법에는, 아무래도 눈앞의 이익을 최대화하는 것에 힘을 쏟는 경향이 있음은 부정할 수 없다」는 점에서, 「공업적 가치관과 커뮤니티에 있어서 생활의 질 향상이라고 하는 과제는 서로 양립되기 어렵다」라고 말하고 있다.

　이 골드슈미트의 가설은 기계화가 본격화된 1940년대 이후의 미국 농업을 대상으로 제기된 것이지만, 1960년대 이후의 일본에서도 타당한 점이 많은 것이 아닌가 한다. 제1장에서도 본 것처럼 글로벌한 국제경쟁에 노출되는 가운데서는, 눈앞의 이익을 최대화하는 것만으로는 농업의 지속성을 확보해 나가는 것이 어려운 동시에, 소비자의 지지를 획득해 나가는 것도

보다 많은 사회적 관습(social institutions)과 더 나은 삶의 질을 누리고 있다는 것을 보여주었다. 이 연구 결과는 1947년의 그의 저서 『당신이 뿌린 대로: 애그리비즈니스가 사회에 끼치는 영향에 관한 세 편의 연구』에 포함되어 있다. LA Times 2010.9.17. https://www.latimes.com/archives/la-xpm-2010-sep-17-la-me-walter-goldschmidt-20100910-story.html -역자주.

어렵다. 특히 일본의 프로 농가는 지역농업 가운데에서만 존속·발전할 수 있으며, 오히려 프로 농가가 솔선하여, 지역 커뮤니티나 공공적 이익에 적극적으로 유의해 나가야 하는 시대에 접어들고 있는 것으로 생각된다.

 ## 법인화의 필요성

지금, 농촌에서 많은 젊은이와 우연히 마주칠 수 있게 되었는데, 농산촌일수록, 조건이 나쁜 "변경(변두리)지역"일수록 젊은이들의 모습이 눈에 띈다. 반대로 활발한 담당자가 남아 있는 곳일수록 젊은이를 보는 일이 적다는 것이 실감된다.

변경지역에서는 거의 자기 자신들만으로 농촌을 유지해 나가는 것은 어려워, 누구든지 하여간 와서 농촌에 살아 주면 고맙다는 이유로 젊은이에게 영역을 넓혀 온 곳이 많다. 그곳에서 젊은이들이 마을 사람들에게 하나에서부터 열까지 배워 가며, 조금씩 마을의 일원으로 성장해 정착해 왔으며, 이곳에서 아이를 낳고, 아이를 키우면서 소소하게 마을 인구가 늘어나, 보육원이나 초등학교의 폐교를 면하게 된 곳도 적지 않다.

이러한 변경지역은 사냥으로 잡는 새나 짐승 또는 산채나 초목 열매는 풍부하지만 농지가 좁은 만큼 현재는 전업농가로서 살아가는 것은 곤란하며, 농업은 자급 목적으로 하는 것이 고작이므로, 네트워크 등을 사용해 다른 일을 병행함으로써 현금을 벌어 갈 필요가 있다. 그러한 의미에서는 프로 농업으로서 살아 나갈 수 있는 조건을 가진 곳은 평지를 중심으로 한 농촌이라는 것이 되고, 여기에서도 젊은이의 모습을 자주 볼 수 있지만, 의외일 정도로 전면에 이들이 나서는 경우는 적다. 아직 담당자가 건강하고, 담당자에게 배워 한 사람 몫을 하기까지에는 시간이 필요하다고 생각하고 있는 것일까. 머지않아 이들이 프로 농가로 성장해 활약해 줄 것을 기대한다.

상대적으로는 변경지역도 아니고 평지도 아니고, 그 중간에 있는 지역이, 담당자의 고령화가 진행되고 있는 한편, 젊은이도 적고 담당자의 확보에 쪼들리고 있는 곳이 많아, 농업담당자 문제가 심각한 것 같다. 담당자가 고령화되고 있다고는 하지만, 웬만큼은 건강한 만큼 적극적으로 영역을 넓혀 젊은이를 맞이할 것까지는 없고, 젊은이가 들어와도 그들에게 맡길 곳은 적고, 자칫하면「요즘 젊은이는…」이라고 무심코 투덜거리며 서로의 관계를 마이너스로 몰고 가 버리는 일도 적지 않다. 이러한 중간지역에서는 담당자의 고령화나 빠진 구멍을 커버하기 위해서 집락영농이 만들어지고 있는 곳이 많은데, 이것을 법인화함으로써 고용을 가능하게 해 외부로부터 인재를 확보해 나가는 것이 매우 중요하다.

법인화라고 하면 자칫 기업적 경영을 추진하기 위해 그 필요성이 강조되지만, 외부로부터의 인재 확보라는 의미에서, 당장, 가장 법인화가 요구되는 곳은 집락영농이 아닌가 싶다. 단, 농업은 자연·환경의 변화에 따라 작업의 내용이나 시간대도 변화하기 때문에, 고용이라고 해서 반드시 일정한 시간대만 일하면 되는 것은 아니다. 수동적으로 고용되는 것이 아니라, 고용관계에는 있으면서도 주체적으로 일을 해 나가도록 리드해 가는 것을 필요로 한다.

집락영농과 함께 법인화가 필요하다고 여겨지는 것이 가족경영 가운데서 프로 농가이다. 아마추어 농업을 포함하여 일률적으로 농업경영을 법인화해 나갈 필요는 없지만, 프로 농가는 가족경영의 이점을 살리면서 경영관리를 철저히 하여 일정한 수익을 확보해 나가는 것이 필수적이기 때문이다.

 # 시대의 변화를 살린 프로 농가의 사례

각지에서 그야말로 다양한 담당자가 열심히 노력하고 있지만, 여기에서는 최근 몇 년간, 친하게 지내고 있는 프로 농가 중에서, 시대의 변화를 민감하게 파악하고 스스로의 감성을 살려 대처하고 있는 세 가지 사례를 살펴보기로 한다.

〈사례 ①〉
나가노현 이나시伊那市 **요코미**与古美 **대표 · 이토 다케시 씨: U턴한 경우**
http://yokomi.net

먼저 나가노현長野県의 남부, 이나다니伊那谷에서 사과를 생산하고 있는 요코미与古美의 대표인 이토 타케시伊藤剛史(36세) 씨다. 필자는 이나동부산촌문제연구회의 멤버로서 나가노현 이나시 다카토마치高遠町에는 거의 매달 찾아가, 지역에서 노력하고 있는 분들께 현장을 견학시켜 주면서 청취를 거듭해 왔는데, 거기서 만난 한 사람이 이토 씨다. 이토 씨는 다카토마치 오사후지長藤 출신인데, 대학 진학으로 본가를 떠나, 회계 사무소 등에서 근무를 하다가, 6년 전부터 사과 생산을 시작하면서 U턴한 경우이다. 비즈니스(사업)에 흥미가 있어, 농업은 정년이 되고 나서 이어받는 일은 있을지언정, 회계사무소 등에 근무하면서, 머지않아 스스로 사업을 시작하는 것을 목표로 하고 있었다.

그러다가 아버지가 하고 있는 사과 경영을 보고, 직감적으로 느껴지는 것이 있었다고 한다. 농업은 노력에 비해 대가가 적어, 담당자의 확보가 어려운 상황에 놓여 있지만, 사과의 세계에 있어서는 수요가 있으면서도 공급이 이를 따라가지 못하고 있기 때문에, 여기에는 사업 기회(business chance)가 있다고 직관한 것 같다. 게다가 도쿄와 같은 대도시보다, 자연이 풍부하고 아늑한 고향을 좋아하는 데다, 사과 경영으로 비즈니스가 성립할 것으로 보여 결단했다. 본가는 사과 농가로, 이나시의 북쪽에 이웃하고 있는 미노와마치箕輪町를 포함해 5ha의 사과밭을 가지고 있어, 부친의 지도도 받으면서 공동경영의 형태로 전직하여 취농을 단행했다고 하는 경과를 가진다.

이토 씨의 최대의 특징은, 사과 생산으로 자립 경영이 가능해지는 비즈니스 모델의 확립을 목표로 하여 노력해 온 점에 있다. 그리고 이를 위해 다음 네 가지에 중점을 두어 왔다. 첫째가, 새로운 왜화(矮化)재배를 통한 노력으로, 수확작업을 수월하게 하기 위하여 사과나무를 키가 작게 만듦과 동시에, 가지를 아래로 늘어뜨리듯이 늘여 놓았으며, 이로써 가지치기 작업도 간소화시키고 있다. 또 이 방법이라면 80cm 간격으로 조밀하게 재배할 수 있다는 점에서, 효율성 향상을 도모할 수 있어, 경영규모의 확대도 가능하게 된다.

둘째는 품종 구성에 대한 고집과 판로의 선택이다. 품종마다의 경제 효율을 확인하면서 품종을 선택해 왔다. 판매에 대해서는 상담회 참가나 중도매⁹로 활동해 오기도 했지만, 현재는 개인직판을 위주로 하며, 시기에 따라서는 JA(농협)에도 출하하고 있다. 요는, 품종에 따라서 어느 시기에, 어디에 낼지, 비용도 생각하여 이익률이 제일 높은 곳에서 승부하고 있다.

셋째가 적극적인 대외적 평가 획득이다. 영업 활동 노력을 판매에 연결하는 무기로서, 품평회 등에서 얻는 대외평가가 필요하다고 생각하여, 현県이 개최하는 콩쿠르에 매년 출품을 해 오고 있다. 5년 전의 첫 출품에서부터 5년 연속 입상해, 최근 2년 계속해 나가노현 지사상을 수상하였고, 최상위의 농림수산성 대신(장관)상을 목표로 하여 품질 향상을 위한 창의와 연구를 거듭하고 있다.

넷째가 이러한 대응을 근거로 한 비즈니스 모델의 확립·보급과 지역과의 제휴이다. 당분간 사과 한 그루로 6천 엔 매출을 올려, 5ha 모두에서 1만 6,500그루(이 경우 조수입은 6천 엔×16,500그루=9억 9천만 원. 100엔=1천 원 기준 -역자주)의 고밀식 재배를 목표로 하고 있다. 이미 농작업 보조자들에게는 성과급 형태의 급여체계를 채용하고 있는데, 목표로 하는 소득을 확보할 수 있게 되면, 임시 고용이 아닌 정사원으로 고용도 고려하고 있다. 그리고 사원이 독립하여 취농을 함으로써 산지를 계속·발전시켜 나갈 수 있다. 「스스로 해 보고, 사과가 이렇게 깊은 것인 줄은 몰랐다」라고 하는 이토伊藤 씨의 감동이 비전으로 만들어져 비즈니스 모델화됨으로써, 이토 씨의 주위에서는 이미 3명이 신규로 취농해 사과 재배를 시작하는 등, 접촉하는 젊은이들을 움직이기 시작하고 있다.

---

9 중도매: 仲卸. 중도매업자(仲卸業者)의 준말. 청과물, 수산물, 식육, 화훼 도매시장에서, 도매업자와 소매업자를 중개하는 업자. https://ja.wikipedia.org/wiki/%E4%BB%B2%E5%8D%B8 -역자주.

여기서 유의해 두어야 할 것은, 이런 활동의 배경에는 아버지와 함께 작업하면서 기술을 습득함과 동시에, 농업자로서 필수적인 "혼(魂)"이나 인근과의 관계성도 포함한 "그 고장·지리·지형 등에 대한 지식"을 배워 왔기 때문이다. 이 사례는 아무리 경영감각이 뛰어나고 의욕 있는 신규 취농자가 있어도, 이를 제대로 해 나가기 위해서는, 아주 가까운 곳에서 이루어지는 도제제도[10]적인 교육·훈련이 결정적으로 중요하다는 것을 보여주고 있다.

〈사례 ②〉
야마나시현 고슈시 가쓰누마쵸 백과원(百果苑) 오기와라 신스케 씨: 다지역 거주형 농업
https://www.koushu-kankou.jp/map/budo/hyakkaen.html

야마나시시山梨市 마키오카쵸牧丘町에 있는 필자의 밭에서 차로 10분 정도 거리에 JA야마나시후르츠(야마나시후르츠 농협)의 직판장이 있다. 필자 스스로 채소를 재배하고는 있지만 자급에는 크게 미치지 못하기 때문에 매주 직판장을 찾고 있다. 어느 때인가, 직판장에서 생강을 진열하면서, 사러 온 중년의 여성에게, 생강 먹는 방법을 여러 가지로 설명하고 있는 젊은 농업 생산자가 있었는데, 그 열변에 무심코 이끌려 말을 건넸는데 그가 오기와라 신스케荻原慎介(32세) 씨다.

---

10 도제제도: 徒弟制度. 서양의 중세에, 수공업자가 후계자를 양성하기 위해 도제를 두던 제도. 도제는 어려서부터 상인이나 장인(匠人)의 집에서 기거하면서 일을 배우는 소년. (두산동아 프라임 일한사전). -역자주.

가쓰누마쵸勝沼町에서 5대째 포도농사를 짓고 있는데, 야마나시에서 이루어지는 포도 작업은 초봄부터 바빠지고, 수확은 7월 하순부터 시작되어 10월 중순까지 이어진다. 역으로 말하면 10월 하순부터 겨울까지에는 비교적 여유가 생긴다는 얘기다. 오기와라 씨는 이 여유 있는 기간을 활용해 포도와는 전혀 다른 작물을 공부하거나 생산, 혹은 포도의 지도 등에 임하거나 집중해서 취미를 즐기거나 하고 있었다. 오기와라 씨는 포도 수확이 일단락되면 고치현高知県으로 날아가 친구 농장에서 생강을 재배하고, 야마나시에서도 생강을 도입 · 생산하고 있다. 또한 최근에는 아버지를 도와, 홋카이도 구시로釧路에서 펄프 공장에서 배출되는 온수를 이용한 포도 온실 재배 현장을 지도하고 있다. 또 지금은 야마나시 포도의 주요한 품종의 하나가 되고 있는 피오네(Pione)는, 시즈오카현静岡県의 이즈노쿠니시伊豆の国市 나가오카長岡에서 개발된 품종인데, 나가오카에서 그 원목(原木)을 보존하고 동시에 그 포도의 6차 산업화를 위한 활동도, 아버지와 함께 지원하고 있다.

이렇게 포도와 생강을 축으로 가쓰누마, 구시로勝沼, 이즈伊豆와 고치高知 등으로 생산품목과 함께 생산지도 복수화하고, 여기에 지도 · 지원을 하면서 농업에 힘쓰고 있다. 이와 같은 대응과 관련시켜 고슈시에 셰어하우스[11]를 마련해 두고, 취농을 희망하는 도시의 젊은이에게 주거지를 제공하면서, 경작포기화될 수도 있는 농지를 활용한 농업을 후원하고 있다. 함께 작업하면서 지도하는 동시에, 스스로 고치高知 등에 나가 부재중일 때는 그 젊은이

---

11 셰어하우스: share house. 독립한 침실을 갖추고 있으면서 거실이나 주방 등을 공유하는 방식의 임대 주택을 말한다. 1~2인 가구가 많은 일본 · 캐나다 등의 도심에 많으며, 일본의 경우 1980년대부터 등장한 주거 양식이다. (네이버 지식백과). -역자주.

에게 작업을 위탁함으로써 현금 수입을 확보할 수 있는 구조로 만들어 주는 등, 5년 후에는 연 수입 500만 엔을 목표로 하는 비즈니스 모델을 작성해 신규 취업농인의 자립을 이끌며, 촉진시키고 있다.

그 오기와라 씨는 "놀이" 쪽도 일류인 것 같고, 고치高知에서는 서핑을 많이 즐기고 있는 것 같다.

「팜 서핑(farm surfing)」이 오기와라 씨의 핵심 개념(key concept)으로, 「인터넷 서핑」에서 따온 것 같다. 웹페이지를 열람할 때 흥미가 가는 대로 차례차례 페이지를 열람해 가는 것을 인터넷 서핑이라고 하듯이, 다양한 「팜(농업)을 서핑하자(맛을 즐기자)」는 것이 그 취지다. 즉 농업은 그 토지의 기후, 지질, 수질, 사람의 기질 등의 복합체이며, 그렇기 때문에 거기만의 식문화, 경관, 생활습관, 풍습 등이 존재한다는 것이 기본적인 농업관이며, 확실히 각 지역의 농업을 음미하고, 즐긴다는 것이 가능하다고 필자도 생각한다.

또 이것과 관련해서 그가 강조하는 것이 「로컬 too 로컬」이다. 아는 것만으로는 「로컬 to 로컬」에 불과하지만, 더 깊은 관계가 되는, 되고자 하는 「로컬 too 로컬」이 되어야만, 그 근저에 있는 소중한 것들이 보이는 것 아니냐는 것이다.

농업은 깊고, 그 즐거움, 묘미는, 그 지역성·지역 자원을 "재발견"하면서, 이것을 살려, 즐기는 것에 있다는 말일 것이다. 확실히 다지역 거주형과 같은 농업을 추구하고 실행해 왔기 때문에 얻을 수 있는 인식 같기도 하다. 그러면서 "재미있고 즐겁게 하는 것이 으뜸이요, 돈벌이는 다음"이라고 함과 동시에 "웃을 수 있는 것이 진짜 농민"이라는 말은 깊이 공감되는 바가 크다. 본래는 농민은 백성(百姓)[12]이기에 「백번 웃을 수 있는 인생」을 살 수 있는 것이며, 백성(농민)이 「백번이고 웃을 수 있어야」 일본 농업이 재생할 수 있게 되리라.

　무언가의 한 가지 기억처럼 「농업소득의 배증」만이 주장되어 소득 향상에 별로 열심인 것 같지 않은 농업자는 시대에 뒤떨어진 농민이고, 경영의식이 결여되어 있어, 이러한 농업자로는 앞으로의 일본 농업을 맡길 수 없다고 하는 풍조가 만연하고 있다. 결과적으로 지역(地域)을 경시하고 「오로지 지금 당장, 오로지 돈, 오로지 자기 자신만」이라고 하는 농업자를 늘릴 수도 있는 농정이 진행되고 있는 가운데, 오기와라 씨와 같은 젊은이와의 만남은 마음을 안심시켜 주는 바가 있다. 그리고 이런 젊은이들이 새로운 시대를 열어가 주길 바란다는 생각을 하지 않을 수 없다.

〈사례 ③〉

홋카이도 시베쓰시 다요로쵸多寄町 **이나조팜**[13] · **다니 도시아키**谷寿彰 · **에미**江美 **부부: 역할 분담(생산과 가공/경리 · 판매관리 · 홍보)**

12　백성(百姓): 농민. 일본에서도 백성이 처음에는 중국과 같은 천하만민을 가리키는 말이었다. 그러나 중세 이후 점차 백성의 본분을 농으로 삼아야 한다는 농본주의적 이념이 널리 퍼지면서 메이지 시대 이후에는 일반적으로 농민을 지칭하게 되었다. https://ja.wikipedia.org/wiki/百姓 -역자주.

13　이나조팜: 이나조의 의미에 대하여 원작자인 쓰타야 씨께 문의. 쓰타야 씨는 이를 다니 씨에게 물어본 결과 '일본의 교육자이자 사상가인 니토베 이나조新渡戸稲造(1862~1933)의 이름을 차용한 것'이라고 한다. 니토베 이나조는 삿포로 농학교(현 홋카이도대학 농학부) 1회 졸업생으로서 국제연맹 사무차장을 역임하고 『무사도』라는 명저를 내는 등 국제적으로 활약한 사람. 다니 씨는 어려서부터 좋아했던 위인이며, 대학의 대선배이며, 태평양의 가교 역할을 했던 이나조 씨를 본받아 농업을 통하여 어떤 가교 역할을 하고 싶어서 농장 이름을 그렇게 지었다고 한다. -역자주.

https://organic-support.com/producer_list/inazo/top.html

홋카이도의 시베쓰시土別市에 있는 이나조팜으로부터 우편이 왔다. 넷째 자녀인 장남이 태어났다는 소식과 함께, 판화가인 미야자키 후미코宮崎文子 씨의 이 농장을 주제로 한 「Inazo Farm」이 들어 있었고 그 판화에는 「덕분에 농장은 마치 작은 『갤러리』 같습니다」라고 쓰여 있었다. 이 통신의 필자는 다니 에미 씨다.

필자는 오랜 세월에 걸쳐 와세다早稲田 대학에서 시간강사로 일해 왔다. 거기서 신세를 지고 있는 이가 같은 대학 사회과학 종합학술원의 겐마 마사히코弦間正彦 교수다. 와세다 대학은 이탈리아 베니스 앞바다의 산·셀보로섬에 있는 베네치아 국제대학과 교류 협정이 있어, 벌써 7, 8년 전의 일이 될까, 겐마 교수가 반년 정도 베네치아 국제대학에서 교편을 잡게 되어 체재하게 되었다. 그 강의의 일부를 내가 분담하기로 해서 베네치아 국제대학에 간 적이 있었다. 그때, 겐마 교수의 숙소인 아파트에 묵었는데, 이때, 역시 같은 아파트에 숙박하고 있어 함께한 것이 다니谷 부부다. 두 사람은 신혼여행으로 유럽을 돌다 현지에 머물렀고, 겐마 교수가 부인 에미江美의 은사로서 선생님의 아파트에 들어가 숙식을 같이하게 된 것으로 나의 베네치아 국제대 강의도 청강해 주었다. 그러한 인연으로 교제가 이어지고 있다.

다니谷 부부는 이제는 쌍둥이를 포함해 4명의 아이를 가졌으며, 부모님과 할머니를 포함해 9명이 시베쓰시土別市에서 와자지껄하게 살고 있다. 그 시베쓰시는 홋카이도 북부, 삿포로와 왓카나이稚内의 거의 중간, 여름 겨울의 기온차가 60℃로 알려진 나요로시名寄市의 남쪽 인근에 있다. 마지막 둔전병촌(屯田兵村)¹⁴의 하나로 농업 집산지로 발전해 온 곳이다. 지금은 풍부한 자연과 여름의 서늘한 기후 등을 살려, 「양(羊)의 마을」, 「합숙하는 마을 만들기」 등으로 유명해지고도 있다.

이나조팜은 경영 면적이 14ha로, 쌀과 호박 등 밭작물, 토마토 생산, 토마토 주스 가공, 그리고 이들을 판매하고 있다. 가족 경영체이며, 작업은 남편 도시아키 씨, 에미 씨 부부와 부모님이 같이 분담하고 있다. 토마토의 경우 그 시기의 작업에 맞추어 파트타임 근로자를 활용하고 있다.

주작물은 토마토이며, 최고의 맛을 자랑하고 있다. 북쪽 지역인 홋카이도에서도 토마토 생산이 증가하고 있지만, 여기에서는 미디 토마토(midi-tomato: 미니토마토보다 약간 큰 토마토) 하우스재배에 도전하고 있다. 큰 기온 차이와 점토질 토양을 활용함과 동시에, 흙 만들기와 유기 재배에 골몰하여 토마토 맛이 진하고 단맛과 신맛의 밸런스가 훌륭하다. 한 알을 먹으면 그 맛이 입안에 퍼지고 토마토가 가진 힘이 몸에 스며드는 느낌이다. 채소라기보다는 과일이라고 하는 편이 더 좋을 정도로 맛이 일품이다. 게다가 이것을 가공한 주스는, 그야말로 토마토의 에센스라고도 할 수 있는 맛으로, 컵에 담아 마시기에는 아깝고, 작은 잔에 맛보면서 마시기에 딱 좋다.

이나조팜에서 주목해 두고 싶은 것이, 토마토의 맛과 아울러, 이 부부의 영농 역할분담 및 제휴 관계다. 9·11(2001년 9월 11일, 미국에서 발생한 동시다발 테러사건) 때문에 그 이후 미국 방문을 꺼려 온 점도 있어 이제는 20여 년

---

14 둔전병촌(屯田兵村): 둔전병은 메이지明治 시대에 북해도의 경비와 개척을 담당했던 부대. 1874년(메이지 7년)에 제도가 만들어져 그다음 해에 실시되었고 1904년(메이지 37년)에 폐지됨. 둔전병촌은 그러한 둔전병이 살던 마을. https://ja.wikipedia.org/wiki/屯田兵 -역자주.

전의 일이지만, 그때 필자는 미국의 몇몇 농가를 방문하면서 인상 깊었던 것이 부부의 역할과 분업을 분명히 하고 있다는 점이었다. 남편은 농작업 중심으로, 부인은 경리를 분담하여, 부부가 경영과 영업을 함께 한다는 것이 기본 패턴이다. 그러나 일본에서는 최근에 농가라고 해도 농업에는 관여하지 않는 며느리가 증가하고 있어, 관여하는 경우에도 남편과 함께 농작업을 행하는 것이 고작이며, 관리, 회계, 홍보를 담당하고 있는 경우는 극히 드물어 분업한다는 감각은 부족하다. 결과적으로 주먹구구식 계산이 많고 또 홍보에는 거의 손대지 못하고 있는 것이 실태이다.

이나조팜에서는 남편 도시아키寿彰 씨가 생산과 가공을, 에미江美 씨는 경리·판매관리·홍보를 담당하고 있다. 통신은 오로지 에미江美 씨의 손에 들어 있는데, 지역, 주변, 가족의 정보, 그리고 토마토 주스를 사용한 「농가 레시피」 등이 가득하다. 시각적이고 핫하게 쓰여 있어 소비자와의 가교 역할은 크고 소중하다. 이러한 각각 서로의 특성을 살린 경영은, 미래 시대의 담당자상(像), 며느리상을 제시하고 있는 것 같기도 하다.

 # 재평가되는 소규모 · 가족농업

미국에서 바뀐다! 가족농업에 대한 견해

사례에서 다룬 것은 모두 가족경영인데, 일본에서는 이러한 가족경영이 감소하고 있다. 그리고 "선진국" 미국에서는 가족경영은 일부에만 남아 있고, 로라 잉걸스(Laura Ingalls)가 묘사한 「대초원의 작은 집」의 세계는 먼 과거의 이야기라고 생각해 왔던 만큼 깜짝 놀란 것이, 「가족농업을 극찬한 미 농무성의 보고서」라는 신문의 제목에서이다.

이 기사는 2018년 4월 3일 자 일본농업신문이다. 농무성 보고서에서는, 「경영주, 혈연자, 양자(養子: 양아들), 배우자가 경영자원의 절반을 쥐고 있는 것」을 가족농업으로 정의하고 있으며, 법인화를 했거나 옛날부터 가업적으로 농업을 하고 있는 것 등 그 다양한 형태와 관계없이, 혈연으로 맺어진 가족이 농업경영을 파악하고, 결단하고 있는 것을 가족농업이라 하고 있다. 그 가족농업이 206만 미국 농업경영체의 99%를 차지하고 있으며, 게다가 농업생산액에서도 89%는 가족농업에 의해 산출되고 있다고 한다. 미국 농업의 대부분은 기업이 소유·경영하고 있다는 이미지는 실태와는 전혀 다르며, 「미국의 지금까지의 역사와 마찬가지로 미국 농업은 (현재도) 가족이 소유하고 운영하는 경영체가 지배적」이라는 것이 강조되어 있다.

작업의 계절성, 포장(圃場)의 특징에 맞춘 지식, 갑작스러운 기후 재해에 대한 대응을 고려하면, 「미국 농업이 가족에 의해서 영위되는 것이 앞으로도 계속 유리하다」라고 끝맺고 있다. 「합리성을 추구하는 미국에서도 가족농업이야말로 바람직한 모습이라고 보고서는 단언하고 있다」는 소개이다.

같은 가족농업이라고 해도 기업과의 계약생산에 의해 실질적으로는, 기업의 하청으로 바뀌어 있는 것이 대부분을 차지할지도 모른다. 또한 미국의 농업경영은 정부의 전폭적인 지원으로 성립하고 있는 것이 실정이며, 그 지원을 정당화하고, 국민의 이해를 얻기 위한 핑계로 갑자기 가족농업을 들고 나왔는지는 알 수 없다. 그렇지만 확실히 작업의 계절성, 포장(圃場)의 특징에 맞춘 지식, 갑작스러운 기후재해에 대응하기 위해서는, 고용노동력만으로 하는 기업경영농업으로는 한계가 있을 것만은 틀림없다.

유엔이 정한 「가족농업의 10년」

유엔도 가족농업의 중요성을 평가하고 그 추진을 도모해 왔다. 유엔이 2014년을 「국제 가족농업의 해」로 정하고 세계 각국에서 소규모 · 가족농업을 재인식하자는 캠페인을 전개한 것을 기억하고 계시는 분도 계시리라 생각하는데, 유엔은 다시 2019~2028년을 「가족농업의 10년」이라고 정하기로 결정했다. 이는 2007~2008년의 세계 식량 위기나 리먼 쇼크 때문에, 「이제까지와 같은 방식의 연장으로는 미래를 기약할 수 없다」고 하는 것을 UN이 인식했다는 것이고, 이는 유엔이 이제까지의 농업개발모델로부터 탈피하여 농업정책을 전환하겠다는 의미이다. 아울러 「지속가능한 개발 목표 (SDGs: Sustainable Development Goals. 2016~2030)」의 추진으로, 2030년을 기한으로 유엔은 빈곤과 기아 퇴치, 지구 환경의 보전 등을 목표로 하고 있다. 즉 SDGs의 목표 달성을 위해서는 농업생산의 대부분을 차지하는 가족농업이 중요한 역할을 완수할 것이라는 판단과 평가가 있다.

이러한 배경에 있는 것이 농업의 대규모화에 따라, 대규모화에서 뒤처져 탈농하여 빈곤층으로서 도시로 유출된 농민의 존재이다. 이들은 도시에서 빈민으로 살기에도 곤궁한 상태이다. 농업의 대규모화가, 이러한 농민 · 빈민을 대량으로 낳아, 경제적 격차뿐만이 아니라 사회적인 불안정성을 초래하고 있다는 것이 있다. 아울러 열대우림의 난개발이나 수자원의 고갈, 농지의 사막화, 해수나 해풍으로 인한 염해(鹽害), 화학비료 · 농약 및 기타 약제의 과용에 의한 영향 등으로 세계 각지에서 여러 모양의 환경파괴가 초래돼 왔다. 확실히 농업의 대규모화 때문에 농업의 지속성 그리고 사회, 지구의 지속성이 상실되어 왔다.

이러한 한편으로 소규모 가족농업은 영양개선, 식량안전보장, 기아와 빈곤의 근절, 생물다양성의 보전, 환경지속성의 실현 등의 다양한 역할을 가지고 있음과 동시에, 에너지 효율이나 환경 부하의 면에서도 효율성이 높아, 이것이 재평가되고 있다.

소규모 · 가족경영을 복권시킴으로써 규모 확대 노선의 막다른 골목과 지구 환경 문제를 타파해 나가는 것을 목적으로 하여 유엔인권위원회에서는 「소농민과 농촌에서 일하는 사람들의 권리선언」에 대하여 심의가 행해지고 있고, 연내(2018)에도 권리선언[15]이 나올 것으로 기대되고 있다.

중국의 소농평가

이러한 유엔의 움직임과 병행해서 특기할 만한 것이 중국의 동향이다. 중국은 최근 20~30년 사이에 급속한 경제성장을 이루어 GDP에서 2010년에는 일본을 추월해 세계 2위의 경제대국이 되고, 2030년경에는 미국을 추월

---

15 소농민과 농촌에서 일하는 사람들의 권리선언: 이 선언(Declaration on rights of peasants and other people working in rural areas)은 2018년 12월 17일 유엔 총회에서 채택됨. https://www.humanrights.go.kr/site/program/board/basicboard/view?menuid=001003007007&pagesize=10&boardtypeid=7065&boardid=7604401 -역자주.

할 것이라는 예측도 있다. 그 중국은 「샤오캉 사회(다소 여유가 있는 사회, 小康 社會 -저자주) 전면 완성의 결승 단계」(2017년 10월 18일의 중국 공산당 제19회 전국대표대회에서 시진핑 주석의 보고. 이하 같다)에 들어가려고 함과 동시에, 「중국의 특색 있는 사회주의가 새로운 시대에 들어간 중요한 시기」라고 여겨지고 있다. 즉 중국은 2단계 발전을 계획하고 있는데, 「1단계인 2020년부터 2035년까지는, 샤오캉 사회의 전면적 완성을 토대로, 한층 더 15년 분투해, 사회주의 현대화를 기본적으로 실현한다」는 목표이다.

중국에서는 낮아졌다고는 해도 여전히 농업의 비중은 높고, 현대화 경제 체계의 주요 기둥 중 하나가 농촌진흥 전략이다. 농민의 재산권 보장과 더불어 현대 농업의 산업체계·생산체계·경영체계를 구축해 나가기로 하고, 여기서 담당자에 관해서는 「농업지원·보호제도를 충실화하고, 다양한 형태의 적정규모 경영을 발전시키며, 새로운 유형의 농업경영 주체를 육성하고, 농업 사회화서비스 체계(보조금으로 도입한 농기구로 작업 위탁을 추진해 나가는 등, 편익을 널리 지역에서 활용·공유해 나가는 것 -저자주)를 완전화하고, 소규모 농가와 현대 농업발전과의 유기적인 연결을 실현한다」고 언급하고 있다. 즉, 새로운 담당자로서의 농업경영 주체를 육성할 뿐만 아니라, 소규모 농가의 존재와 그의 유기적인 결합을 전제로 하고 있다.

중국에서는 농업문제를 농업·농촌·농민의 「삼농」 문제로 규정하고 있는데, 이 삼농 문제는 「국가의 경제, 국민의 생활과 관련된 근본적인 문제이며, '삼농' 문제를 확실히 해결하는 것을 시종 전당(全黨) 모든 활동의 가장 중요한 과제로 삼아야 한다」고 하면서 소규모 농가의 존재를 전제로 한 농업 현대화 추진을 도모하려 하고 있는 것은 매우 관심을 당기는 지점이다.

일본에서의 가족농업 재검토 움직임

세계 전체로 봐도, 또 역사적으로도 소농·가족경영이 대부분을 차지하고 있었지만, 농업의 근대화에 의해서 규모 확대가 추진됨에 따라, 소농·가족경영이 경시되어 계속 감소해 왔다. 그렇지만 최근, 대규모화 지향이 뿌리 깊다고는 해도, 지구적 규모로 소농·가족경영을 재평가하는 움직임이 착실하게 퍼지고 있다고 말할 수 있다.

일본에서도 공격적인 농업이 추진되면서 소농·가족경영의 도태가 진행되고 있다고는 하지만 소농·가족농업을 적극적으로 재검토하는 움직임도 눈에 띈다. 그중 하나가 2015년의 소농학회(小農學會) 설립이다. 설립 총회에서는, 「하나, 우리는 농(農)의 진수는 소농에 있다고 확신하고, 그 연찬(研鑽: 깊이 연구함), 실천과 보급에 노력한다. 하나, 우리는 농(農)이 하늘 신과의 공동의 일임을 인식하고, 자연의 영위에 따른 농(農)을 실천한다. 하나, 우리는 농(農)의 사명은 인류의 생명유지임을 이념으로 하여, 모든 사람들에게 그 은혜가 미치는 사회를 목표로 한다」는 대회선언을 채택하고 있다.

또한 2017년 12월에는 「소규모·가족농업 네트워크·재팬(SFFNJ)[16]」이 발족했다. 「현재 전 세계 식량의 80%가 소규모·가족농업에 의해 생산되고 있으며, 세계 전체 농업 경영체 수의 90% 이상을 차지」하고 있지만, 「급속한 시장의 글로벌화, 농산물·식량 국제가격의 심한 변동, 기후 변동이나 재해, 기업이나 국가에 의한 대규모 토지 수탈, 다국적 기업에 의한 종자 지배

---

16 SFFNJ: Small and Family Farming Network Japan. https://sffnj2017.wixsite.com/sffnj -역자주.

등에 직면해 소규모 · 가족농업은 위기적 상황에 직면해」 있다. 「이런 가운데 시대에 뒤떨어진 것으로 여겨졌던 소규모 · 가족농업이, 지속가능한 농업의 실현이라는 목적에 비춰 볼 때, 사실은 가장 효율적이라는 평가가 내려지게 되었다」며 소농 · 가족농업이 수행하는 역할과 가능성을 알려 나가겠다는 것이다.

일본도 포함하여 농업담당자의 기본을 이루는 것은 가족경영이며, 소농경영도 귀중한 담당자의 하나로서 지역농업 가운데에 놓는다. 지역농업이 제대로 영위되어야만 가족경영이나 소농경영이 성립 · 지속해 갈 수 있다. 지역농업으로 대처해 나가는 것이 가지는 의의는 크며, 일본이 가족경영 · 소농경영을 존중한 지역농업으로 대처해 가는 노력을 세계에 알리고, 제5장의 쿠바 농업에 대한 보고서에도 나타나 있듯이, 쿠바 등과도 연계해 가면서 가족경영 · 소농경영을 중시하는 지역농업을 또 하나의 농업 모델로서 세계에 넓혀 가는 것이 기대된다.

 ## 지속적 순환형 농업으로

여기서 다시 언급해 두고 싶은 것이 농업과 환경의 문제이다. 농업은 식량을 공급해 가는 것을 주된 목적으로 하고 있고, 식량의 안전보장을 확보해 나가기 위해서는 지속적이고 순환형인 것이 전제가 된다. 그러나 눈앞의 수확량이나 효율성을 중시하는 나머지 대형농기구의 도입과 함께 화학비료나 농약의 사용으로 말미암아 지속성이나 순환을 상실해 왔다. 논에서 메뚜기가 없어진 지 오래여서, 현재는 시판되고 있는 메뚜기 간로니[17]는 중국에서 수입된 것이라고 한다. 또 벼베기 때에는 무수히 많은 고추잠자리가 날아다니던 것이, 벌써 7, 8년 전이나 되는데 쌀 고장인 니가타新潟에서는 고추잠자리를 볼 수 없게 돼 버리고 말았다는 이야기를 들었다.

　바야흐로 생물다양성을 잃어 가는 것이 지속성의 저하와 순환의 상실을 상징하고 있다고 할 수 있는데, 생물체에도 친화적인 농업으로 나아가는 것이 지속성과 순환을 회복해 가기 위해 필요할 뿐만 아니라, 식사를 통해 생명력이 넘치는 농축산물을 비롯한 음식물을 먹음으로써 인간의 건강에도 크게 작용하게 된다. 음식(食)은 곧 생명을 은혜로 받는 것이며, 생명을 존중하고 소중히 다루는 데 유기농업이나 가축복지의 본질이 있다. 화학비료나 농약 등의 사용은 최소화하고, 최대한 억제해 나가는 것이 중요하며, 가축복지, 나아가서는 생물다양성을 중시한 대책이 요구되고 있다.

　이러한 농축산업 등의 개별적 대응과 더불어 숲(森)·마을(里)·바다(海)의 순환을 만들어 가는 것이 중요하며, 도시농업에서도 농업과 녹(綠)을 일체화시킨 녹농정책을 전개해 나가는 것이 요구된다. 숲·마을·바다의 순환이 중요하다는 것을 재차 깨닫게 해 준 것이, 미야기현 게센누마気仙沼의 어부인 하타야마 시게아츠畠山重篤 씨가 중심이 되어 추진해 온 「숲은 바다의 연인」을 슬로건으로 한 어부와 시민이 일체가 된 식수(植樹)조림 활동이다.

　「숲속에 있는 낙엽 활엽수는 땅속의 미네랄을 흡수하고, 태양에너지를 이

17　간로니: 甘露煮. 생선이나 과일을 설탕이나 물엿 등으로 조린 식품. (두산동아 프라임 일한사전 제3판). -역자주.

용해 광합성을 하면서 자랍니다. 그리고 겨울이 되면 낙엽이 지고, 지표에는 낙엽이 겹겹이 쌓여 갑니다. 이 낙엽은 땅속에 사는 곤충, 지렁이나 미생물에 의해 분해되어 미네랄이 되어 토양을 풍부하고 비옥하게 만들어 갑니다. 산에 내린 비는, 이 토양의 미네랄을 시간을 들여 충분히 머금으면서, 이윽고 강이 되어 바다로 흘러갑니다」(아카미네 카츠토赤峰勝人, 32쪽). 강은 도중에 논을 적시고, 「벼가 철분 걱정 없이 연작(連作)할 수 있는 것은, 산에서 흘러오는 물로 운반된 철이 끊임없이 공급되고 있기 때문이 아닌가 생각된다」(야다 히로시矢田浩, 66쪽). 더욱이 미네랄 중에서도 특히 중요한 역할을 하는 철분은, 황사(黃砂)나 일본 내에 있는 삼림으로부터 강을 거쳐 바다로 공급된다고 생각되었으나, 플랑크톤의 발생 상황으로 미루어 보면, 대부분은 시베리아에 있는 삼림과 습원(습기가 많은 초원)으로부터 아무르강, 사할린 해류, 쿠릴 해류를 타고 공급되고 있다. 즉 세계 3대 어장의 하나인 일본 근해의 어패류가 필요로 하는 철분의 상당 부분은 시베리아의 삼림과 습원에서 공급되고 있다는 것이 밝혀졌다는 리포트도 있다(하타케야마 시게아츠畠山重篤, 206쪽).

다시 돌이켜 보면 옛날의 산은 어디고 아름다웠다. 산의 잡목이 떨어뜨린 마른 잎은 그러모아져 퇴비가 되었다. 잡목은 10~20년 되면 베어져 땔감으로 활용됐다. 산은 밝고 버섯도 많이 나와 가을의 미각을 제공해 주었다. 이러한 순환을 평지에서 밭과 잡목을 일체화함으로써 형성해 온 것이 신토메신전三富新田으로 대표되는 「무사시노武蔵野 낙엽퇴비농법」[18]으로 일본 농업

---

18 무사시노武蔵野 낙엽퇴비농법: 화산회토로 두껍게 덮여 메마른 땅에, 에도 시대(1603~1867)부터 나무를 심어 평지림(평지의 수풀)을 가꾸고, 낙엽을 모아 퇴비로서 밭에 넣어, 토양개량을 실시함으

유산으로 인정받기도 하였다.

이처럼 미생물 수준에서 지구적 수준까지 여러 순환은 연결되면서 겹겹이 쌓여 있다. 순환한다는 것은 곧 살아 있다는 것, 생명의 핵심은 순환에 있는 것이고, 순환이 멈춘다는 것은 죽음을 의미한다. 중층적·만다라(부처의 깨달음의 세계를 나타내기 위하여 많은 부처·보살 등을 그린 그림)적으로 전개되는 다양한 순환을 막지 않도록 하는 것이 살아 있는 자의 의무이고, 그것이 지속성을 가져다주는 것이기도 하다.

순환을 회복시키고 지속성을 되찾아 가기 위해서는 '지역자급권'이라는 발상과 대응을 빠뜨릴 수 없다. 그 상징적인 대응으로서 FEC 자급권이 있는데, 식량(F=Food), 에너지(E=Energy), 복지개호(C=Care)라고 하는 기본적인 필요 불가결한 것부터 시작해, 긴급성·중요성이 높은 과제로 딱 들어맞는 크고 작은 다양한 순환을 만들어 내어 가는 것으로 된다. 이러한 순환에 대응한 농업 생산 내지 유통, 더 나아가서는 생활로 해 나가는 것이 요구된다.

로써 안정적인 생산을 실현하고, 그 결과로서 경관이나 생물다양성을 기르는 시스템을 말하며, 이는 지금도 계승되고 있음. 무사시노 지역은, 에도의 급속한 인구증가에 따른 식량 부족을 배경으로, 가와고에川越邊((藩): 에도 막부가 설치한 지방의 나라들. 주나 도에 해당. -역자주)이 1654년부터 행한 개척에 기원한다. 물이 부족한 대지 위에 화산재 흙으로 인해 영양분이 적고 표토가 바람에 날리기 쉽다고 하는, 농사를 짓기에는 매우 어려운 자연조건을 극복하기 위해, 탁 트인 초원에 나무를 심어 평지에 숲을 만들어, 낙엽의 퇴비 이용, 토양 비산(날림) 방지 등 복수의 기능을 갖게 한, 뛰어난 농촌 계획에 의한 개발이 행하여졌다. 이 역사적 가치를 가지는 평지림 등의 토지이용은 현재까지 계승되어, 지금도 낙엽 퇴비를 활용한 지속적인 농업이 계속되고 있다. 또 관리된 평지림은 참매의 번식지가 되고 있는 것 외에, 춘란이나 금란 등의 희귀 식물에도 양호한 생육 환경을 제공하고 있다. 2017년 3월, 일본농업유산으로 인정받음.

https://www.maff.go.jp/j/nousin/kantai/giahs_3_101.html 2021.6.17. 검색.

ICT와 농업

또 하나 빠뜨릴 수 없는 것이 ICT(Information and Community Technology, 정보통신기술)와 농업과의 관계이다. ICT의 진전은 눈부시다. PC를 사용한 경영관리의 중요성에 대해서는 앞에서 언급한 바 있는데, 현재는 담당자의 고령화·후계자 부족, 농업의 비즈니스화, 해외와의 경쟁 격화 등으로, 생산관리, 경영관리는 물론 농업의 모든 영역에서 ICT화가 급속히 진행되고 있다.

이러한 가운데 「여러 가지 『물자(物)』가 인터넷에 접속되고, 정보교환 하는 것에 의해서 서로 제어하는 구조」(위키백과)인 IoT(Internet of Things)를 수중에 넣은 「스마트 농업」이 각광을 받고 있다. 즉, ① 작업의 노하우를 IoT로 가시화함에 의한 노하우(know-how) 계승, ② 센서를 사용한 환경 제어, ③ 기후나 토지에 맞춘 최적의 재배, ④ 데이터를 기초로 한 계획생산, ⑤ 로봇이나 드론의 활용, ⑥ 웨어러블 디바이스(팔이나 머리 등 몸에 장착하여 이용하는 것이 상정된 단말(디바이스)의 총칭[IT용어사전])를 이용한 건강 관리 등을 활용하여 생산량을 늘리거나, 작업부하 경감을 도모하고, 수익의 향상을 목표로 하는 것이다.

이러한 ICT화의 진전은 필연적인 것이며, 이러한 흐름은 그치게 할 수 있는 것도 아니지만, 그렇다고는 해도 진전의 속도가 무척 빨라, 격렬한 환경 변화에 대응하면서 ICT를 실제로 도입해 나갈 수 있는 농업인은 극히 일부에 지나지 않음과 동시에, 어느 정도까지의 정착을 보기까지에는 상응하는 시간이 필요할 것으로 생각된다. 확실히 잘되면 수익을 확보할 수 있을 가능성은 있지만, 기본적으로는 기술 면에서뿐만이 아니라 투자 부담 등 커다란 리스크를 안고 있다고 할 수 있다. ICT 그 자체는 아니지만, 일본시설원예협회는 전국의 대규모 시설원예와 식물 공장 사업자의 45%가 경영적자이고, 식물 공장만 보면 58%가 적자경영(모두 2017년)이라는 조사 결과를 발표하고 있다. 그렇다고는 해도 ICT화에 의해서 고령화가 되어도 작업이 가능하게 되거나, 담당자가 부족해도 로봇이나 드론이 작업을 대행해 주는 등 메리트가 큰 것도 확실한 만큼, 경영적으로는 신중을 기하면서 도입을 판단해 나가는 것이 필요할 것이다.

이것은 총론으로서의 이야기이며, 이러한 농업의 ICT화는 프로 농업자, 게다가 법인과 같은 대규모여야 메리트를 획득할 가능성이 있는 것이며, 소규모 경영이나 아마추어 농업자에게 있어서는 부분적으로, 메리트 획득이 가능한 범위에서 ICT를 활용해 나가는 것으로 충분하다고 말할 수 있다.

이 ICT화는 방대한 데이터를 집적하는 것이기는 해도, 어디까지나 과거 데이터의 집적이며, 평상시에는 장인기술을 발휘할 수 있었다고 해도, 이례의 사태가 발생했을 때에는 충분한 대응이 어려움과 동시에, 장인기술을 ICT화함으로써 농업자 쪽도, 지금까지 가지고 있던 기술이나 관찰 능력 등을 기계로 대체시킴에 따라 그 능력이 큰 폭으로 저하되어, 대응 능력을 잃어버리게 되지 않을까 염려된다. 또한 AI(인공지능)화도 포함하여, 농적 사회에서는 오히려 ICT에 의해서 컨트롤되지 않는 세계에서 배우고, 체험하고, 즐겨 가는 것을 중시하고, ICT화가 진행될수록 ICT화되어 있지 않은 세계가 귀중한 것이 되어, 이를 소중히 여겨 나가는 것이 요구된다.

재생산 가능한 소득확보의 장치를

국민에게 바람직한 농업은, 산업으로서의 농업뿐 아니라 농(農), 농의 세계를 포함한 광의의 농업으로서 전개해 나가는 것으로, 식량 생산, 식량의 안전보장을 토대로 하는 동시에 농, 농의 세계가 유지되고, 또 도시 주민의 농의 세계로의 참여도 가능케 하는 농업으로 가는 것으로 기대되고 있다. 이의 기본으로 되는 것이 가족농업이며, 가족농업이 가진 힘을 지역농업으로 전개해 나가는 것이 필요함과 동시에, 가족농업의 후계자(後繼者) 부족 등의 문제에 대응해 외부로부터의 신규 취업농자 확보를 위해, 또는 농업경영을 강화해 나가기 위해 법인화가 필요하다는 것 등에 대해 기술해 왔다. 게다가 농업의 지속성, 사회 나아가 지구의 지속성 확보를 위해서, 이러한 가족농업을 중시하는 흐름을 유엔은 만들어 내어, 세계로 확산시키고자 노력하고 있다.

그러나 이제 자급경제가 아니라, 무역의 자유화에 의해, 식량자급률(칼로리 기준) 38%가 상징하듯이, 수입농산물이 상당히 침투하는 가운데 진행되는 시장원리에 입각한 대규모화·효율화 때문에 일본 농업을 지켜 나가는 것은 불가능하며, 일본 농업의 유지를 위해서는 일정 정도의 정책지원이 전제되어야 함은 앞서 기술한 바와 같다. 지금까지 일본 농업이 모델로 삼아 온 EU는 물론, 미국에서조차 극진한 지원이 이루어지고 있어, 일부 농업 대국을 제외하면, 이젠 지원 없이는 농업이 성립될 수 없는 상황에 놓여 있다고 해도 과언이 아니다. 농업경영의 효율화를 추진하여 비용 저감에 힘쓰는 것은 물론 당연하고, 안심하고 농업에 힘쓸 수 있는 동시에, 농사를 짓는 것에 기쁨이 수반되는 지원 조치를 강구해 가는 것이 필요하다.

일본에서의 소득확보·증대를 위한 주요 지원은, 지금까지의 경영소득안정제도를 대신해, 이번 2019년 1월부터 개시된 수입(收入)보험제도이다. 이는 자연재해에 의한 수량감소 그리고 가격저하 등 농업인의 경영노력으로는 회피할 수 없는 수입감소를 보증하는 것이다. 쌀, 밭작물, 채소, 과수, 꽃, 담배, 차, 꿀 등, 대부분의 농산물을 대상으로, 농업자마다, 보험 기간의 수입(收入)이 기준수입의 9할을 밑돌았을 경우에, 밑돈 액수의 9할이 보전된다. 기준수입은 과거 5년간의 평균수입을 기본으로 하고, 규모확대 등, 보험기간의 영농계획도 고려해 설정된다. 이는 「돌려주지 않는(non-refundable) 보험 방식」과 「적립 방식」의 조합(combination)으로 보전되는데, 보험료에 대해서는 50%, 적립금에 있어서는 75%의 국고 보조를 받도록 돼 있다.

이 수입(收入)보험제도의 최대의 문제는, 과거 5년간의 평균 수입(收入)을 기준으로 하고, 수입이 이것에 이르지 않는 차액분에 대해서 보전되기는 하나, 어디까지나 평균 수입이 기준이 되고 있다는 점에 있다. 수입(輸入)농산물의 증가에 따라 농산물 가격이 저하될 것으로 우려되며, 실제로 농업 총생산액은 1984년을 정점으로 장기 저락(低落) 경향을 계속하고 있으며, 2016년도는 16년 만에 9조 엔을 회복했다고는 하지만, 정점 시의 78.5%에 지나지 않는 것을 생각하면, 수입(收入)의 어느 정도 안정화는 도모될 수 있지만, 농업경영의 안정화를 보증하는 것으로는 되지 않는다.

2017년도까지 행해져 온 경영소득안정대책(2013~2017. 자민당 정책)은, 민주당에서 자민당으로 정권 교체한 2013년에, 민주당 정권하에서 2010년부터 도입된 농업인 호별소득보상제도(2010~2012. 민주당 정책)[19]를 명칭 변경하고, 5년 경과 후의 폐지를 전제로, 보상 금액을 반액으로 압축한 것이다. 농업인 호별소득보상제도는, 식량자급률 목표를 전제로, 도도부현(都道府県)[20] 및 시정촌(市町村)[21]이 책정한 생산수량 목표에 따라 주요 농산물(쌀, 보리, 콩 등) 생산을 실시한 판매업자(집락영농 포함)에 대해, 생산에 필요한 비용(전국 평균)과 판매가격(전국 평균)과의 차액을 기본으로 하는 교부금[22]을 교부하는 것이었다. 이와 동시에 본 제도에 가입하는 모든 벼농사 농가에는

---

19 호별소득보상제도: 일본의 호별소득보상제도(2010~2012)는 지원대상을 논 경영면적이 4ha 이상인 농가로 한정하여 일본농업의 현실을 외면했다는 비판을 받아 온 '품목횡단적 경영안정대책'의 문제점을 보완하여, 0.3ha 이상의 농가로 대상을 크게 확대하여 실시되었던 대책임. 쌀 등 농산물 가격이 생산비에 못 미칠 경우 그 차액을 생산농가에 보상하는 제도임. 이는 '시장가격은 낮추되 직접지불로 소득을 보상해 준다'는 미국 및 유럽의 직접지불제를 벤치마킹한 것임. 민주당 정권하에서 2010년 도입되었다가 자민당으로의 정권 교체에 따라 2013년에는 '경영소득안정대책'으로 변경되었음. -역자주.

20 도도부현: 일본의 광역지방공공단체인 도(都)·도(道)·부(府)·현(県)의 총칭. 현재는 47 도도부현이 있고, 그 내역은 1도, 1도, 2부, 43현(東京都·北海道·京都府·大阪府 및 43개 현). https://ja.wikipedia.org/wiki/都道府県 -역자주.

21 시정촌: 일본의 행정 구획의 명칭. 우리나라의 시·읍·면과 비슷함. (민중서림 엣센스 일한사전). -역자주.

22 교부금: "교부금(交付金)"이라 함은 국가 및 공공 단체가 특정 목적을 가지고, 법령에 따라 다른 단체에 교부하는 금전 전반의 것을 말함. 한편 '보조금(補助金)'은, 특정 사업을 보조하기 위해, 국가·지방 공공 단체가 공공 단체·기업·개인에게 교부하는 금전임. "교부금"은 신청이 접수되면 기본적으로 전액을 지불하는 반면(※ 보조금과 유사한 성격의 것도 있음), '보조금'은 특정 사업을 이루기 위해 부족한 만큼만 보충된다는 차이가 있음(https://nipponianippon.or.jp/local-creation/news/1574.html). 한편 조성금(助成金)도 있는데 이는 새로운 일자리 창출이나 고령자의 고용 안정 등을 목적으로, 주로 후생노동성이 마련하고 있는 제도임. 일정한 조건을 충족한 직원의 채용이나 정년연장, 또는 회사의 창업이나 신규 사업으로의 진출 등이 조성금 지급의 대상이 됨(https://airregi.jp/magazine/guide/2929/). -역자주.

쌀값 수준에 관계없이 전국 일률적인 정액보상으로 10a당 15,000엔이 지급됐다.

이 농업인 호별소득보상제도는, 생산에 필요한 비용을 커버함과 동시에, 벼농사에 대해서는 10a당 15,000엔의 정액이 지불되는 것이다. 즉 생산비용을 커버함과 동시에 일정 금액의 소득이 보증되는 구조로 되어 있어, 농산물의 가격저락 경향 속에서도 재생산을 가능하게 하는 것이었다고 할 수 있다. 확실히 "암반"이라고 불릴 만한 지지로서 기능할 수 있는 구조이며, 현장에서의 평판도 좋은 것이었는데, 자민당의 정권 복귀와 동시에, 검증도 없이 갑작스럽게 경영소득안정 대책으로 옮겨 간 것은 지극히 유감이었다.

재생산이 가능하며, 일정한 소득확보를 가능하게 하는 구조로서, 거기에서 상정되는 소득수준이 충분한 것인지 아닌지는 어찌 되었든 간에, 농업인 호별소득보상제도는 평가받을 만하다. 이 농업인 호별소득보상제도를 부수고 경쟁 원리를 전제로 한 수입(收入)보험제도를 도입하는 것은 이치에 맞지 않으며, 오히려 농업인 호별소득보상제도를 확충시켜 나가야 함은 물론 이에 더하여 지역정책, 환경정책을 쌓아 나가는 것이 요구되고 있고, 이를 서둘러야 하는 상황에 일본 농업은 놓여 있다고 할 수 있다.

제 3 장

경제학과 농업 ·
자연과의 관계

경제학에서 농업의 위치

망각해 버린 「살려져 있는 존재」

우리는 살려져 있다. 동시에 열심히 살려고도 하고 있다. 우리가 열심히 살려고 하는 것 자체는 귀중한 일이고, 살려고 노력하는 것이 현실 그 자체이기도 하지만, 살려져 있다는 엄연한 사실 속에서, 살려고 발버둥을 치는 것에 지나지 않는 것은 아닐까. 우리는 살려고 애쓰는 것에 열중하느라, 그래서 살려져 있다는 사실을 망각하고 있는 것은 아닐까?

현대는 여러 가지 문제를 안고 있지만, 그 문제의 근원에 있는 것이, 바로 살려져 있다는 사실을 잊어버린 데에 있는 것 같다. 일상의 삶은 물론, 정치, 경제, 사회 등의 세계, 나아가 학문의 세계에 이르기까지, 모든 영역, 모든 차원에 걸쳐 비슷한 병마에 휩쓸리고 있는 것은 아닐까. 살고자 하는 것은 극히 중요하고, 필요한 것이며, 결코 부정할 수 있는 것은 아니지만, 살려지고 있다는 것을 확실히 근거로 해야만, 살고자 하는 것이 존재하는 것은 아닐까. 바로 손오공이 부처의 손바닥 위에서 몸부림치며 1인극을 펼치고 있는 것과 같은 구도 속에 있다고 할 수 있다.

근대화를 가속시켰던 자본주의

살고자 하는 것은 르네 데카르트(René Descartes)의 「나는 생각한다. 고로 존재한다」로 상징되는 근대정신과 중첩되는 것이다. 인류의 탄생과 함께 문명은 싹을 틔우며 서서히 진전돼 왔지만, 근대 이후 문명은 급격한 발전과 팽창을 보여 왔다. 이 인간을 주인공으로 하는 근대정신은 유럽에서 생겨나 봉건사회를 타파하고 시민사회의 성립을 가져옴과 동시에 과학기술을 크게 진전시킴으로써 문명의 큰 발전을 가져왔다. 근대정신은 신분제를 비롯한 봉건적 제도나 전통·관습이 지닌 폐해를 털어 내고, 시민주체의 세계로 탈바꿈시키는 데 필요한 기본적인 인식을 획득하는 데 큰 역할을 했음에 틀림없다. 근대정신에 의한 근대화라는 영역을 크게 진전시키는 열쇠를 쥔 것이 자본주의라고 생각한다. 동시에 근대정신은 합리적 정신이나 성장신앙과 일체가 되어, 자본주의의 원동력이 되었으며, 화폐경제의 침투와 과학기술의 진전은 자본주의의 발전을 지탱해 왔다고도 할 수 있다.

근대정신이 대두함에 따라, 스스로의 힘으로 살아가고 자립적으로 살아가는 것이 (기풍이나 관습인) 에토스[1]가 되어, 병행하여 과학기술을 도구로, 그야말로 많은 것을 만들어, 가능한 한 많은 것을 소유하고, 소비하는 것이 풍요로움이라고 파악하게 되었다. 근대화가 자본주의의 원동력이 되어, 자

---

1 에토스: ethos. 그리스어. 사회집단이나 민족 등을 특징짓는 기풍이나 관습. ↔ 파토스. pathos. 일시적인 격정이나 열정. 또는 예술에 있어서 주관적·감정적 요소. (네이버 백과사전). -역자주.

본주의는 근대화를 발판으로 크게 발전한 것이지만, 이 자본주의는 일단 움직이기 시작하면 멈출 수 없어, 멈춰선 순간에 쓰러질 수밖에 없는 자동 전개 작용을 가지고 있는 것처럼 보인다. 인간은 본래, 스스로의 힘으로 살아가려는 성향을 가진 존재이며, 근대 이전부터 그러한 존재였지만, 자본주의에 의해 이러한 성향이 가속도를 내 팽창해 버려, 살려져 있다는 사실을 망각해 버렸을 뿐만 아니라, 완전히 인간 자신들이 주인공이 되어 버렸다고 착각하고 있는 것이 현대라고 할 수 있지 않을까.

모든 것에 들어맞는 구도

그러면 반대로, 내 자신은 왜 살려져 있다고 느끼는 것인가, 또 그렇게 생각하는 것인가. 그것을 언제나 실감 나게 해 주는 하나가 내 스스로의 몸이다. 오늘날, 사람들은 좀 더 건강하고 좀 더 오래 살기 위해 식사와 운동에 신경 쓰며, 칼로리나 영양을 배려한 식사를 하기 위해 노력하고, 헬스클럽에 다니며 땀을 흘리거나, 약을 먹으며 눈물겹도록 노력하고 있다.

그러나 인간은 심장이나 호흡을 시작으로 해서 약간의 움직임을 좌우시키는 것은 가능해도, 기본적으로 심장은 마음대로 계속 움직이고, 호흡을 반복한다. 몸 자체의 기능은 스스로의 의사와 상관없이 죽을 때까지 계속된다. 스스로의 의사와는 관계없는 곳에서 살려져 있는 것으로서, 다만 그 범위 안에서 스스로의 의사(意思)로 건강을 배려해 식사를 궁리하거나 운동하고 있는 것에 지나지 않는다. 식사나 운동을 배려해 노력을 거듭해 가는 것은 지극히 중요하지만, 우선은 스스로의 몸을 알고, 몸이 발하는 소리를 들어야 식사나 운동에 대한 노력도 의미가 있다는 사실이다. 우리 몸이 내는 소리를 무시한 식사나 운동은 거꾸로 건강을 해치는 경우도 잦다.

이런 구도는 많든 적든 모든 것, 모든 영역에 타당하지 않을까. 산업도 마찬가지다. 공업은 토지와 노동력과 원료가 있으면, 어디에서나 생산은 가능한 것으로 여겨져, 실제로 국내외를 불문하고 경제 효율이 가장 좋은 곳에 공장을 두어 생산하게 되었다.

그러나 토지는 물리적인 토지 그 자체일 뿐만 아니라 물이나 공기 등의 환경과 일체화된 것이며, 이들 환경 요인이 일정 정도의 조건하에서 유지될 필요가 있다. 노동력도 효율적으로 작업이 이루어지기 위해서는, 의식주를 비롯한 노동자의 생활환경이 정비되어, 어느 정도 이상의 건강한 상태로 일할 수 있는 것이 필요하다. 원료도 농산물일 경우에는, 그 생산환경이나 자연조건에 크게 좌우된다. 공업도 장소를 불문하고 생산이 가능한 것으로 받아들여지기 쉽지만, 일정 정도는 환경이나 자연 등에 의존하고 있음과 동시에 제약을 받고 있는 것이 실태라 할 수 있다.

하물며 산업 중에서도 농업은 공업 이상으로 환경이나 자연 등에 크게 좌우된다. 그런데 농업에서도 기계화와 농약·화학비료의 사용, 그리고 바이오 기술, 더욱이는 ICT화도 포함하여 공정 관리된 공업적인 농업이 중시되고 있다. 이와 같이 농업의 세계에서도 과학기술을 구사함으로써 자연에 좌우되지 않는 농업이 이루어지려 하고 있다.

토대가 되는 커뮤니티,
토지 · 자연 · 환경

　새삼스럽게 농업과 농업이 성립하기 위해 불가결한 요소를 도식화하여 나타낸 것이 〈그림 4〉이다. 이 그림은 농업이 성립해 나가기 위해서 우선 빠뜨릴 수 없는 것으로서 들 수 있는 것이 농작업이나 물 등의 관리를 협동으로 실시해 가기 위한 커뮤니티(community)이며, 또한 이러한 것들의 기반으로서 토지 · 자연 · 환경이 존재하고 있는 것이 전제가 됨을 나타내고 있다. 확실히 농업은, 커뮤니티, 그리고 토지 · 자연 · 환경이 있어야 비로소 성립되는 것이다.

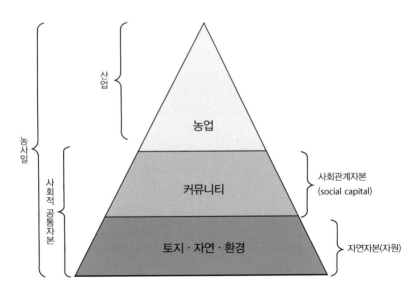

〈그림 4〉 농업 − 커뮤니티 − 자연의 관계성

여기서 다시 생각해 보고 싶은 것이 있는데, 지금, 농업이라고 말해지고 있는 것은 바로 〈그림 4〉의 윗부분, 산업으로서의 농업만을 의미하는 데 그치고 있다는 사실이다. 이에 대하여 이전에 「농업」이라기보다는 「백성일(百姓仕事)」[2]이라 불렸던 시대의 농업은, 직접적인 농사일뿐만 아니라 논두렁의 풀베기, 물 관리, 논밭 둘러보기 등 주변 작업, 나아가 취락에서의 모임 등도 포함하는 것이었다.

이러한 농사일(百姓仕事)은 특별히 머릿속에서 생각하여 행하는 것이라기보다는, 농가로서는 몸에 배어 있는 극히 당연한 활동으로서, 일상생활 속에 녹아 있었다. 이것은 한편으로 다대한 노동 부하를 부과하는 것이었음을 잊어서는 안 된다.

---

2 백성일(百姓仕事): 농사일. 본 책자에서는 백성일(百姓仕事)을 농사일로 번역하였다. 아래 내용은 백성일과 관련하여 일본의 한 블로거가 게시해 놓은 글을 요약해 놓은 것이다. 일본에서 백성이 농민의 뜻으로 쓰이고 있는 이유를 알기 쉽게 설명해 놓은 것으로 생각된다. "일본에서는 '백성(百姓)'이라고 하면 '농사를 생업으로 하는 사람'이라는 뜻으로 사용. 원래는 백 가지의 일(仕事)을 가진 사람이라는 뜻이었음. 많은 직업을 가진 사람을 백성이라고 불렀던 것임. 옛날에는 일이라고 하면 농업이었기 때문에 많은 사람들이 농업을 겸업으로 해 가면서, 그 외의 일(목수, 상인, 이용사 등등)도 하는 등 복수의 일을 가지고 있는 것이 일반적이었다. 그래서 일반인들은 모두 겸업으로 많은 일을 하는 '백성'이었다. 시오미 나오키塩見直紀 씨가 90년대부터 제창하고 있는 '반농반X'라는 생활방식이 있는데, 이것은 농사를 짓고 자신이 먹는 음식은 스스로 가능한 한 자급하면서 그 이외의 시간에 자신이 좋아하는 것을 일로 하는 생활방식이다. 원래 백성들은 이런 삶의 방식에 가까운 것 같다. 저도 자칭 '백성'으로서 그렇게 많은 종류의 일을 하고 있는 것은 아니지만 농업(자연농), 목수, 사회복지사, 간병복지사, 프로복서, 가정교사, 블로거 등 여러 가지 일을 하고 있다. 이 일 중에는 돈을 얻는 것이 목적인 것도 있고 의식주를 확보하기 위한 일, 삶의 보람으로서의 직업도 있다. 예를 들어 프로복서라는 일은 수입적으로는 쓰기 민망할 정도의 돈밖에 들어오지 않는다. 3개월 이상이나 시합을 위해 필사적으로 훈련해서 시합당 몇만 엔(yen) 정도의 수입이다. 그래도 보람 있게 하고 있어서 좋다. 거의 취미 영역이다." https://self-sufficiency.jp/farmer/ -역자주.

농사일(百姓仕事)은 외부로부터 평가도 못 받고, 당연한 생업으로서 연면히 쌓여 왔다. 그것이 효율화의 추구가 지상 명제로 되면서, 담당자의 감소도 더해져, 소득으로 연결되지 않는 주변 작업을 필요 최소한도로 줄이도록 되어 왔다. 즉 농사일을 광의의 농업이라고 한다면, 농업은 농작업에 특화한 좁은 의미의 농업으로 시프트(shift)하여, 농업의 질은 크게 변화해 왔다. 이같이 하여 커뮤니티는 희박해지고, 토지·자연·환경은 경시하게 되어, 거꾸로 순환이나 지속성을 상실하는 결과를 초래해 왔다.

농사일(百姓仕事)이기 때문에 지켜져 온 농업의 기반이 되는 커뮤니티, 그리고 토지·자연·환경이, 산업으로서의 농업, 근대화된 농업으로 "발전"할수록 그만큼, 이러한 취약화를 불러온 것이 근대 이후의 역사이기도 하다. 기계화나 농약·화학비료의 사용을 비롯한 과학기술 진전의 성과를 대대적으로 담아냄으로써 토지와 자연, 환경의 제약에서 벗어나려고 하면 할수록, 생물다양성의 감소나 살풍경화하는 전원의 경관이 상징하듯이, 중요한 순환과 지속성을 상실해 왔다.

농업은 토지·자연·환경과 일체화한 산업으로서, 토지·자연·환경이라는 조건을 무시하기 어렵고, 인간의 뜻대로 되지 않는 불합리한 요소를 많이 지닌 산업이라고 할 수 있다. 그 농업의 세계에서조차도, 이 커뮤니티나 토지·자연·환경을 경시하는 흐름이 강해지고 있는 것이 현실이며, 하물며 공업을 비롯한 다른 산업이나 분야에 있어서는 말할 나위도 없다.

정치를 끌고 가는 폭주한 경제학

지금, 놓여 있는 상황 아래에서 요구되고 있는 것은, 효율성을 한층 더 높이고, 보다 물질적인 풍부함이나 편리함을 구하고, 그리고 그것들을 얻기 위한 소득의 증가 등이 아니고, 안심하고 살아갈 수 있는 지속적인 경제이며 사회인 것은 아닐까. 그러나 자민당은 물론 야당도 대부분 경제성장, 소득 증대를 기본 방침으로 내세우고 있고 국민 대다수는 이를 지지하는 결과로 되고 있다. 또 이러한 경향은 많은 선진국들에서 공통적으로 나타나고 있으며, 경제성장과 함께, 이를 위한 국제경쟁력 강화에 안간힘을 쓰고 있고, 각국이 입으로는 국제공조의 중요성을 강조하고는 있지만, 「오로지 현재(今), 오로지 돈, 오로지 자기 자신」이라는 자국중심주의에 매진하고 있는 것이 현실이다.

이러한 성장주의를 떠받치는 기축이 되어 온 것이 경제학이다. 경제학자인 사에키 케이시佐伯啓思는 『경제학의 범죄』에서, 「1980년대에, 시장경쟁 중심의 경제학은, 마치 객관적이고 보편적인 "과학"이라는 치장을 강화해 갔다. 동시에, 1970년대의 그 다양한 '학파'는 거의 사라져 버렸다. 마지막에는 케인스주의도 추락해 갔던 것이다」(사에키佐伯, 127쪽)라고 말하고 있다. 이러한 시장중심주의 신고전파 경제학이 돌출하게 됐던 이유를, 사에키는 신고전파 경제학이 철저히 「합리적인 과학」일 것이라고 했던 데서 찾고 있다. 「합리적 행동, 그 결과로 생기는 시장의 성과(performance)는, 기본적으로 수학적으로 표현할 수 있다. 그렇다면 이토록 객관적이고 보편적인 이론이

어디 있느냐는 것이다」(127쪽)라고 말하고 있다. 확실히 합리성을 기본으로 한 행동에 의해서 인간이 주역이 되어 모든 것을 컨트롤해 나가는 것이 가능하다고 하는 경제학이 세계를 석권하고 있는 상황에 있다고 말할 수 있다.

신고전파 경제학도 학문, 과학인 이상 논리를 따져 모델화하는 것은 당연하며 중요하다. 여기서 큰 문제는 신고전파 경제학이 경제학의 한 학파임과 동시에, 경제학 자체가 사회과학의 한 분야에 그침에도 불구하고, 신고전파 경제학이 다른 학파, 다른 분야의 학문 · 과학을 물리치고, 최우선적인 동시에 직접적이고 전면적으로 현실에 적용되고 있다는 데 있다. 수치화할 수 없는 것에는 가치를 인정하지 않고, 지식을 「형식화」해 타당화시킨다. 이미 경제학의 한 학파로서의 이론 등이 아니라, 과학을 일탈하고, 그야말로 이데올로기로 변해 버렸다고 해도 과언이 아닐 것이다. 이런 오류를 초래한 원인은 신고전파 경제학만에 머무르지 않고, 경제학 전반 속에 그런 성향이 자리 잡고 있는 것은 아닐까.

이 오류를 풀기 위해서는 경제학에서 농업이 어떻게 자리매김하고 있는지, 경제학이 농업 나아가 자연과 어떤 관계에 있다고 생각하는지에 대해 명확히 해 두는 것이 필수적이다. 농업은 합리성에 어울리지 않는 요소를 많이 포함하고 있기 때문에 공업과는 대극을 이루고 있지만, 반대로 농업에 초점을 맞추어 생각함으로써 경제학의 한계를 명확히 해 나가는 것이 가능해지지 않을까. 또한 이를 위해서는 경제학의 역사적 흐름을 바탕으로 정리하여 체계적으로 이야기해 나갈 필요가 있지만, 도저히 능력이 미칠 바가 아니므로, 내 자신의 좁은 어깨 폭 범위 내에서 이야기해 나가기로 한다.

가치 증식의 주역은 태양과 땅과 물

여기서 필자의 농업과 경제학에 대한 생각을 먼저 언급하고자 한다. 앞의 〈그림 4〉를 다시 보면, 농업을 구성하는 요소는 크게 세 가지로 대별된다.

산업으로서의 농업, 그리고 농작업으로서 행하여지는 좁은 의미의 농업을 지탱하고 있는 것이 커뮤니티이다. 얼마 전까지는 촌락공동체로서 커뮤니티가 존재해 왔다. 기계화가 진행되면서 모내기 등에서의 공동작업은 완전히 감소해 버리고 말았으나, 여전히 수로와 농로 관리, 논두렁의 풀베기 등은 공동작업이 기본이고, 이러한 작업을 공동으로 하는 것에 대한 규칙도 마련되어 있다. 취락 레벨에서는, 이러한 농작업의 직접적인 것뿐만 아니라 생활·생계 전반에 대해 서로 부조해 갈 수 있도록 유대를 유지해 나가기 위한 모임이나 축제 등도 행해지고 있다. 그리고 기반에는 토지·자연·환경이 존재하며, 이들이 삼층 구조를 이루면서 일체가 되어 농사일(百姓仕事)로서 광의의 농업이 유지되어 왔다.

농업에 의해 농산물이 생산되고, 일부는 이를 가공해 도매시장이나 슈퍼마켓 등을 통해 소비자에게 판매됨으로써 농산물은 소비되는 동시에, 농산물이 갖는 가치도 실현된다. 여기서 포인트로 삼고 싶은 것이, 농산물의 가치는 어디에서 형성되는가 하는 것이다. 토지·농지가 있고, 여기에 노동력으로서 농가가 파종을 비롯한 농작업을 함으로써 가치가 형성되는 것으로 보인다. 농가의 노동에 의해 가치가 형성되고 증식되는 것은 맞지만, 그것은 일부에 지나지 않는 것이 아닌가. 뿌린 씨앗이 싹을 틔우고 자라기 위해서는 흙과 물, 그리고 햇빛이 필수적이다. 오히려 씨앗을 농산물로서 출하할 수 있을 정도로 성장시켜 크게 만들어 주고 있는 것은 태양과 흙과 물이 아닌가. 반대로 농가가 하는 작업은 태양과 흙과 물의 기능을 조금 손질해 보조하는 것에 지나지 않는 것이 아닌가.

가치를 형성하고 있는 것은 농가이며 노동자라고 생각하고 있지만, 어디까지나 가치를 형성해 주는 주역은 태양과 흙과 물이며, 농가에 의한 노동은 가치의 형성이라는 점에서는 부차적인 역할을 하고 있는 것에 지나지 않는다. 오히려 농산물은 태양과 흙과 물, 바꾸어 말하면 토지 · 자연 · 환경으로부터의 "혜택"이며, 이 혜택을 받기 위해 농가는 자그마한 노동을 가하고 있는 것에 지나지 않는다. 기본적으로 인간은 이 은혜에 의해 살아가고 있으므로 이 은혜에 감사함과 동시에 자연과 우주가 가진 힘의 위대함과 인간이 가진 능력의 작음을 알아야만 한다고 생각한다.

이것은 농업은 물론, 임업이나 어업 등의 제1차 산업에 해당할 뿐만 아니라, 공업도 포함한 모든 영역 · 분야에 많든 적든, 그 이상으로, 본질적으로 해당되는 것이 아닌가. 이는 경제학 속의 가치론 혹은 가치증식론의 범주에 속하는 것인데, 이것이 출발점으로 삼아야 할 기준이 되어야 할 것이다.

유일하게 부를 생산하는 농업
— 프랑수아 케네

그래서 중농학파(重農學派) 이후의 흐름을 살펴보고 싶은데, 중농학파가 활약한 것은 산업혁명 이전의 중상주의가 번성했던 시대이다. 그 중심에는 프랑수아 케네(Francois Quesnay)가 있었는데, 케네는 1694년 프랑스에서 태어났고 의사이자 경제학자였다. 궁정의사로서 활약하면서 50대에 경제학의 연구에 뜻을 두었다고 여겨지는데, 경제학의 아버지로 불린다. 1723년 영국의 스코틀랜드 태생의 애덤 스미스보다도 약 30년 빨리, 1818년에 프로이센에서 태어난 마르크스와는 120년 이상 전 시대의 사람이다.

케네가 경제학자로 활약하던 시절 프랑스는, 부르봉 왕조가 정체상태에 빠지면서 재정위기뿐 아니라 사회경제 전반에 걸친 위기를 맞았다. 궁정의사로 있는 가운데, 이러한 위기를 목격하고 경제학으로 기울어진 것이다.

중상주의(重商主義)[3]는, 15세기 말 신대륙이 발견되고, 16세기부터 17세

---

3 중상주의(重商主義): 16~18세기에 서유럽 제국에서 자국 산업 및 상업의 육성을 위하여 국가 권력과 특권 상인이 제휴로써 추진한 일련의 경제정책을 말한다. 중상주의라는 말에서는 상업만을 중시하는 것으로 생각되지만, 실제로는 상업의 기반이 되는 공업을 중시하여 발전시켜야 한다는 것을 의미한다. 중상주의의 세 가지 성책을 살펴보면 처음에는 금·은과 같은 귀금속의 소유가 국부의 원천이라고 하여 중금주의가 행해졌으나 경제정책으로서 불충분하다는 것이 드러나자, 무역 차액설을 토대로 수입을 억제하고 수출을 증가시킴으로써 국부의 축적을 도모하려고 하였다. 그러나 점차 국내 공업 발전의 필요성을 깨달아 해외 식민지의 획득과 함께 본국의 공업과 무역에 유리하도록 식민지를 통제하는 식민지 정책이 곁들여졌다. 이러한 정책을 가장 모범적으로 실시한 사람이 콜베르이므로 중상주의를 콜베르주의라고도 하며, 중상주의의 특색이 국가의 간섭과 통제이므로 국가주의라고

기에 걸쳐 신대륙으로부터 약탈한 금은을 가지고 아시아의 물산을 대량으로 입수함으로써 유럽의 궁정문화를 축으로 만들어진 경제발전을 배경으로 하고 있다. 그야말로 대항해(大航海), 즉 세계화로 궁정을 비롯한 상류층들이 도자기, 차, 향신료, 면화 등 아시아의 기호품을 찾아다니던 「소비혁명」의 시대이기도 했다. 중상주의는 상업에 의해 막대한 무역 차액을 얻으려 하였으므로, 부의 증식은 교환 과정에서 일어난다고 보았다.

이에 대해 케네는 예리한 관찰안과 통계분석으로 사회경제를 해석하고, 농업생산이 갖는 중요성을 강조했다. 농민이 국민의 압도적 다수를 차지하는 가운데, 피폐해지고 있는 농업 부문을 자립시키는 것이 불가결하며, 농업을 선행적으로 발전시키는 것이 공업이나 상업의 자립을, 나아가 국내경제의 자립도 가능케 한다고 그는 생각했다. 『경제표』에서는 지그재그표를 사용하여 생산계급과 불생산계급 간의 유통과, 이들 생산 부문 내부의 순환을 통해 재생산 과정을 분석하고 있다. 그 결과, 「지주계급(귀족과 승려직)은 농업과 공업의 서비스를 얻지만, 토지를 농민에게 임대하는 것은 별도로 하고 아무것도 생산하지 않으며, 직인(職人: 목수·미장이·이발사 등)은 자신이 생산한 것과 같은 만큼의 것을 농업과 다른 직인에게 지불하여, 따라서 오직 농민만이, 생산비를 보충하고, 지주계급과 장인들에게 공급한 후에 순이익을 보유」하게 된다고 밝히고 있다. 그리고 직인과 농민의 일 사이에는 차이가 있다며, 「공업제품의 가격은 재생산 비용으로 결정한다. 경쟁은 좀 더 높은 가격을 이 '자연스러운' 기준으로 평준화할 것이다. 농산물 가격은 재생

도 한다. (네이버 지식백과) 중상주의[重商主義] (Basic 고교생을 위한 세계사 용어사전, 2002.9.25., 강상원).

산 가격을 초과하기 때문에, 다른 부문이 단순히 재생산적인 반면, 오직 농업만이 부를 생산한다」고 말하고 있다.

그리고 「농업왕국 경제통치의 일반준칙과 그 준칙들에 관한 주(注)」 중 제Ⅲ 준칙에서는, 「주권자와 국민은, 토지가 부의 유일한 원천이며, 부를 증식시키는 것은 농업임을 결코 잊지 말 것. 왜냐하면 부의 증가는, 인구의 증가를 보증하기 때문이다. 인간과 부가 농업을 번영시키고, 교역을 확장하고, 공업을 활성화시키며, 그러고 나서 부를 증가시키고, 영속시키는 것이다. 왕국 모든 부분의 성공은 이런 풍요로운 원천에 의존하고 있다」(케네ケネ, 220쪽)고 서술하고 있다. 이처럼 케네를 중심으로 한 중농주의 사람들은, 부의 증식은 교환, 화폐에 의해 일어난다고 하는 중상주의에 대해, 부는 대지에서 발생한다, 「대지에 대하여 인간이 노동을 행함으로써 대지는 풍부한 혜택을 인간에게 증여해 주는, 게다가 무상 증여를 해 준다」고 생각했다.

단, 여기서 유의를 요하는 것은, 당시에는 소농법(小農法)이 중심임과 동시에, 경작되지 않고 방치된 농지가 많아, 이 때문에 농업의 자립은 소농법에 의한 것이 아니라, 프랑스 북부를 중심으로 확대되고 있던 삼포제[4]에 의한 대농법(大農法)에 의한 「농업혁명」을 이미지화한 것이었다는 것으로, 반드시 소농법의 부활·강화를 의도한 것은 아니라는 것이다.

---

4 삼포제: 三圃制(three course rotation). 농업이 정착된 이후 지력 유지의 수단으로 경작지를 3등분하여 2/3에만 심고 나머지 1/3은 쉬게 하여 매년 쉬는 농지를 이동, 교체하므로 전체를 3년에 한 번씩 쉬도록 하는 농업경작방식임. (네이버 지식백과 용어해설). -역자주.

「사물의 자연 질서」라는 관점에서 농업을 중시 — 애덤 스미스

다음으로 다루고 싶은 것이 애덤 스미스이다. 앞서 언급한 것처럼 애덤 스미스는 케네보다 약 30년 후인 1723년 영국 스코틀랜드에서 태어났다. 18세기는 정치의 민주화, 기술혁신, 경제발전 등에 의한 「계몽의 세기」라고 일컬어지지만, 영국에서 산업혁명이 일어난 것은 18세기 중반부터 19세기에 걸쳐서다. 산업혁명은 영국에서 비롯되었지만, 오히려 당시 풍요롭고 광대한 농토를 가지고 화려한 궁정문화를 자랑하고 있었던 것은 프랑스였다. 그런데 영국은 프랑스와 달리 식민지를 갖고 있었으며 이것이 산업혁명의 선봉에 필요한 시장과 원료 공급지를 확보할 수 있게 했다. 이런 상황을 배경으로, 중상주의(重商主義)는 「보호나 독점 같은 인위적 정책」을 통해 글로벌화를 추진하려 했고, 애덤 스미스는 중상주의에 대한 비판을 그 주장의 기조로 삼았다.

애덤 스미스는 「노동이 곧 부(富)다」를 명제로 하여, 「분업」에 의해 노동생산성을 높임과 동시에, 분산된 생산요소나 생산물이 자유로운 「시장」을 형성해 감에 의해, 노동이 진정한 부를 창출하게 된다고 했다. 즉 국내에서 노동생산성의 향상과 생산물의 증대를 도모하려 한 것이며, 이는 인위적인 정책에 의지함으로써 "보이지 않는 손"에 따르지 않는 중상주의에 대한 비판과 일체화된 것이기도 하였다.

애덤 스미스는, 한 나라의 「부」의 기반을, 무역 차액이라고 하는 불안정한 것 위에 두는「인위적인 것」(=경제)이 아닌,「사물의 자연 질서」에 두어야 한다고 했다. 즉,「사물의 자연적 운행에 따르면, 모든 발전적인 사회의 자본 대부분은, 우선 농업에 배정되고, 다음으로 제조업에 배정되며, 마지막으로 외국 상업에 배정된다. 사물의 이 순서는 매우 자연스럽다」(『국부론』 제3편)라고 말하고 있다.

산업혁명의 초기단계에서 애덤 스미스는 주된 저서인 『도덕감정론』을 1759년에,『국부론』을 7년 뒤인 1776년에 펴냈는데,『국부론』에서,「보이지 않는 손」에 의해, 개인의 이익추구 행동은 사회 전체의 경제적 이익으로 이어진다고 하고, 정부에 의한 시장규제를 철폐해 경쟁을 촉진시켜야 한다고 말하는 것으로 이해하는 경향이 많았다. 그러나 이 앞 단계가 되는 『도덕감정론』에 의해서,「사회의 질서와 번영을 가져오는 것은,『덕(德)의 길』의 추구와 모순되지 않는 『재산의 길』의 추구, 바꾸어 말하면, 정의의 감각에 의해서 제어된 야심(野心)과 경쟁에 국한된다」라는 것이 전제되고 있다고 이해해야 할 것이다. 애덤 스미스는 어디까지나「사물의 자연 질서」를 기본에 두고 있고, 국내경제의 순환과 자립을 전제로 경제의 재점검을 도모해 가기 위해서는, 우선 기반이 되는 농업의 발전이 최우선이 되어야 한다고 했던 것이다. 단, 농업이 중요하다고는 하지만, 과도한 농업보호는 사물의 자연 질서에 반한다고 하여 중농주의를 비판하고 있다는 점도 유의해 둘 필요가 있을 것이다.

중요성은 인정하면서도 방법론적으로
제외한 농업 — 칼 마르크스

이처럼 애덤 스미스는, 노동이 부의 원천이며, 농업은 산업의 기반이라고 언급하면서, 대토지 귀족을 대신해 대두하여 온 상업과 금융 신흥자본이 주창하는 중상주의에 의한 금융, 글로벌화를 중시하는 흐름을 통렬히 비판했다. 그러면 산업혁명이 진행되고, 자본주의가 진전되는 시대에, 『자본론』(제1권이 발행된 것은 1867년)을 세상에 물었던 칼 마르크스는 농업을 어떻게 이해하고 경제학 가운데에 어떻게 자리매김시켰을까?

우선 마르크스 경제학의 요점을 확인해 두면, 애덤 스미스나 리카도의 고전파 경제학의, 상품가치는 그 생산에 소비된 노동의 양에 따라 결정된다는 노동가치설을 계승했다. 마르크스의 위대한 공적으로 여겨지는 것은, 이와 더불어 노동에 의해 가치를 창출하는 능력으로서의 「노동력」이라는 개념을 도입하고, 노동자는 이 노동력을 팔아 임금을 확보하게 되는데, 자본가는 임금 부분을 넘어 노동자를 일하게 함으로써 가치를 증식시키고, 이것을 이윤으로 획득하게 된다는 잉여 가치설을 낳은 것이다. 즉 가치의 증식을 가져오는 것이야말로 노동력의 재생산을 가능하게 하는 임금 부분을 넘어 일한 부분, 이른바 잉여 노동에 의해서 초래되는 것을 주장했다. 그리고 『자본론』의 부제를 「경제학 비판」으로 하고 있는 것처럼 고전파 경제학이 자본주의 사회를, 마치 보편적인 사회 체제인 것으로 전제하고 있음을 비판하고, 자본주의가 고도로 발전함으로써 공산주의 사회가 도래하는 필연성을 폈다. 새삼스럽게 말할 필요도 없지만, 이 마르크스의 경제학은 20세기 이후의 국제 정치나 사상에 지극히 큰 영향을 미치게 되었다.

그 마르크스가 농업을 경제학 속에서 어떻게 자리매김시켰는지에 대해서는 무라오카 이타루村岡到의 「자연·농업과 사회주의」라는 논고가 있다. 이 논고에서, 「약간 오래됐지만 1966년에 간행된 『자본론 사전』(아오키青木서점)에는, 어떻게 「농업」이라고 하는 항목이 세워져 있지 않은가(「농업혁명」, 「농업공황은 있다」)! 요컨대 『자본론』을 이해한다는 것은 자본제 경제를 이해한다는 것과 같은 뜻으로 여겨지는데, 그 위에 「농업」은 필요 없다는 것이다」라고 해설하고 있다. 이어서 「이 사전(자본론사전 -저자주)은 마르크스주의 경제학자들의 집단적 성과인데, 더 놀라운 것은 근대경제학까지 합친 매우 두꺼운 『경제학사전』(이와나미서점岩波書店, 1979)에도 「농업」이라는 항목이 없다는 것이다. 정확히 말하면, 『농가경제』나 『농업의 자본주의화』나 『농업(각국)』이라는 항목은 있어 각국의 농업 특징에 대한 설명은 있지만, 「농업」을 다른 항목처럼 추상적으로 정의하지는 않았다. 이것은 우연이 아니다」(무라오카村岡, 1156쪽)라고 기술하고 있다. 즉 마르크스 경제학은 물론, 근대 경제학에서도 농업은 명확한 경제학적 위치를 부여받지 못한 실정이며, 거기에는 그에 상응하는 이유가 있다는 것이다.

그 이유에 대해 무라오카는 별도의 논고 「『자본론』과 농업」에서 「마르크스는 『사회』 혹은 『근대사회』를 문제 삼은 것이 아니라, 『〈자본제적 생산양식이 지배하고 있는〉 사회』를 문제 삼았다. 달리 말하면, 〈자본제적 생산양식이 지배하고 있지 않는〉 『사회』는 시야 밖으로 제외된다고 하는 것을 의미하고 있다」(무라오카村岡, 2, 191쪽). 이와 관련해 다시금 「〈농업〉은 그 본질—

생명유기체의 생산—에 기초를 두고 있어, 「자본제적 생산양식이 지배하고 있다고」는 단언할 수 없다. 마르크스는 이 점을 확실히 인식하지 못한 것 같으며, 이윽고 농업도 「자본제적 생산 양식이 지배하고 있는」 것으로 될 것이라고 생각했던 시기도 있었으나, 「자본제적 생산양식이 지배하고 있는」 것으로 시야를 한정하면서, 앞서와 같은 특성을 가진 〈농업〉은 분석 대상에서 제외되는 것은 당연했다(언급되기는 한다)」(무라오카村岡, 2, 194~195쪽)고 하였다.[5]

　마르크스가 농업을 얼마나 중요하게 인식했는지에 대한 것은 잠시 제쳐 놓고, 「「자본제적 생산양식이 지배하고 있는 사회」로 시야를 한정」하는 가운데 농업이 실질적으로 배제되는 것으로 되었다고 보는 이해 방법은 타당하다고 볼 수 있다. 마르크스는 농업이 지니는 가치를 인정하면서도, 굳이 농업을 대상에서 제외함으로써 경제학으로서의 체계적 정리를 꾀하려 한 것이 아닐까. 학문에 대한 엄격한 자세를 견지하려다 보니 농업의 중요성을 인식하면서도, 결과적으로 농업의 경시를 초래하게 된 것은 아닐까. 일본 농업이 존속위기에 처해 있는 현실에 직면하는 가운데, 재차 농업과 경제학의 관계·거리·위치 설정이 물어지지 않으면 안 되는 사태에 접어들고 있다고 할 수 있다.

5　이하에서 이어지는 원문의 세 패러그래프 분량의 내용을 번역에서 제외하였다. 필자가 Yahoo!지식인에서 찾아 쓴 내용인데 그 내용이 명쾌하지 못한 것으로 판단되어 제외하였다. 필자 쓰타야상의 양해를 구하는 바이다.

원리론의 가운데로 농업을 위치시킴
— 우노 코조

여기서 생각되는 것이, 원리론-단계론-현상분석이라는 이른바 「3단계론」으로 알려진 우노 코조宇野弘蔵이다. 3단계론은 제2차 세계대전 전 화려하게 전개된 『『자본론』을 가지고 즉각 해결하고자 한 현상분석의 결함」에 대해 강좌파와 노농파로 갈라진 이른바 일본자본주의 논쟁에 대해 제시된 것이다. 우노宇野는 이 문제에 어떻게 마주했던 것일까.

무라오카 이타루는 『『자본론』과 농업」에서 역시 우노宇野를 받아들여, 별도의 절(節)을 마련해 「우노 코조의 농업에 대한 평가」에 대해 말하고 있다. 우노의 「세계경제론의 방법과 목표」에 따르면서, 기본적으로는 「농업 자신은, 자본주의적 경영에 있어 결코 적합한 기반을 형성하는 것은 아니었다. 농업과 공업과의 대립은, 자본주의에 있어서는 해결할 수 없는 어려운 문제를 형성하고 있다」라는 인식을 강조하면서도, 「물론 『자본론』과 같은 원리론에서는, 농업도 또한 완전히 자본주의적으로 경영되는 것으로서, 자본가적 원리를 분명하게 하는 방법을 채택하지 않을 수 없는 것이다」(무라오카村岡, 2, 195~196쪽)라는 기술을 소개하고 있다.

다시 말해 우노도 「자본주의 스스로가 해결하지 못한 채로, 말하자면 외부로 완전히 밀어낸 만큼, 자본주의 자신의 모순을 가장 심각하게 내포하고 있다」는 인식을 가지면서도, 경제학적으로는 "완전히 자본주의적으로 경영되는 것으로" 다룰 수밖에 없다고 정리했다는 것이다. 마르크스는 경제학적

엄밀함에서 농업을 배제하고 정리하고 있는 데 반해, 우노는 경제학적으로는 농업에 관하여 원리론 속에서 「완전히 자본주의적으로 경영되는 것으로서」 정리해야 할 것으로 포착하고 이해하고 있다.

여기서 다시 우노의 『농업문제서설』에 따라 경제학이 농업의 어디에 기본적인 문제의식을 두고 있는지를 확인해 두자. 「자본주의에서 농업은 말하자면 대하기 싫은 상대이다. 제한되고, 독점될 수 있는 물건이면서, 노동생산물이 아니고, 따라서 자본의 형태를 취할 수 없는, 토지를 주요 생산수단으로 삼는다는 근본적인 점에서, 그럴 뿐만 아니라 그러한 자연을 주요 생산수단으로 삼는 데 따라 부수되는 생산과정의 특수성이 자본가적 경영에 여러 가지 장애를 초래한다. … 토지를 주요 생산수단으로 자연력을 이용하는 한, 자본가적 경영에 부적당한 요인을 면할 수 없다. 자본주의적 생산양식의 이른바 무기적(無機的) 합리성에 대하여 유기적(有機的) 비합리성을 벗어나지 않을 수 없다」(우노, 181쪽)는 것이 농업이라고 밝히고 있다. 농업은 「유기적 비합리성」을 본질로 하는 것으로, 「무기적 합리성」으로 되돌려 나가는 데에는 한계가 있으므로, 농업을 자본주의적 생산양식 속에 전면적으로 수용해 가는 것은 불가능하다고 한다. 따라서 농업은 「자본주의 사회에서, 상품경제의 지배를 받으면서, 농업 자신은 자본주의적 경영을 완수할 수 없다는 점에 있다. 바꾸어 말하면 자본주의적으로 해결할 수 없다는 데에 문제가 있다」(전동, 194쪽)고 하고 있다. 이러한 인식이 마르크스 경제학에서 말하는 농업문제의 핵심을 나타내고 있다고 할 수 있다.

원래 「일반적으로 자본주의의 발전은 직접생산자의 생산 수단으로부터의 자유와 함께, 봉건적인 인신적 예속 관계로부터의 자유라고 하는, 마르크스의 이른바 이중의 의미에서 자유를 전제로 한다」(전동, 188쪽)는 것이지만, 봉건적 여러 관계를 폐기하고 토지 소유의 근대적 사유제를 확립하면서도, 농민의 무산자화(無産者化: 농업노동자화 -역자주)가 실현된 것은 아니었다. 상품경제의 발전과 함께 농민층의 계층 분화가 진행되면서, 자본가적 경영과 함께 소농경영이 존속하게 되었다. 이 소농경영이야말로 바로 농업문제를 상징하고 있는 셈이다.

이와 관련해 도시와 농촌에 대해 언급해 두고 싶다. 공업은 농촌에서 농업과 자연적으로 결합되어 있던 것이 분리되어 발전해 온 것이며, 공업이 도시에서 자본주의적 발전을 이루어 온 데 대해, 자본주의적 경영으로서는 부적당한 산업인 농업은 농촌에 남겨져 왔다. 도시와 농촌은 공간적으로 분단되어 왔지만, 자본가적 상품경제가 침투해 있는가 여부가, 이 분단을 가져왔다.

이처럼 마르크스 경제학에서는 자본주의적 생산양식이 관철돼 있는지, 관철되지 않았다면 그 이유·원인은 무엇인지를 따져 왔다고 볼 수 있다. 따라서 여기에서는 유기적 비합리성을 가지는 농업이나 농촌에 대해,「실제상으로는 결코 자본주의에 농업문제를 해결할 수 있는 힘은 없었다」라고 인식함과 동시에, 경제학적으로는 농업을「완전히 자본주의적으로 경영되는 것으로서」원리론 속에 두면서도, 단계론, 현상분석 없이는 농업문제에 접근하기 어렵다고 보았다.

일본 농업 소멸은 역사의 흐름
— 요시모토 다카아키

　이러한 우노宇野의, 경제학적으로는 농업을 「완전히 자본주의적으로 경영되는 것으로서」로 원리론 안에 규정하면서도, 단계론, 현상 분석에 의한 접근법을 필요로 한다고 하는 정리에 대해서, 요즈음의 흐름은, 전 단계에서의 인식 정리는 누락한 채, 원리론이 마치 모든 것에 관철되어, 「완전히 자본주의적으로 경영되는 것으로서」만 농업을 보는 것은 가능하지 않다는 견해가 다수를 점하고 있다. 규제개혁추진회의 등에서 전형적으로 볼 수 있듯이, 농업에서도 경제합리성을 기준으로 모든 것을 결론 내야 한다는 풍조가 강하다. 이것은 자본주의적 경영을 일본에 철저히 적용함으로써 일본 농업의 생존을 도모하려는 것으로서, 생산성 향상과 규모확대 없이는 일본 농업이 살아남을 가능성은 없다는 논리이다.

　이에 대해 우노의 「자본주의에 농업문제를 해결할 수 있는 힘은 없었다」와 같은 사고방식을 철저히 하여 농업문제를 논하고 있다고 할 수 있는 사람이 사상가이자 시인이기도 한 요시모토 다카아키吉本隆明이다. 농업문제는 도시문제이기도 하다는 것이 요시모토吉本의 기본 인식이다. 「수공업과 농업을 동일한 사람이 같은 장소에서 할 수 있었을 때는 농업문제가 없었습니다. 문제가 발생한 것은, 분업이 일어나 농촌과 도시가 서로 이해 상충하게 되었기 때문입니다. … 전문(專門)이 분화하고 만 것이, 농촌문제를 역사적으로 발생시킨 원인입니다」(요시모토吉本, 38~39쪽).

요시모토는 「농촌의 종언—'고도'자본주의의 과제」라는 제목의 강연에서, 농업문제는 도시문제와 떼어 생각할 수 없는 것을 강조하면서, 농업의 현상이나 생산 구조의 변화에 대한 분석을 소개하고, 이것을 근거로 해「자연사(自然史)의 흐름으로서의 경제사는, 오직 필연적으로만 변해 간다. 이것을 늦게 하느냐, 빨리 하느냐 하는 문제만이 인위적인 문제, 즉 정책의 문제이거나 방식의 문제이거나 하다는 것이 마르크스의 기본적인 관점입니다」(요시모토, 64쪽)라고 하고 있다.

이 강연이 행해진 것은 1987년인데, 당시의 매스컴의 상황을 반영해, 「타케무라竹村(켄이치健— -저자주) 씨의 논의도 오오마에大前(동: 켄이치研—) 씨의 논의도 재미있다고 생각합니다. 생태학자(ecologist)들의 논의도, 저는 반대이지만, 재미있는 점이 있습니다. … 내가 권하는 유일한 것이 있다면, 양쪽 모두의 논의에 참가하지 않는 것이 좋다. … 이 중 하나의 논의 속에, 농업이나 농촌의 미래가 있다는 것은 절대 있을 수 없다는 것입니다」(요시모토吉本, 74쪽)라고 하고 있다. 이 강연의 실질적인 결론부로서는 「오늘 최소한으로 말씀드릴 수 있는 것은, 어느 쪽의 논의에도 가담하지 말아 주세요. 가담하지 말고 냉정하게 객관적으로 생각하고, 무엇이 일본의 농업, 일본 농촌의 이익인지, 혹은 자신의 이익인지를 생각한 다음 해 주세요」(요시모토吉本, 99쪽)라고 말하는 데 그치고 있다.

별도로 1989년에 행해진 강연 「일본농업론」에서는, 마르크스나 엥겔스의 토지국유화나 국민적 관리하에서의 공동 대규모경작에 대한 생각을 피력하고, 소련의 농업 실태에 대해 언급한 후에 「저의 이상으로 말씀드리면, 작은 자립농이 계층적인 격차도 없고 줄지어 서서, 자신들의 이익이 촉진되는 한에서의 공유관계를 부분적으로 만들어 내어 가는, 그러한 사고방식을 갖고 있습니다. 그것이 일본 농업의 이상입니다」(요시모토吉本, 128쪽)라고 말하고 있다. 그런데 바로 이것에 이어 「이 문제에 대해서는, 만약 농업사회를 이상적 사회라고 보는 사고방식이 옳다면, 좀 더 빨리 그 사실을 깨달았어야 했는데 이미 그 문제는 지나가 버리고 말았습니다. 일본 농업이라고 하는 것은, 그 단계를 지나 버리고 만 것입니다. 즉, 많은 자립적 농가가 늘어서서, 국가적 · 국민적인 규모로 식량의 자급이나 저장을 할 수 있고, 충분히 싼 농산물을 소비자에게 제공할 수 있다고 하는 시대는 이미 지나 버리고 말았습니다」(요시모토吉本, 129쪽)라고 말한다. 즉 일본 농업의 축소는 이미 피할 수 없는 필연이며, 일본 농업의 축소는 자연사의 흐름이라고 단정하고 있다. 느리냐 빠르냐의 문제일 뿐, 일본 농업은 어차피 소멸하는 것이 역사의 흐름이므로, 안락사시키기 위해 정책에 의해 다소나마 시간을 벌어 가는 수밖에 없다고 하는 것이 요시모토吉本의 결론이기도 하다.

시장중심주의의 시비
― 근대경제학

애덤 스미스나 리카도에 의한 고전파 경제학은, 마르크스 경제학으로의 흐름을 만들어 왔지만, 이에 비해 1870년대 초에, C. 맹거, M. 왈라스 등에 의해 주창된 한계효용학설이 근대 경제학의 기초가 된다. 즉 어떤 재화를

1단위 추가하여 소비함으로써 어느 정도의 효용(만족)이 증가하는가라는 한계효용이라는 개념을 도입함으로써, 경제현상의 파악에서, 그 현상의 배후에 잠재하는 경제주체의 행동 분석으로까지 심화시킴과 동시에, 부분분석으로부터 일반균형의 분석을 행함으로써 이론의 일반화를 꾀한 것으로 한계혁명이라 불렸다.

그 후, 1930년대 케인스에 의해 시장의 자동조정작용이 부정되며 국가의 개입이 정당화되었고, 이로 인해 거시적 분석이라는 새로운 분석 방법이 확립됨으로써, 불황극복의 경제학이 되어 정치에 큰 영향을 미치게 되었다. 그렇지만 시대의 변화와 함께 재정 정책에 중점을 두는 케인스 정책을 비판하는 흐름은 강해지고, 또 몇 개의 유파로 나뉘게 되는데, 그중에서도 자유로운 시장 경쟁을 중시하는 신고전파 경제학이 특히 강한 영향력을 가지고 있는 것이 현재의 상태이다. 이 시장 중심의 경제학에 대해서, 전술한 사에키 케이시佐伯啓思는 다음의 세 가지 전제로서 정리해 볼 수 있다고 말하고 있다.

① 경제주체는 주어진 정보를 사용해 합리적으로 행동한다.
② 경제의 목적은 사람들에게 물적 만족을 주는 것이며, 화폐는 보조적 역할밖에 하지 않는다.
③ 사람들의 소비의욕은 무한하고, 경제문제란 희귀한 자원의 적절한 배분에 있다.

이러한 사에키佐伯의 정리를 포함해 근대경제학은 크게 두 가지 특징을 갖고 있다고 할 수 있다. 하나는 수학적 모델에 의한 수량 분석을 많이 사용하고 있으며, 수학이나 통계이론을 구사한 실증 분석이 큰 비중을 차지하고 있다는 점이다. 또 하나가 기술적(記述的, descriptive)으로 자본주의를 분석하는 마르크스 경제학이 자본주의라는 틀 자체의 시비를 묻는 경우가 많은 데 반해 근대 경제학은 자본주의를 전제로 이론구축이 이루어짐으로써, 그 옳고 그름 내지 가치판단에는 들어가지 않는 경향이 강하다고 할 수 있다.

『숲과 바다를 잇는 텃밭 가족』 등의 저작을 통해서, 주 며칠간의 근무로 응분의 안정적 수입을 확보함과 동시에, 주 휴일에는 「텃밭」 재배도 포함한 자가 생산 활동이나 가업에 힘쓰는, 주휴(2+α)일제의 워크셰어링(work-sharing)[6]에 의해서, 「인간다운 풍부한 창조 활동」에 종사함과 동시에, 3세대 동거(또는 근거리 거주)와 자본주의 섹터—C, 가족소경영 섹터—F, 공공적 섹터—P에 의한 CFP 복합 사회의 형성을 제창하고 있는 오누키 마사오小貫雅男 · 이토 케이코伊藤恵子는, 시장 중심의 경제학에 대해 단적으로 다음과 같이 평가하고 있다.

「(근대 경제학은) 마르크스 경제학과는 달리, 인류사적 장기 전망에 선 역사관의 결여를 특징으로 하고 있다. 따라서, 자본주의 경제를 주어진 것으로 보고, 그 본질을 묻지 않고, 그 아래서의 원인 결과인 "정밀과학"을 지향하려 하기 때문에, 부분에 매몰돼 총체를 놓치고, 오늘의 체제를 무비판적으로 수용한다는 치명적인 약점을 갖고 있다. 그리고 그것은, 금융 및 재정

---

6 워크셰어링(work-sharing): 노동자들의 임금을 삭감하지 않고 고용도 유지하는 대신 근무시간을 줄여 새로운 일자리를 만들어 가는 제도. 종업원의 1인당 노동시간을 줄이는 대신 그만큼 고용을 늘리거나 현재의 고용 상태를 유지하는 제도를 말한다. 1970년대 2차례의 석유파동(오일쇼크)을 겪으면서 실업률이 급상승하자, 실업률 해소를 위해 유럽에서 처음 도입해 자리 잡았다. (네이버 지식백과).

의 테두리 안에서의 분석 기교와 이것저것의 처방 조작에 특화한, 실로 좁은 시장경제론에 수렴해 가지 않을 수 없는 숙명을 짊어지고 있다. 그 결과, 극단적인 「경제의 금융화」를 허용하고, 그것을 더 심화시켜 온 이들 근대 경제학의 근저에 흐르는 사상은, 프래그머티즘의 사상이라고도 할 수 있으며, 인간 욕망의 절대적 긍정이다. 여기에 깊이 뿌리내린 이 경제론은, 결과적으로는 인간의 욕망을 무한히 비대화시켜, 인간 정신을 모조리 황폐화시키고, 끝내는 세계를 분쟁과 전란의 액상화[7]로 몰아넣는 진원지일 수밖에 없다. 이는, 오늘날 세계의 현실을 직시하기만 하면 고개가 끄덕여질 것」(오누키小貫 · 이토伊藤, 56쪽)이라고 강하게 성토했다.

일본에서도 아베노믹스, 나아가 아베 농정은, 근대경제학이라는 것 이상으로 신고전파 경제학, 시장중심주의를 모든 영역에 철저화시키려 하고 있다. 비합리성을 많이 포함한 농업도 모두 수량화한 정책은, 농산물 자유화에 따라 결과적으로 해외 의존을 초래할 뿐이다. 무릇 농업은 수량화할 수 없는 부분을 많이 가지는 동시에, 거기에야말로 큰 가치가 있음을 알아야 하며, 본래, 그 가치를 이해할 수 없는 인간이 정치에 관여하는 일이 있어서는 안 되는 것이다.

---

7 액상화: 液状化. 물로 가득 찬 모래층이 지진과 같이 강한 충격을 받으면 입자들이 재배열되면서 수축하는데, 이때 모래가 순간적으로 액체처럼 이동하게 되는 현상을 말한다. (두산백과). -역자주.

경제학 변혁의 시도

지금까지 케네를 중심으로 한 중농학파, 애덤 스미스, 그리고 마르크스와 이와 관련된 마르크스 경제학자, 나아가 근대 경제학에서 농업의 위상을 알아냈다.

농업이 산업의 주였던 시대의 케네나 산업혁명 초기에 활약한 애덤 스미스가, 농업은 산업의 기반을 이루는 것으로 인식하여 농업을 중시하고, 순환의 기초에 농업을 자리매김시킨 것은 당연하다고 볼 수 있을 것이다. 그러나 시대는 중상주의에 의한 글로벌화와 상업·교역에 중점을 두었고, 이런 가운데, 부의 증식은 교환, 화폐에 의해서 일어나는 것이 아니며, 부의 유일한 원천은 대지에 있다고 한 중농주의의 케네, 그리고 중상주의는 「자연의 질서」를 무너뜨리는 「인위적인」 것이라고 하며, 「자연의 질서」로 돌아가는 것으로부터 경제학의 구축을 시도한 애덤 스미스의 식견의 높음과 깊음에 존경을 금할 수 없다.

산업혁명이 진행되고 자본주의가 발전하는 가운데, 마르크스는 노동이야말로 가치의 증식을 도모하는 것임을 발견하지만, 마르크스 경제학에서는 농업을 중시하면서도 농업은 자본제적 생산양식에는 익숙해지기 어려운 면이 많다고 하여 제외하는 형태로 논리의 구축을 꾀한 것으로 이해된다. 방법론적으로는 지당하다고 수긍할 수 있는 일이지만, 그 후의 경제학 세계에서는, 농업의 모든 산업에서의 비중이 낮아지면서, 농업의 중요성에 대한 인식이 줄어들고, 농업이 갖는 가치는 경시되었다.

농업의 중요성을 인식하면서도, 경제학의 논리를 따져 나가면 적어도 일본 농업의 존속은 곤란하다고 하는 것이 요시모토 다카아키吉本隆明이며, 이에 대하여 농업이 가지는 가치에 특단의 배려를 하지 않고 시장원리·경쟁원리를 직접적으로 농업에도 적용하려는 것이 신자유주의를 중심으로 하는 근대경제학이라고 할 수 있을 것이다.

농업이 갖는 가치는 다양하지만, 그중의 식량 공급 기능만 집어 들어 본 것만으로도, 인간의 생존을 위해서는 식량은 필수적이며, 식량 안전보장의 관점에서도 일정 정도의 식량자급률 확보는 필수적인 부분이다. 하지만 일본 농업은 결국 객사(길가에 쓰러져 죽음 -역자주)를 감수해야 한다는 것이 요시모토 다카아키의 논의이며, 결과적으로 식량자급률이 한없이 제로에 가까워져 식량의 안전보장을 확보할 수 없게 되는 것은 필연이어서, 일본 농업은 해외로부터의 수입농산물로 대체되는 것도 어쩔 수 없는, 자연사(自然史)의 흐름이라는 것이다. 신자유주의 경제학도 싼 농산물을 해외에서 수입할 수 있다면 소비자의 이익으로 이어진다고 하여, 일본 농업은 반드시 불가결한 것이라고는 말할 수 없다고 하여 같은 결론을 보인다.

그런데 지금까지 살펴본 경제학과는 달리, 농업 그 자체는 아니지만, 과거의 경제학에서는 제외되거나 가치를 평가받지 않고 왔던 것을 다시 평가함으로써 경제학 자체의 변혁을 시도하는 움직임도 존재해 왔다. 거기서 언급해 두고 싶은 것이 칼 폴라니이며, 우자와 히로후미宇沢弘文 그리고 이와이 카츠히토岩井克人이다.

경제는 인간과 자연과의 상호작용
— 칼 폴라니

칼 폴라니(Karl Polanyi, 1886~1964)는 오스트리아 빈 출신으로, 제1차 세계대전에서 오스트리아=헝가리군에 종군한 것을 시작으로, 20세기 격동의 시대를 산 경제학자이다. 폴라니는 「제도화된 경제」라는 관점에서, 사회에 「묻힌 경제」와 사회로부터 「떨어진 경제」를 대비시키면서, 이들을 사회 가운데에서 경제 과정을 제도화하는 패턴으로 간주했다. 게다가 「인간 사회의 기본 구조가 경제적 요청에 따라서 편성되는 것을 전제로 하는 경제 결정론을 거절하고, 사회에 있어서 경제의 위치, 즉 경제가 어떠한 역할로 기능하는가를 결정짓는 것은 사회적 · 정치적 · 윤리적 · 문화적인 모든 제도라고 생각했다」(와카모리若森, 220쪽).

폴라니는 경제를, ① 인간과 자연과의 상호작용 과정과, ② 상호작용의 제도화라는 두 가지 차원에서 파악하고 있다. 즉 인간은 인간과 자연 사이에 제도화된 상호작용에 의해 생활하며, 자연환경과 동료들에게 의존하는 존재이다. 어디까지나 경제는 사회 안에 내장된 것으로서 이해되어야 한다고 하고 있다.

그래서 「경제적」이라는 말에 대해 두 가지 정의를 하고 있다. 하나가 실재(實在)적인 정의이며, 또 하나가 형식적인 정의다. 실재적인 정의로는 욕구 · 충족의 물질적인 수단의 제공에 대한 의미로 여겨지며, 앞서 언급한 바와 같이 인간과 그 환경 간의 상호작용과, 그 과정의 제도화라는 두 가지 수

준(level)으로 이루어진다고 말하고 있다. 그리고 경제 과정의 제도화는, 「장소」의 이동, 「전유(專有: 독점, 독차지함)」의 이동이라는 두 가지 종류의 이동으로 설명할 수 있다고 돼 있다. 또 경제 과정에 질서를 부여하고 사회를 통합하는 패턴으로는 「호혜(互酬)」, 「재분배(再配分)」, 「교환」의 세 가지를 들 수 있으며, 호혜는 의무로서의 증여 관계나 상호부조 관계, 재분배는 권력의 중심에 대한 의무적 지불과 중심으로부터의 반환, 교환은 시장에서의 재화의 이동이라고 되어 있다.

이것에 비해, 형식적인 정의로서는, 희소성 혹은 최대화한의 합리성에 관한 의미로 되어 있다.

이러한 정리로부터 보면, 종래의 경제학에서는 형식적인 정의가 중시되어 오고 있으며, 실재적인 정의에 대해서는 뒤돌아보지 못하고 왔다는 것이 된다. 즉 시장경제는 인간(노동), 자연(토지), 화폐를 상품으로 간주함으로써 경제원리의 일부를 비대화시켜 많은 인간을 파국으로 몰아넣고 복합적인 경제의 발생·성립을 억제하는 것으로 되었다. 종래의 경제학은 어디까지나 스스로의 호의가 타인에게 미치는 영향이나 그 사회적 결과에 대하여 책임을 지는 동시에, 사회생활의 투명성을 높임으로써 딴사람이나 자연에 대한 사회적 책임을 부담해야 한다는 것을 논했다.

이러한 정리에서 보면 토지, 자연에 의거하는 농업은 형식적인 경제, 경제원리에만 맡기는 것은 부적절하며, 실재적(實在的)인 경제 속에 위치시켜 생각해 나갈 필요가 있다.

사회적 공통자본이라고 하는 양식(良識) — 우자와 히로후미

칼 폴라니가 경제의 정의 그 자체를 되묻고 경제인류학이라고도 불리는 새로운 학문 영역을 확립한 데 대해, 경제학 안에 사회적 공통자본이라는 개념을 도입함으로써 경제학의 재반문을 도모한 것이 우자와 히로후미宇沢弘文이다.

우자와 히로후미에 대해서는 아는 사람도 많아, 재차 여기서 소개할 필요도 없을 것이다. 수학에서 경제학으로 전향한 수리경제학자이며, 미국에서 교편을 잡고 있었지만, 베트남이라는 소국을 침략하는 군사대국 미국에 머무르는 것에 자책감을 느껴 일본으로 돌아왔다고 한다. 우자와宇沢는 시카고대학 시절 함께했던 신자유주의를 대표하는 학자인 밀턴 프리드먼에 대해, 그가 은행 데스크에서 1만 파운드짜리 공매도[8]를 신청했다가 거절당한

---

8 공매도: 공매도(空賣渡, short selling)란 말 그대로 '없는 것을 판다'는 뜻이다. 즉 물건을 가지고 있지도 않은 상태에서 판다는 의미다. 주식시장에서 공매도란 주식을 가지고 있지 않은 상태에서 매도 주문을 내는 것을 말한다. 공매도는 주가가 떨어질 것을 예상할 때 시세차익을 노리는 방법이다. 예를 들어 포스코가 대한통운 인수전에 본격적으로 뛰어들면서 포스코 주가하락이 예상된다고 치자. 그렇다면 당장 포스코 주식이 없는 투자자라도 포스코 주식을 빌려서 60만 원에 일단 매도한다. 그리고 며칠 후 포스코 주가가 50만 원까지 떨어졌다면 공매도한 투자자는 50만 원에 동일한 수량의 포스코 주식을 시장에서 매입해 빌렸던 주식을 갚으면 된다. 순서만 바뀌었을 뿐 포스코 주식을 50만 원에 매입 60만 원에 판다는 효과는 같다. 주당 10만 원의 수익을 거두게 되는 셈이다. 대신 예측이 틀렸을 경우 손실도 감수해야 한다. 만약 인수전 참여가 시장에서 호재로 작용해 오히려 주가가 70만 원으로 올랐다면 투자자는 주당 10만 원의 손실을 입게 된다. 공짜 점심은 없다. (네이버 지식백과 금융사전). -역자주.

데 격분해 「자본주의 세계에서는, 돈을 벌 기회가 있을 때 버는 것이 신사의 정의다. 돈을 벌 기회가 있는데도 돈을 벌려고 하지 않는 것은 신사라고는 말할 수 없다」라고 말한 것에 대해, 우자와는 이것을 통화주의자(monetarist), 신자유주의자의 본질을 상징하는 이야기로서, 자주 입에 올렸던 것은 유명하다.

우선 우자와宇沢가 말하는 사회적 공통자본에 대해 확인해 두면, 「사회적 공통자본은, 하나의 나라 내지 특정 지역이, 풍부한 경제생활을 영위하고, 뛰어난 문화를 전개해, 인간적으로 매력 있는 사회를 지속적·안정적으로 유지하는 것을 가능하게 하는 자연환경, 사회적 장치를 의미한다」(우자와宇沢, 45쪽)라고 말하고 있다. 즉 인간이 풍요로운 경제생활과 문화를 지속적·안정적으로 누려 나가기 위해서는 그것을 가능하게 하는 자연환경과 사회적 장치가 불가결하며, 이 불가결한 자연환경과 사회적 장치를 사회적 공통자본이라고 하는 것이다.

이 사회적 공통자본은 한 국가, 특정 지역에서 전개되는 개별 구체적인 것이며, 또한 시대상황 등에 따라 달라질 수 있다. 그리고 「사회적 공통자본은, 비록 사유 내지 사적 관리가 인정되었다고 해도, 사회 전체에 있어서 공통의 재산으로서 사회적인 기준에 따라서 관리·운영된다」(우자와宇沢, 45쪽)고 말하고 있다. 이와 같이 시장경제 속에 있으면서도, 사회적 공통자본에 있어서는 지속적·안정적으로 유지되어 가는 것이 대전제로 되어 있으며, 거기에서 만들어지는 서비스에 대해서는 공정한 배분이 이루어지는 것을 기본으로 하고, 그 운영·관리에 대해서는 소유 여하에 관계없이 사회적인 기준에 따라서 실시되어야 한다고 말하고 있다.

사회적 공통자본은, 구체적으로는, 토지·환경·자연 등의 자연자본, 도로나 항만, 전기나 상하수도, 문화시설 등의 사회자본, 그리고 교육, 의료제도 등의 사회자본을 제도적인 측면에서 지탱하는 제도자본으로, 크게는 3개의 범주로 이루어진다.

이러한 가운데 농업은, 「경제적·산업적 범주로서의 농업을 훨씬 뛰어넘어, 인간적·사회적·자연적인 의미를 갖는다」(동, 154쪽)고 말하고 있으며, 이러한 광의의 농업을 「농(農)의 영위」라고 표현하고 있다. 이 농의 영위는, 「인간이 살아가는 데 필수 불가결한 식량을 생산하고, 옷과 주거에 대해, 그 기초적인 원자료를 공급하며, 나아가 삼림, 하천, 호수, 토양 속에 계속 생존하는 다양한 생물종을 지켜 왔다」(154쪽). 이 농의 영위가 전개되는 사회적 장이 농촌이며, 농촌은 「자연과 인간과의 조화로운 관계를 가능케 하고, 문화의 기초를 만들어 왔기」 때문에, 농촌도 사회적 공통자본을 구성하는 중요한 것이라고 밝히고 있다.

이와 관련해 우자와가 강조하는 것이 「커먼즈(commons)」[9]이므로 이 소개를 빼놓을 수 없다. 커먼즈의 대표적인 예로써 일본의 삼림 입회제(入会制)[10]를 들면서 협동적 관리·작업을 하는 공동체를 제도적 자본의 범주에 위치시키고 있다. 농업 분야에서도 관개제도나 농경, 나아가 농작물의 가공·판매 등을 포함하여 협동적 작업이 필수적이며, 이를 가능하게 하는 촌락 자

---

9 커먼즈(commons): 공유지로 번역된다. -역자주.

10 입회제: 여기서 입회는, 일정 지역의 주민이 일정한 산림·임야·어장 따위에 들어가서 목재·땔나무·마초·거름풀·물고기 따위를 채취할 수 있는 이권을 공동으로 행사하는 일을 의미한다. (민중서림 엣센스 일한사전). -역자주.

체가 커먼즈로서의 성격을 갖는다고 보고 있다. 이 농촌에서의 커먼즈가 근대화에 따라 소멸하고 있는데, 이에 대해 우자와는 「일본 농업의 경우 농업기본법이 커먼즈의 제도 소멸에 결정적인 역할을 했다. 농업기본법의 중심은 자립경영농가라는 개념이었기 때문이다. 이 견해는 커먼즈와는 정반대였기 때문이다」(동, 153쪽)고 말하고 있다. 이어 「자립경영농가의 규모를 아무리 크게 해도 농가경영에 의해 공업 부문과 같은 이윤을 창출할 수 없다」(본지, 153쪽)고 말해 무시할 수 없는 매우 중요한 지적을 하고 있다.

자본주의가 안고 있는 본질적 모순
— 이와이 카츠히토

우자와가 근대 경제학의 흐름 속에서 사회적 공통자본의 필요성, 불가결성을 강조하는 가운데 농업 · 농촌을 자리매김시키고 있는 반면, 이와이 카츠히토岩井克人는 자본주의가 성립하기 위해서는 비자본주의적인 부분이 불가결하다는 논리를 전개한다.

이와이岩井 이론의 핵심을 이루는 것이 불균형 동학과 화폐론이다. 지금까지의 경제학에서는 잉여 가치나 효용에 의해 이윤이 창출된다고 생각해온 반면, 이와이는 불균형의 존재야말로 이윤의 원천이 되는 것이며, 불균형의 존재야말로 경제의 발전을 가능하게 한다고 생각한다. 즉 일반 경제학에서는 산업이나 기업이 획득하는 이윤은 개별적이면서도, 그 수준은 점차 균형되어 가는 것으로, 일반 이윤율에 의해 결정된다고 여겨져 왔다.

이에 대하여, 기업과 기업의 노동생산성과 실질임금률 사이의 차이나, 생산기술이나 제품사양이나 통신 네트워크의 차이에 의해 이윤은 창출되는 것으로 한다. 이처럼 불균형이 존재하기 때문에 이윤이 발생한다고 하면, 「기업이면 기업이, 가계면 가계가 전부 이윤을 극대화하는 미시적 차원에서 적응적인 행동을 하면 어떻게 될까. 사실은 그 경우, 경제 세계에서는, 모든 경제주체가 동시에 합리적이고 이기적으로 자신의 이윤이나 효용을 추구해 나가면 시스템 전체의 조화와는 반대로, 시스템 전체를 자기파괴로 향하게 하는 불균형 누적과정을 만들어 버린다」(이와이, 1, 61쪽)는 것으로 된다.

그런데 「만일 현실 경제가 지금 말한 것과 같은 형태로 불균형 누적적으로 붕괴되지 않고, 휘어진 대로 어느 정도의 안정성을 가진 채 지금까지 존속해 온 것은, 이 경제 속의 어딘가에 합리적인 경제 계산을 하고 있지 않은 인간이나 조직이나 제도가 존재하고 있어, 다행인지 불행인지, 그것들이 「보이지 않는 손」의 작용을 약간이나마 못 하도록 속박하고 있기 때문이라는 역설적인 명제가 생기게 되는 셈」(61쪽)이라고 말하고 있다.

또 화폐론에서는, 「화폐의 화폐로서의 가치를 지탱하는 원리란, 투기시장에서 상품가격의 움직임을 지배하는 『미인 콘테스트』 원리의 극한 형태에 다름 아닌 것」(이와이, 2, 52, 53쪽)으로, 「화폐에 있어서는, 더 이상 본원적인 가치 따위는 존재하지 않는 것, 아니, 그야말로 일탈 그 자체가 본원적인 가치가 되어 버렸다」(동, 53쪽), 「화폐를 갖는다는 것은 「투기」 그 자체를 갖는 것이다」(동, 53쪽)라고 하였다. 거기서는 「투기꾼끼리 사고파는 시장 속에서, 투기꾼끼리 서로의 행동을 겹겹이 예상하는 결과로서 시장의 가격이 출렁거리고 마는 것이다. 개인의 합리성 추구가 사회 전체의 비합리성을 만들어 버린다는, 사회 현상에 고유한『합리성의 패러독스』가 여기에 있다. 그리고, 실제로 시장에서 가격이 요동치기 시작하면, 이번에는 소비나 생산이라고 하는 실태(實態) 경제가 교란되어 경제 전체에 많은 불안정성을 가져오게 되어 버리는 것이다」(동, 32쪽).

이와 같이 화폐를 기반으로 하는 자본주의는 본질적 모순을 안고 있는 것이며,「시장경제의 안정성을 확보하기 위해서는, 이윤 원리에 의해서 움직이지 않는 어떠한 비시장적 제도에 의한 제동이 필요하게 된다. … 즉, 본래 자기 이익의 추구가 공공의 이익을 실현해야 할 자본주의의 한가운데에, 실은 윤리성이라고 불릴 만한 것이 없으면 안 된다」(이와이著#3, 266~267쪽)고 하면서, 이 때문에「불안정하기 때문에, 국가에도 환원되지 않는 제3의 인간 활동의 영역으로서의 시민사회를 필요로 하고 있다. 시민사회적인 부분이 사라져 버리면 국가도 자본주의도 그 자신이 본질적으로 안고 있는 불안정성, 모순에 의해 자기 붕괴를 하게 된다. 그런 의미에서 시민사회란 국가에도 자본주의에도 환원되지 않음으로써 바로 국가와 자본주의를 보완하게 된다」(동, 267쪽)고 하였다.

이와이著# 이론에서는 농업에 대한 직접적인 기술(記述)은 없지만, 본래「비합리성」을 안고 있는 농업, 농촌은 자본주의를 크게 뒷받침하고 있는 것이며, 자본주의에 있어서 농업, 농촌은 불가결한 존재라는 것이 될 것이다. 아울러 자본주의의 위기를 회피하기 위해서는 협동조합이나 협동활동이라는 시민사회적인 활동은 절대 불가결함을 강조하기도 했다.

경청이 필요한 농본주의

이러한 경제학과 농업의 관계와는 다르지만, 이와 관련하여 언급하고 싶은 것이 「농본주의」이다. 농본주의에 대해서는 우네 유타카宇根豊가 『농본주의 권유』를 내고 있어, 그 에센스를 다루고 싶다.

우네宇根는 NPO인 '농(農)과 자연연구소'의 대표이사로, 후쿠오카현福岡県 농업개량보급원으로 근무하면서, 1989년에 신규 취농한 농업자이기도 하다. 그는 농업개량보급원으로서 「농약사용 줄이기운동(低農藥運動)」을 제창하는 동시에, 「벌레 보는 판(虫見板)」[11]의 보급에 힘쓰고, 최근에는 생물조사를 비롯한 다양한 활동을 전개하고 있는 가운데, 농본주의에 대한 책을 쓰고 있다. 여기에서는 그 『농본주의 권유』를 통해 농본주의에 대해 살펴보고자 한다.

톨스토이, 신식촌(新式村)에 관계된 문학가 등 농본주의자라고 해도 무방할 사람이 국내외에 적지 않게 존재해 왔다고 생각되지만, 『농본주의 권유』에서는 주된 농본주의자로서, 이시카와 산시로石川三四郎(1876~1956), 가토 칸지加藤完治(1884~1967), 다치바나 코사부로橘孝三郎(1893~1974), 마즈다 기

---

11 벌레 보는 판(虫見板): 논에 있는 벌레를 보기 위한 판(플라스틱 깔개 같은 것). 1978년 후쿠오카현의 한 농가가 고안한 것으로, 그 후 농업개량보급원이었던 우네 유타카 씨를 중심으로 전국적으로 퍼졌다. 논에 들어가 벼 그루터기에 「벌레판」을 붙이고 잎을 가볍게 흔들어, 거기에 떨어진 벌레를 들여다본다. 충견판 위에서 가만히 있는 것이 '해충', 왕성하게 움직이는 것이 '익충'이다.
https://lib.ruralnet.or.jp/jiten/single.php?n=3272
https://shop.ruralnet.or.jp/b_no=04_S0010205/ -역자주.

이치松田喜—(1887~1968), 야마자키 노부요시山崎延吉(1873~1954)를 비롯하여 10여 명이 거론되고 있다.

농본주의의 핵심을 소개하는 것으로 다치바나 코사부로의『농촌학』에 다음과 같은 구절이 인용되고 있다. 「우리들은 천연자연의 따뜻한 품속에서만, 그 생의 편안한 고향을 찾아낼 수 있다. 「흙」은 실로 생명의 근원이다. 흙을 망치는 자는 일체를 망친다. 우리는 이제 흙으로 돌아가야 한다. 그리고 일체를 흙의 안정 위에 다시 쌓아야 한다. 흙으로 돌아가라. 흙으로 돌아가라. 흙으로 돌아가 거기서부터 새롭게 걸어 나오자. 그것만이 농(農)뿐만 아니라, 도시와 전 국민 사회를 구하는 길이다. 거기에서만 자본주의 사회를 대신해야 할 후생주의 사회가 탄생하는 것이다」(우네宇根, 44, 45쪽). 이와 같이 농본주의는 자본주의와 도시를 같은 것으로 파악함과 동시에, 「반근대」, 「반자본주의」 사상으로서 탄생한 것이라고 한다.

이러한 선배들의 사상·생각을 정리하면, 농본주의는 다음과 같은 3대 원리로 정리할 수 있다. 〈제1의 원리〉 근대화 비판·탈자본주의화라고 하는 생각, 〈제2의 원리〉 시골(在所)이 있어 나라가 있다, 내셔널리즘(nationalism)보다 패트리어티즘(patriotism)을 우위에 두며, 〈제3의 원리〉 자연에의 몰입이야말로 농민 일(百姓仕事)의 본질이라고 하는 깨달음. 〈제1의 원리〉에 대해 해설은 필요하지 않겠지만, 〈제2의 원리〉는, 시골(在所), 즉 촌락이나 지역은 역사적으로 국민국가의 성립 이전부터 존재했던 것이며, 이 시골이 청정하고 아름다운 고향으로 남아야 국가도 아름답고 풍요롭다. 패트리어티즘=애향심이 있어야 내셔널리즘=애국심도 성립한다. 이 관계가 역전되어 주객이 전도되고 있을 뿐만 아니라, 이 사실조차 잊어버리고, 혹은 눈치채지 못하게 되어 버리고 있다. 시골을 소중히 함과 동시에 애향심을 확실히 유지해 가는 것의 불가결성을 호소하고 있는 것이다. 〈제3의 원리〉는 농업은 효율성이나 생산성만으로는 말할 수 없는, 「비용 대비 효과」만으로는 측정할 수 없는 풍요한 세계를 포함하고 있어, 이러한 풍요한 세계야말로, 노동이라고 하기보다는 일의 대상이 있고, 보람을 줄 뿐만 아니라, 더 나아가 삶의 보람으로도 이어지는 것이 있다고 한다.

우네宇根는, 재차 「농업론의 상식을 뿌리부터 흔드는 것」이 필요하다며, 「농의 가치는 「식량 생산」에 있는 것이 아니라, 시골에서, 천지자연(天地自然) 아래에서, 농민으로서 살고 있는 것 자체에 있습니다. 그 농부의 삶이 바로 사회의 모태가 되고 있는 것입니다. 다시 말해 「농(農)이란 천지에 떠 있는 큰 배」인 것입니다. 이 배에는, 농부도 농부가 아닌 사람도, 생물이나, 풍경이나, 농산물도, 제사나 국가나 신도 타고 있습니다」(동, 11쪽)라고 몸소 말하고 있다.

농본주의를 「반근대」, 「반자본주의」로 규정하면, 경제학 가운데에서 농업을 위치시키는 것은 곤란해지지만, 농업이 식량생산뿐 아니라, 다양한 기능, 다양하고 본질적인 가치를 지니고 있음을 단적으로 보여주고 있어, 깊이 경청할 필요가 있다.

경쟁 원리에 맡겨서는
안 되는 경제학

마르크스가 농업을 제외하고 경제학을 구축한 이후, 기타 산업의 진전과 농업의 쇠퇴에 따라 농업의 경시가 진행되어 왔으며, 또한 자본주의를 전제로 수량계산에 기초한 정책 논의에 치중해 온 근대 경제학, 특히 신자유주의 경제학에서는 규모 확대에 의한 생산성 향상이 강조될 뿐 소농에 대해서는 도태되는 대상으로만 여겨져 왔다고 할 수 있다. 농업의 가치를 인식하면서도 방법론으로서 농업을 배제한 마르크스의 진의를 계승하지 못한 채 경제학의 정치화가 진행되어 왔다고도 할 수 있다.

이러한 방법론이 갖는 중대한 결함을 깨닫고, 경제의 정의를 재검토함으로써 경제학의 재구축을 시도한 것이 칼 폴라니이며, 폴라니는 지금까지의 경제학을 뛰어넘어 진정한 풍요란 무엇인가 하는 부분까지 거슬러 올라가 새로운 경제학이 성립할 가능성을 나타냈다고도 할 수 있다. 바꾸어 말하면 경제학의 전제로 돼 있는 것의 견해, 생각, 가치관에 대한 재검토를 요구하고 있다고 이해할 수 있다.

이에 대하여 우자와 히로후미宇沢弘文는 사회적 공통자본이라는 개념을 도입함으로써, 일반 경쟁원리의 세계에 놓이게 되는 경제와, 경쟁원리에 맡겨서는 안 되는, 경쟁원리에 맡기면 경제 자체가 존립할 수 없게 되는 언터처블한(untouchable: 만질 수 없는, 의심할 수 없는) 세계의 영역을 명확히 했다. 즉, 사회적 공통자본이라는 개념을 도입함으로써 경제를 둘로 구분하고, 일반 경제를 지탱하고 있는 불가결하고 동시에 언터처블한 세계, 사회적 공통 자본을 지켜 나가는 것을 의도하고 있다. "경제학의 횡포"에 브레이크를 거는 장치를 경제학 안에 집어넣었다고 할 수 있다. 말하자면 사회적 공통자본이라는 개념을 경제학 가운데에 도입함으로써 농업을 포함하는 지속적인 사회에 있어서 불가결한 자연환경과 사회적 장치를 경제학 가운데에 다시 자리매김한 것이 우자와 히로후미라고 할 수 있다.

또 이와이 가쓰히토岩井克人는 비자본주의적인 것이 있어야 자본주의가 성립할 수 있다고 하며, 자본주의로만 순화한 발전은 자본주의의 위기를 초래한다고 밝혔다. 모두 "경제학의 횡포"에 경종을 울리고, 경제학의 본연의 자세를 모색하면서 해를 구하고자 한 것이라고 말할 수 있다.

현재로서는, 경제학의 세계에서 농업에 대해 상응의 가치를 인정해, 그 지속을 도모해 가는 데 있어서 유력한 이론을 제공하고 있다고 생각할 수 있는 것이 우자와宇沢의 사회적 공통자본이라고 할 수 있다. 그런데 근대경제학 가운데에서 사회적 비용의 증대 등을 통해서 사회적 공통자본의 불가결성을 나타내려고 하고 있으나, 사회적 공통자본은 지킴이라고 할까 소극적인 위치 설정에 머무르고 있어, 별도의 가치를 도입함으로써 보다 적극적인 위치 설정이 필요하다고 하는 것이 솔직한 심정이다. 수량화할 수 없는 것을 적극적으로 평가해 나가는, 사회적 공통자본이라는 개념으로서는 충분히 표현할 수 없는 것, 말하자면 진정한 풍요란 무엇인가라고 하는 점까지 거슬러 올라가 구축하는 또 하나의 경제학이 있으면 좋겠다고도 느낀다. 이것은 토지·자연·환경을 자연자본으로서 파악해 가는 것에 활로가 열려 있는 것처럼도 생각되며, 말해 보자면 "자비의 경제학"이라 할까, 증여의 경제학이라고 말할 수 있을지도 모르겠다.

이러한 정리와 병행하여 기본적으로 문제시해야 할 것이, 경제학은 경제에 대한 과학·학문이지만, 현실 사회는 경제뿐만 아니라 정치, 문화를 비롯해 다방면에 걸친 영역이 있음에도 불구하고, 경제학이 모든 것을 리드하는 "경제학의 횡포"가 횡행하고, 이것이 「지금만, 돈만, 나만」이라고 하는 가치관을 리드하고 있다는 점이다. 경제학 이론으로서는 여러 가지가 있어 그렇게 하는 것이 당연하며, 제각기 정교하고 치밀하게 만들어 가는 것은 중요하지만, 요는 경제학은 자기 분수를 분별하는 것이 중요하다 할 것이다. 학자 쪽에도 문제가 있겠지만, 오히려 경제학을 받아들이고 이를 정책이나 비즈니스에 활용하는 쪽에도 큰 문제가 있고, 또 이런 상황을 비판적으로 받아들이지 않고, 거꾸로 이에 유유낙낙하게 따르고, 다수파가 정의롭다고 하는 시민·국민의 책임도 크다고 해야 한다.

경제학을 이해한 위에서, 그 "폭주"를 막고, 농업이 가지는 식량 생산에 머무르지 않고 다양하고 풍요한 가치, 은혜를 깨닫고, 이것을 감사의 마음으로 받아들여 누리고, H 씨(서문에서 언급)가 말하는 「쓰여지며 살고 있다」, 「자연이 모든 것을 가르쳐 준다」, 「자연은 거짓말을 하지 않는다」를 실감해 나가기 위해서는, 종합적인 관점에서의 배움이 불가결하고 동시에, 그것이 피와 살이 되기 위해서는 농업에의 참여, 체험을 빠뜨릴 수 없는 것이 아닌가 한다.

구조주의와 증여의 경제학

경제학에서 농업의 위상, 경제학과 농업의 관계에 대한 직접적인 고찰은 이상으로 그치지만, 이와 관련해 농업을 사회·경제·정치·역사 등과 어떻게 관계시켜 포착할 것인가, 또한 농업도 포함시킨 근대화를 어떻게 받아들일 것인가는 매우 중요한 문제가 된다. 농업과 사회·경제 등과의 관계에 대해 구조주의의 생각을, 근대화를 어떻게 받아들일지에 대해 와타나베 쿄지渡辺京二를 다루어 두고 싶다. 매우 귀중한 시사점을 주고 있다.

구조주의[12]는 클로드 레비-스트로스(Cloude Levi-Strauss)가 1955년 출간한 『슬픈 열대』를 불씨로 하여 등장해 온 것으로, 마르크스주의가 전후로 한동안 잠잠해지는 가운데, 교대로 대두된 것이다. 마르크스주의가 역사의 필연성을 주창한 데 대하여, 장-폴 사르트르(Sartre, Jean Paul)로 대표되는 실존주의[13]는, 인간이라는 존재는 원래 부조리한, 이유가 없는 것이며, 역사에 투신함으로써 역사에 참여할 수 있는 것이라고 했다. 역사에 의거하는 실존주의는 결국 허무주의에 빠질 수밖에 없으며, 인간과 사회의 본연의 자세를 역사를 빼고서 직시해야 할 것을 주장한 것이 구조주의다.

---

12 구조주의: 어떤 사물의 의미는 개별로서가 아니라 전체 체계 안에서 다른 사물들과의 관계에 따라 규정된다는 인식을 전제로 하여, 개인의 행위나 인식 등을 궁극적으로 규정하는 총체적인 구조와 체계에 대한 탐구를 지향한 현대 철학 사상의 한 경향이다. (네이버 지식백과) 구조주의 [Structuralism, 構造主義] (두산백과). -역자주.

13 실존주의: 20세기 전반(前半)에 합리주의와 실증주의 사상에 대한 반동으로서 독일과 프랑스를 중심으로 일어난 철학 사상. (네이버 지식백과).

구조주의는 역사를 부정함과 동시에 서유럽을 중심으로 하는 견해도 부정했다. 즉 사회는 단순하고 원시적인 단계로부터, 점차 복잡하고 기능적인 단계, 즉 근대를 향해 진보·발전해 가는 것이라고 하는 사고방식은 부정되며, 미개한 사회라도, 근대사회 못지않은 풍부한 정신세계가 있음을 주장했다.

이러한 시스템 안에서 증여에 착안해 경제학에 대해 주목해야 할 이론을 전개하고 있는 것이 나카자와 신이치中沢新一이다. 나카자와는 『사랑과 경제의 로고스』에서 농업에 대해 다음과 같이 언급하고 있다. 「대지와 자연이, 스스로 기뻐하고, 인간의 노동에 응해 무엇인가를 만들어 내고 있는 케이스를 실현하고 있는 것은, 오로지 농업만이 아닐까요」(나카자와中沢, 130쪽). 그리고 「농업의 노동에는, 노동으로서 그것이 아무리 괴로운 것이어도, 불가사의한 기쁨의 감각이 따라오는 것을, 많은 사람이 증언하고 있습니다. 그것은 농업노동을 하다 보면, 알게 모르게, 기뻐하며 즐거워하는 대지의 몸과 일체가 되어 있는 순간을, 체험하기 때문이지요」(동, 142쪽)라고 했다. 그 배경에 있는 것이 부의 증식은 교환의 과정에서 가져오는 것은 아니다. 또 교환 자체가 인간과 물자와의 사이에 있는 관계성을 끊어, 인간과 물자가 분리된 곳에서 작동하는 것이며, 「교환에 있어서는, 부정성(否定性)이라는 것을 매개로 하지 않으면, 물자의 유통을 통한 인간관계는 태어남」이 없음과 동시에, 「노동의 프로세스 안에는, 언제라도 부정적인 힘이 잠입해」(동, 151쪽) 온다고 하는 인식이 있다.

그 위에서 마르크스의 편지를 인용하면서, 「증여적 원리로 사람과 사람, 사람과 자연을 결합하는 사회의 모습은, 자본주의 앞에 나타날 대안적 사회에 필수 불가결한 원리이며, 거기에 도달하는 데 있어, 서유럽이 해 왔던 것처럼 증여적 원리에 입각한 사회의 형체를 시대에 뒤떨어진 것으로 몰락, 해체시키는 것만이 유일한 길은 아니라고 분명히 말하고 있습니다. 마르크스는 증여의 원리를 접목한, 고도의 산업사회는 가능하다고 생각하고 있었음을 이 편지에서 잘 알 수 있습니다」(동, 170쪽)라고 한 후, 「21세기의 『인간의 학문』에서는 지금 어떤 형태의 경제학을 아직도 미지에 속하는 이러한 전체성(인간이 행하는 행위로서의 「경제」 현상은, 교환의 원리를 중심으로 조직되어 있는 것이 아니라, 증여와 순수 증여라고 하는 다른 두 가지 원리와 서로 확실하게 결합함으로써 초래되는 전체성을 가진 운동으로 그려져야 한다고 말하고 있다. -저자주)의 일부분으로 편입된, 보다 확대된 새로운 「경제학」이라는 것을 창조해 나가야 한다」(동, 204쪽)라고 기술하고 있다.

 ## 얼리 모던이라는 시각

또한 근대화에 대해서이지만, 많은 논자 중에서, 도쿄 그리고 아카데미즘이라고 하는 세계를 떠나 주로 쿠마모토현熊本県 미나마타水俣의 땅에서 사색이 깊어져 온 와타나베 쿄지渡辺京二의 근대화론에 귀를 기울이고 싶다.

와타나베渡辺는 시민혁명 이전의 사회 상태를 「전근대」라는 애매한 규정으로 일괄하는 것에 대해 혹독한 비판을 거듭하고 있으며, 그게 아니라 「얼리 모던」으로 평가하여 바로잡아야만 적정한 평가가 가능하다는 점을 역설하고 있다. 여기서 말하는 시민혁명은 일본의 경우, 메이지유신明治維新을 가리키게 되는데, 메이지유신에 의해 일본은「전근대」인 에도 시대江戶時代[14]에서 탈출해 근대로의 걸음을 개시했다고 하는 것이 상식으로 되어 있으나, 이것을 강하게 부정하고, 얼리 모던으로 다시 파악했을 때에 비로소「시민혁명이 도입한 근대공업문명 이전의 농업사회의 풍부한 부흥발달단계를 적절히 평가해 자리매김시키는 것이 가능」하다고 말하고 있다.

이런 와타나베의 얼리 모던을 강조하는 것이 기초가 되어 있는 사고방식은, 19세기 후반부터 20세기 초에 걸쳐, 서양의 압도적 세계 지배가 확립된 것은 사실이나, 유럽과 아시아의 무역 관계에서 적어도 18세기까지는 아시아가 우위에 있었다는 관점이다. 인구 증대, 생활 리듬의 가속화, 도시의 증대, 도시시민계급의 발흥, 종교개혁, 농민봉기 등은 유럽뿐 아니라 아시아, 아프리카에서 공통적으로 볼 수 있었던 동시에 행하여진 현상으로,「근대의 출현은 서양의 전매특허가 아니라 전 세계에서 볼 수 있는 태동의 결과」(동, 144쪽)라고 말하고 있다. 그리고「어쨌든 18세기 시점에서는, 세 개의 세계경제 중 어느 것이 궁극적으로 세계를 통합할지, 선험적으로 정해져 있던 것은 아닙니다. 그런 의미에서 얼리 모던기에는, 다양한 근대의 가능성, 오늘날과 같은 서양 보편주의가 지배하는 근대가 아닌 근대가 있었을지도 모르는 가능성이 포함되어 있었을지도 모릅니다」(동, 147쪽)라는 견해는 지극히 중요한 것 같다.

이러한 인식도 근거로 하면서 와타나베는 농업 등에 대해서도 말하고 있

---

14 에도 시대江戶時代: 도쿠가와 이에야스德川家康가 세이이타이쇼군征夷大將軍에 임명되어 막부(幕府)를 개설한 1603년부터 15대 쇼군將軍 요시노부慶喜가 정권을 조정에 반환한 1867년까지의 봉건 시대. (네이버 지식백과) (두산백과). ―역자주.

는데, 「농민이나 어민의 경영은, 결코 『노동』이라고 하는 개념으로 파악되는 것은 아닙니다. … 그것은 놀이와 구별할 수 없는 인간의 생명활동 그 자체입니다. 물론 그것은 괴로움이나 고생스러움을 수반합니다만, 그 괴로움, 고생스러움은 기쁨이나 즐거움과 분리되어 있지 않습니다. 괴로움, 고생스러움은 기쁨의 대가」(51쪽)이기도 하다는 견해는 심오하다. 그리고 한편, 다음과 같이 말하고 있기도 하다. 「자연은 어쩌면 현대 문명의 총아가 되고 있는지도 모른다. 아웃도어 라이프, 야생조류 관찰, 취미농원(一坪農園), 계류 낚시. 자연은 이제는 한가롭고 돈 있는 인간에 의해 다시 발견되어, 침범되고 망쳐지고 있다. 자연과 대립하여 극한적인 인공세계를 만들어 낸 인류는, 이제 자동차라는 기동력을 구사하여, 자연을 향해 역류를 개시한 것이다. 그러나, 이렇게 재발견되면서 다시금 가치를 부여받은 자연은, 과거 인간이 그 안에서 살아야 했던 자연과는 달리, 문명화된 인간 취미의 대상일 뿐이다. 자연이 도시 주민의 현대적이고 멋진 취미일 수 있는 것은, 어디까지나 테크노로지컬한(technological: 과학기술의) 생활 기반과 장비가 있어야만 하는 것이다. 물론, 이러한 취미로서의 자연 재발견은 숲이나 강의 파괴에 제동을 거는 역할을 할지도 모른다는 점에서는, 어느 정도의 적극적 의의를 인정해도 좋을 것이다. 하지만, 이런 자연과의 「친밀감」은, 문명적인 한 징조이긴 해도, 결코 우리 인간을 자연과의 올바른 관계로 이끄는 것은 아닐 것이다」(같은 책, 65, 66쪽)라고 경종도 전하고 있어, 본질적인 동시에 중요한 지적으로서 확실히 받아들여 둘 필요가 있을 것이다.

경제학의 한계를 넘어

구조주의나 얼리 모던이라는 시점·시각을 도입해 보면, 상당히 경제학이라고 하는 세계를 상대적으로 바라볼 수 있게 되지 않을까 싶다. 특히 신자유주의적인 것으로 인식하는 방식이 극히 일면적이고 편향된 것임을 잘 알자는 것이다.

또한 여러 경제학을 개관하여 보고, '같은 경제학이다'라고 말하기는 해도 실로 다양한 경제학이 존재하고 있으며, 시대의 변화와 함께 경제학도 변화·발전하고, 새로운 경제학이 만들어져 왔음을 알 수 있다. 각각 시대를 반영함과 동시에, 사상과도 밀접하게 관련되어 있다고 할 수 있다.

경제학은 학문, 사회과학으로서, 냉정하고 철저하게 논리를 파고드는 것은 당연하다. 그러나, 생존을 확보해 가기 위해 식량안보 확립을 전제로, 자연사(自然史)의 흐름에 맡기면 쇠퇴할 뿐인 일본 농업을 어떻게 하여 유지·재생해 나갈 것인가. 이는 피해 갈 수 없는 가장 중요한 과제인 것도 분명하다. 농업문제에 대해 논할 때의 기본은, 역시 생존을 확보해 나가기 위해서는 일정 정도의 식량자급률을 확보하고, 식량의 안전보장을 확립해 나가는 것을 출발점에 두지 않으면 안 될 것이다.

그렇기 때문에 재차 경제학에 있어서 농업의 위치 설정을 확인해 나가거나, 경제학 안에 농업을 채워 가는 것이 가능한지 검증해 나가는 작업이 필요하다. 그리고 한편으로 기왕의 경제학에서는 논리적으로 농업의 충분한 평가는 곤란하다는 것을 근거로, 경제학뿐 아니라 정치적·문화적인 요소도 가미해 종합적으로 농업문제를 논하고, 일본 농업 유지를 위한 방안을 생각해 나가는 것이 필요하지 않을까 한다.

다시 되묻는
협동의 원류와 본질

「협동조합의 시대」가 아니라
「협동의 시대」

　일본 농업이 지향해야 할 방향은 지역농업임을 강조해 왔다. 이 지역농업 담당자의 기본이 되는 것은 가족농업이지만, 가족농업이라고 하는 개별경영만으로 경영의 자립과 지속적인 농업을 전개해 나가는 것은 어렵다. 가족농업이 협동하여 상호부조·연계되어야만 지역농업이 가능하고, 가족농업도 성립할 수 있다.

　이 협동에 의한 상호부조야말로 지역 커뮤니티의 핵심인 동시에, 지역 커뮤니티가 크게 상실되어 온 것이야말로 일본 농업의 최대 문제이다. "공격농업"은 규모 확대에 의한 소득증대를 촉진하는 한편, 전중(全中: 전국농업협동조합중앙회)의 사단법인화[1]나 농협·전농(全農: 전국농업협동조합연합회)[2]의 주식회사화를 비롯한 농협개혁을 집요하게 요구하고 있는데, 농협이 여러 가지 개선해야 할 점이 있는 것은 확실하지만, 기본적으로는 빗나간 것이라고 말하지 않을 수 없다. 오히려 외부로부터의 이주자나 신규 취농자를 늘려 가면서 지역 커뮤니티를 재생시켜, 지역농업을 진흥시켜 나가는 것이 중요시되고 있다고 생각한다.

그리고 이 도식은 농업 이외의 분야에서도 타당하다. 재정이 핍박해지는 가운데, 정부나 자치체의 지원은 축소될 수밖에 없고, 국민은 스스로의 책임을 지고 대응해 나가는 부분을 늘려, 가능한 한 자립해 나가는 것이 매우 중요한 과제가 되고 있다. 그런데 경제성장에 따른 도시화·일극 집중에 따른 인구의 유출에 의해서 지역 커뮤니티는 취약하게 되어 버려, 지역의 힘이 크게 저하되고 있다. 지역 커뮤니티가 튼튼해야, 비로소 각각이 서로 도우면서 자립해 나갈 수 있게 되지만, 이 중요한 지역 커뮤니티의 취약화를 무시할 뿐 아니라, 나아가 시장화·자유화와, 경제성장에 의한 소득 증대야말

---

1 전중(全中: 전국농업협동조합중앙회)의 사단법인화: 2015년의 농협법 개정으로 전국농업협동조합중앙회에 관한 규정은 폐지되고 2019년(레이와 원년) 9월 30일 자로 일반사단법인으로 이행하였다(참고로 본 책자는 2019년 9월에 출간되어 전중이 일반사단법인으로 이행하기 전에 나온 것임). 단, 이행 후에도 '중앙회'의 명칭을 계속 사용한다. 영어 표기는 Central Union of Agricultural Cooperatives 또는 JA Zenchu. https://ja.wikipedia.org/wiki/全国農業協同組合中央会 -역자주.

2 전농(全農: 전국농업협동조합연합회): 일본 전국의 농업협동조합, 경제농업협동조합연합회(경제련), 전문농협연합회(전문련)의 연합조직. 약칭은 전농, JA전농, 영문 정식 표기는 National Federation of Agricultural Cooperative. 약칭은 ZEN-NOH. 근거법은 농협법으로서, 전농은 생산자재 및 생활용품 공급, 농축산물 판매, 농업에 관한 기술개발 등을 하고 있다. https://ja.wikipedia.org/wiki/全国農業協同組合連合会 -역자주.

로 그 정부·자치단체에 대한 의존에서 벗어나게 하는 처방전이라고 하면서, 간신히 남아 있는 지역 커뮤니티마저 갈라놓으려고 하고 있다. 완전한 역요법이 전개되고 있어, 차라리 아무것도 하지 않는 것이 훨씬 더 나은 상황이다.

지금이야말로, 협동에 의한 대처, 지역의 힘이 요구되고 있다고 생각되지만, 한편으로 「협동조합의 시대」라고도 한다. 그렇지만, 이 인식만으로는 불충분하다고 말하지 않을 수 없다. 협동조합의 시대라기보다는 「협동의 시대」이므로, 이 협동의 시대를 실현해 나가기 위해 협동조합이 무엇을 해 나갈 것인지, 무엇을 할 수 있을 것인지가 물어지고 있는 것이다. 안타깝게도 일본의 현 상황이 안고 있는 문제는, 협동조합 운운하는 차원이 아니라, 한층 심각한 측면이 있다. 본질적으로는 국민 한 사람 한 사람의 생활방식이 추궁당하고 있는 것이며, 농협이 혹은 정부·지자체의 본연의 자세가 문제가 되기 이전에, 이러한 일본을 만들어 온 근원에 무엇이 있었는지, 협동의 마음을 잃어 온 일본이 무엇을 초래해 왔는지, 제대로 다시 살펴보아야 할 것이다.

 # 무사시노 대지의 개간을 성공으로 이끈 가와사키 헤이에몬

여기서 재차 협동이란 무엇인가를 생각해 가는 데 있어서 채택해 두고 싶은 것이, 가와사키 헤이에몬川崎平右衛門(1694~1767)이다. 헤이에몬平右衛門은 에도 시대 중기에 활약한 사람으로, 무사시노국武蔵野国 타마군多摩郡 오시다테무라押立村(현재의 후추시府中市 오시다테押立)의 명주(名主)[3]이며, 무사시노武蔵野[4] 대지(台地)[5]에서 이루어진 신전개발(新田開発),[6] 즉 개간을, 농민의 협동의 힘을 끌어냄으로써 이룩한 주역이다.

1707년에 지난번 동일본 대지진(2011)과 맞먹는 호에이宝永 대지진[7]이 발생했고, 이어 후지산富士山이 대폭발했다. 이 천재, 대재해의 영향으로 인한 기근의 연속적 발발과 부흥사업에 따른 막번幕藩[8] 재정의 악화로, 8대 쇼군 도쿠가와 요시무네德川吉宗에 의해 교호享保 개혁[9]이 개시되었다. 이 총책임

---

3 명주(名主): 에도江戸 시대에, 막부 직할지의 정촌(町村)의 장. -역자주.

4 무사시노武蔵野: 동경도(東京都) 서부에서 사이타마현埼玉県 가와고에川越시 부근에 이르는 평야. (민중서림 엣센스 일한사전). -역자주.

5 대지(台地): 주위보다 좀 높고 평평한 땅. -역자주.

6 신전개발(新田開発): 새롭게 개발하여 논밭을 넓히는 것. 특히 에도 시대의 그것을 말한다. 에도 시대에 어느 일정한 시기에 검지(検地: 전답측량 및 수확량 조사)를 받은 토지 이외에 새롭게 개발된 경지 또는 취락을 전답, 대지 등의 구별에 관계없이 신전(新田)이라고 총칭하며, 이 개발을 신전개발이라고 부름. https://kids.gakken.co.jp/jiten/dictionary03201739/와 https://kotobank.jp/word/新田開発-82285 -역자주.

7 호에이宝永 대지진: 에도 시대의 호에이 4년 10월 4일(1707년 10월 28일), 동해도 앞바다에서 난카이도 앞바다(북위 33.2도, 동경 135.9도)를 진원지역으로 하여 발생한 거대 지진. https://ja.wikipedia.org/wiki/宝永地震 -역자주.

8 막번(幕藩): 막번 체제란, 일본 에도 시대에 믹부의 쇼군과 지방에 사리 삼은 다이묘를 숭심으로 하는 통치 체제를 말한다. 쇼군과 다이묘는 주종 관계에 있었고, 쇼군은 다이묘에게 영지를 승인하여 이를 통해 일본을 지배하였다. (네이버 지식백과). 막번 체제[幕藩體制] (두산백과). 쇼군은 12세기부터 19세기 중반까지 존재했던 일본 무사 정부의 최고권력자를 말하며, 다이묘는 1만 석 이상의 영지를 가진 지방 영주를 일컬음. 신상목(2020), 『학교에서 가르쳐 주지 않는 일본사』. -역자주.

9 교호享保 개혁: 에도 시대 중기에 제8대 쇼군 도쿠가와 요시무네德川吉宗에 의해 주도된 막정(幕

자를 맡은 것이 오오오카 에치젠노카미타다스케大岡越前守忠相[10]로, 그 가장 중심되는 일이 무사시노 대지에서 이루어진 신전개발이었다. 그러나 그 개발이 지지부진하자, 「세습 관리가 아니라, 현장에서 부흥 사업에 임하고 있는 농민·조닌町人[11]중에서 뛰어난 인재를 발탁」한다는 취지에서 무사시노 신전 사무역으로 임명된 이가 바로 가와사키 헤이에몬이다.

원래 작물 재배에 적합하지 않은 무사시노 대지를 개량해 나가기 위해서는, 대량의 비료가 필요했지만, 농민들은 가난하여 비료를 구입할 수 없었고, 막부(幕府)[12]도 재정난으로 비룟값을 보조하기 어려웠다. 헤이에몬은 농한기에는 비료가 반값까지 하락하는 것을 보고 이때를 가늠하여 대량으로 비료를 사들인다. 한편으로 수확물은 상인의 손에 맡기지 않고, 직접 사들인다. 이렇게 해서 비료는 반값에 빌려주고, 수확물은 20% 비싸게 사들이며, 빌려준 비료 대금은 수확물로 갚게 한다. 이 일을 위한 자금은, 막부로부터 공금을 차입하여, 이를 상인들에게 빌려줌으로써, 원금에 실제 손대지 않고 상인들에게서 받은 이자를 여기에 충당하는 것을 고안·실현하였다. 또 비축 등을 추진하는 양육조합(養い料組合) 설립, 밭을 가꾸면서도 작물을 거두지 못해 마을을 떠난 농가가 되돌아왔을 때의 입회료의 대지급, 기근에

政)개혁이며, 간세이関政 개혁과 덴포天保 개혁에 버금가는 3대 개혁이다. https://ja.wikipedia.org/wiki/享保の改革 -역자주.

10 오오오카 에치젠노카미타다스케(大岡越前の神忠相): 에도 시대 중기의 유능한 관료로, 서민의 생활을 생각한 다양한 시책을 실시하였다.
    https://www.city.chigasaki.kanagawa.jp/kankou_list/event/1006905/1006920.html -역자주.

11 조닌町人: 에도 시대, 도시의 상인·장인(匠人) 계층의 사람. 특히 상인. (두산동아 프라임 일한사전 제3판). -역자주.

12 막부幕府: 쇼군이 지배하던 일본의 부시武士 정부. 바쿠후. -역자주.

대비한 곳간(秤蔵) 설치 등에 힘썼다.

이러한 노력과 병행하여, 생면부지의 사람들이 모여 만들어진 신전 마을이기 때문에, 마을 사람들은 서로 돕고, 농민들의 협의에 따라 자주적으로 사물을 판단해 추진할 수 있도록, 농민 자신이 서로 협력하는 농민조합이라고도 할 수 있는 대책을 중시했다. 기타 방법을 포함하여, 헤이에몬은 서로 돕는 마음, 협동 정신을 존중하고, 농민들의 힘을 끌어냄으로써 신전개발을 성공으로 이끌었다.

헤이에몬은 그 후, 혼덴 다이칸本田代官[13]이 되어 윤중輪中[14]으로 알려진 기소산센木曽三川[15] 치수공사에 즈음해, 또다시 오모리大森의 다이칸代官이 되어 이와미 긴잔石見銀山[16]의 재건에 힘썼다. 어느 곳이든 헤이에몬의 공적과 인덕을 기려 여러 개의 비석이 세워져 있다.

---

13 혼덴 다이칸本田代官: 혼덴本田은 에도 시대에, 조세(租稅)의 대상으로 되어 있는 논. 다이칸代官은 에도 시대에, 막부 직할 토지를 관할하고, 그곳의 민정(民政)을 맡아 보던 지방관. (민중서림 엣센스 일한사전). -역자주.

14 윤중(輪中): 저습지의 촌락·농경지를 홍수로부터 보호하기 위해 제방으로 둘러싼 지역(에도 시대에 된 것이 많음). (민중서림 엣센스 일한사전). -역자주.

15 기소산센木曽三川: 농미평야(濃尾平野)를 흐르는 기소천(木曽川) 3개 강의 총칭. https://ja.wikipedia.org/wiki/濃尾平野 -역자주.

16 이와미 긴잔石見銀山: 시마네현島根県 오오모리大森에 있던 은광. (민중서림 엣센스 일한사전). -역자주.

「무사시노의 노래가 들린다」의 진면목

합창 구성극으로 상연

필자가 가와사키 헤이에몬을 알게 된 것은, 도쿄도(東京都) 고가네이시小金井市에 있는 극단인 겐다이자現代座가 주최한 합창 구성극 「무사시노의 노래가 들린다」의 상연을 위한 시민그룹 지원활동에 참가하면서부터다. 「무사시노의 노래가 들린다」는 원래 기무라 카이木村快 씨가 각본을 쓰고 연출한 것이지만, 같은 지역에 사는 시민으로부터 「우리 지역의 이야기를 연극으로 만들어 주십사」 하는 요청이 있었고, 여기서 시작된 것이 「가와사키 헤이에몬」이었다. 그리고 시민과 프로젝트를 짜, 가와사키 헤이에몬이나 에도의 역사 등에 대해 4년에 걸쳐 연구모임을 거듭해 각본이 만들어졌다.

연구모임을 시작한 다음 해에는 동일본 대지진이 발생했다. 기무라木村 씨는 「사실은, 에도 막부가 불모지라고 불리던 무사시노 대지에 82개 촌에 이르는 대규모 신전을 개발한 이유는, 호에이寶永[17] 4년(1707) 동남해에서 대지진이 일어나 역사상 최대의 재해가 발생하여 농업을 부흥시키지 않으면 안 되었기 때문이었습니다. 한편 그 바로 앞인 겐로쿠元禄 시대[18]에는 버블 경기로 들떠 막부의 재정은 파탄에 이르렀습니다. 지금과 비슷한 일이 일어

---

17 호에이寶永: 에도 시대의 왕 히가시야마東山 때의 두 번째 연호(1704년 음력 3월~1711년 음력 4월). (두산백과). -역자주.

18 겐로쿠元禄 시대: 에도 시대의 왕 히가시야마東山 때의 첫 번째 연호(1688~1704). -역자주.

나고 있었습니다」라고 말하고 있다. 그리고 동일본 대지진으로부터의 부흥과 재정 재건을 위해 여러 가지 대책이 강구되고 있지만, 가장 부족했고 지금 가장 필요한 것이 바로 '협동의 정신', '협동의 노력'임을 간파하여 각본이 추진되었다.

극중에 감동을 주는 장면이 많이 있는데, 헤이에몬이 신전(新田) 조성 간사로 임명되어 처음으로 한, 부족한 물을 확보하기 위한 우물 파기 이야기가 그중 하나다. 우물을 팔 때「여러분, 지금부터는 마을에서 필요한 일은 에도 상인에게 부탁하지 말고, 우리 스스로 해 봅시다」라고 말하면서 절약과 자급을 호소한다.「힘이 있는 사람은 힘으로 봉사하시라. 지혜가 있는 자는 지혜를 내시오. 마음이 착한 분들은 모두에게 다정하게 대해 주시라」고 이끄는 동시에, 식량이 부족한 마을 주민들에게 노동제공량에 따라서 나누어 주고 노인과 아이들에게도 일정량의 보리를 분배한다. 이렇게 해서 우물 파낸 헤이에몬의 방식을 보고 총책임자인 오오오카 타다스케(大岡忠相)는「과연, 같은 일이라도 위에서 명령받았을 때와 스스로 하고자 할 때의 힘은 몇 배나 다른 것이로구나」라고 수긍하면서,「신전개발 건은, 헤이에몬의 주도하에 진행하는 것을 허락한다」라고 소리 높여 선언한다. 확실히 극장이라는 공간이 헤이에몬의 집념을 더 강렬히 느낄 수 있도록 만들어 주는 것 같다.

가와사키 헤이에몬 현창회 · 연구회 발족

「무사시노의 노래가 들린다」가 초연된 건 2014년이었는데, 2015년, 2016

년과 시민 그룹의 지원 활동으로 NPO현대좌(現代座)[19]에서 열리는 공연은 계속되었다. 얼마 전 JA도쿄중앙회, JA도쿄 무사시, 일본노동자협동조합연합회를 비롯하여 많은 협동조합 관계자께서도 봐주셨다.

그러한 가운데, 이 가와사키 헤이에몬이 너무나도 세상에 알려지지 않고 있어, 더욱더 널리 세상에 알려야 한다고 생각하는 사람들이 모이기 시작해, 마침내 2017년 5월에는 가와사키 헤이에몬 현창회(顯彰會)[20] · 연구회가 발족되었다. 이는 가와사키 헤이에몬을 널리 알리는 동시에, '협동'의 소중함에 대해 알리고 협동 활동을 활발히 해 나가는 것을 목적으로 하고 있다. 가와사키 헤이에몬에게 경의를 가지고 따르는 개인 및 법인을 회원으로 하여, 가와사키 헤이에몬 및 이와 관련된 협동 활동에 따른 각종 이벤트의 기획 · 개최 · 응원, 연구회 개최, 그리고 각지의 가와사키 헤이에몬 현창 단체 등과의 교류 등을 실시하는 것을 목적으로 한다. 임원 체제는 회장 · 야마다 토시오山田俊男[21](참의원[22] 의원), 부회장(가와사키 헤이에몬 연구회 회장) · 오이시 마나부大石学(도쿄학예대학 부학장 · 교수), 부회장 · 스도 마사토시須藤正敏(JA도쿄 중앙회 회장), 부회장 · 나가토 유조永戸祐三(일본노동자협동조합연합회 명예고

---

19 NPO현대좌(現代座): NPO는 Non Profit Organization의 약자로서 사회 각 분야에서 공익 등을 목적으로 설립되어 자발적으로 활동하는 비영리 민간단체를 말한다. NPO현대좌(現代座)는 연극 NPO. -역자주.

20 현창회(顯彰會): 현창은 '(공적 따위를) 뚜렷이 나타냄, 또는 그렇게 드러남'의 뜻이다. (동아새국어사전 제4판). -역자주.

21 야마다 토시오山田俊男: 일본 전중(全國農業協同組合中央会)에서 조직경영대책부장, 농업대책부장, 상무이사, 전무이사를 역임. 한국 농협에도 잘 알려져 있는 일본 농정계의 거목. -역자주.

22 참의원: 參議院. 일본의 상원. -역자주.

문), 부회장 · 이와쿠라 히데오岩倉秀夫(후추시府中市 사담회[23] 부회장 · 회장 대행),
상임위원(사무국장) · 쓰타야 에이치薦谷栄一, 상임위원(기획홍보 위원장) 키타
니 미치노부木谷道宣(키타니 워킹walking 연구소 대표) 등으로 시작하고 있다.

이렇게 합창 구성극「무사시노의 노래가 들린다」가 만들어질 때까지, 그
리고 그 공연의 개최 · 운영, 나아가 가와사키 헤이에몬 현창회 · 연구회의
발족 및 활동은 그야말로 협동 활동 그 자체라고 할 수 있다. 가와사키 헤
이에몬의 존재와 활약이 있었기에 이와 같이 파생된 활동이 가능하게 되었
지만, 가와사키 헤이에몬의 협동조합사에서의 위상에 대해서는 추후 언급
하기로 하고, 여기서는 가와사키 헤이에몬 활동의 핵심에 있는 것이야말로
「협동의 정신」,「협동의 노력」임을 간파한 기무라 카이 씨의 협동사상에 초
점을 맞추어 확인해 두고자 한다.

 # 기무라 카이의 협동사상

커뮤니티의 활성화

먼저 기무라 카이 씨를 보면, 그는 각본가, 연출가임과 동시에, NPO현대
좌의 대표이다. 현대좌의 전신은 통일극장(統一劇場)인데, 통일극장은 1965
년에 근대 가부키 희곡의 제일인자라고 여겨지고 있는 마야마 세이카真山青

---

23 사담회: 史談会. 향토의 역사, 지리를 연구하는 동호회 내지 사립연구단체. -역자주.

果를 아버지로 추앙하는 극작가이자 연출가인 마야마 미호真山美保 등이 창설한 것으로 알려진 극단 신제작좌(新制作座)에서 갈라져 시작되었다.

통일극장은, 야마다 요지山田洋次 감독이 제작한, 이와테현岩手県의 한 인구과소 마을에서 젊은이들이 극단 공연을 계획하고 성공시킬 때까지를 그린 영화 「겨레(同胞)」의 모델이 된 극단이다. 그야말로 전국의 지역을 찾아다니며 연극을 공연하는 극단인데, 지방 사람들에게 연극을 보여줌과 동시에, 지방·현장의 사람들이 상연에 대해 준비·대응을 해 나가는 것이 지역 커뮤니티의 활성화로 연결된다고 하는 생각을 바탕에 깔고 있다. 기무라 카이 씨는 통일극장 대표이기도 했다. 1985년에 통일극장에서 「고향캐러밴」과 「희망무대」가 독립해 나가면서, 남은 사람들로 재차 결성된 것이 「현대좌」로, 1990년에 명칭을 「통일극장」에서 「현대좌」로 변경하였다. 기무라 카이 씨의 연극에 대한 생각의 기본은, 「연극은 커뮤니티의 원점인 축제로부터 태어난 예능」이라는 것이며, 연극이라는 일은 예부터 커뮤니티의 원점(原點)을 떠받쳐 왔다고 하는 것이 그의 지론이다.

기무라 카이 씨가 각본·연출한 연극 작품은 「무사시노의 노래가 들린다」를 비롯해 「출항」, 「머나먼 섬」, 「바람은 고향으로」, 「별과 파도와 바람과」, 「인연을 만드는 마을」, 「약속의 물」, 「고가네이 고지로小金井小次郎」[24] 등 수두룩하다. 「먼 하늘 아래 고향」도 있는데 이는 한센병 요양소에 사는 두 여인이 걸어온 길을 다룬 낭독극이다. 연극을 비롯한 모든 작품은 현장을 무대로 하여, 거기서 열심히 살고자 하는 인간의 입으로 이야기하는데, 기무

---

24 고가네이 고지로小金井小次郎: 1818~1881. 에도 시대 후기~메이지 시대의 협객.
 https://kotobank.jp/word/小金井小次郎-498713 -역자주.

라 카이 씨는 작품을 쓸 때, 그 땅에 가서 몇 달인가 살고, 그 고장에서의 생활상을 통해 떠오르는 것을 작품으로 만들곤 한다. 작품의 스토리가 우선이어서, 이것을 현장에서 살을 붙여 검증한다고 하는 방식에는 절대로 가담하지 않는다.

이 기무라 카이 씨의 일로 잊을 수는 없는 것이, 일본의 브라질 이민사를 정리한 대작 「공생의 대지 아리안사」다. 이는 브라질 상파울루주의 아리안사라는 마을의 이민사인데, 현대좌가 1994년 브라질 공연을 하면서, 「일본계 자제를 위해 아리안사의 정확한 이민사를 남겨 두고 싶은데, 일본 측의 공적 이주 자료를 찾지 못해 어려움을 겪고 있다」는 얘기를 들었던 것에서 비롯됐다. 제2차 세계대전 전 국가정책으로 20만 명이 넘는 이주자를 브라질에 보냈지만, 그중 일본인 이주지로서는 최대였던 아리안사에 대해서, 전후, 일본계 사회에서 나온 『브라질 · 일본인 이민사』에는 전혀 언급되어 있지 않다고 한다. 아리안사는 주민자치를 기본으로 협동조합 방식에 의한 방앗간, 의료설비, 초등학교, 집회소 등을 완비하였는데도, 일본 정부의 이민정책에 대한 비판으로 인해 생긴 대이주지여서 무시당했다는 것이다. 기무라 카이 씨는 그로부터 브라질을 20여 회나 왕복하여, 「브라질에서 협동의 꿈을 꾼 일본인」이, 「국가의 이주 정책에 거역하고, 자신들의 자치로 이상의 이주지를 만들려고 투쟁한 다이쇼大正[25] 시대의 남자들」의 기록으로서 정리한 것이 「공생의 대지 아리안사」다.

---

25 다이쇼大正: 대정천황 시대의 연호(1912~1926). -역자주.

협동을 기본으로 한 네 가지 핵심

이처럼 기무라 씨는 활동의 바탕에 협동이라는 것을 항상 염두에 두었다. 기무라 씨의 협동사상을 보면, 협동을 네 가지 핵심으로 파악하고 있는 것 같다. 우선 하나는 약자의 입장에 다가서는 것을 출발점으로 하고 있다는 것이다. 앞의 「무사시노의 노래가 들린다」에서, 우물 파는 이야기를 보면, 각각 일한 만큼에 따라 보리를 나눠 주는데, 일할 수 없는 아이나 노인에게 도 일정량의 보리를 건네준다. 거기에는 「약자를 지키는 일 없이는 전체가 살아남을 수 없다」는 인식이 짙게 반영되어 있다고 생각한다. 높은 신분인 사무라이에게는 보이지 않는, 농민이기 때문에 더욱 보이는 것이 있다. 도 쿄에서는 모르는, 지방에 살기 때문에 실감할 수 있는 것이 많다. 약자가 가진 눈으로 사회를 보지 않고는 전체를 제대로 이루어 갈 수 없다는 믿음이 있음을 발견할 수 있다.

두 번째는, 협동의 근저에 자립(自立)을 확고히 두고 있다는 것이다. 다시 말하면 자립 없이는 협동이 있을 수 없다는 말이다. 「무사시노의 노래가 들린다」에서는 무사시노 신전개발이 주 테마가 되고 있는데, 그렇다면 왜, 무사시노 신전개발이 제일 중요한 과제가 되었는가. 호우에이宝永 대지진과 후지산의 분화라는 대재해가 닥쳐, 그때까지의 방만한 재정운영과 재해 대책으로 막부 재정은 궁지에 몰렸기 때문에, 이 궁지로부터의 탈출책으로 무사시노 신전개발이 필요했던 것으로, 어떻게든 성공시키지 않으면 안 되는 것이었다. 확실히 무사시노 신전개발과 버블경제와 그 붕괴, 그리고 동일본 대지진 대책이 겹쳐져 그려져 있지만, 거기서 헤이에몬의 활약을 통해 기무라 카이 씨가 호소하고 있는 것은, 「재해 대책이란, 단지 약자를 구제하는 것이 아니고, 인간이 지니고 있는 기본적인 협동력을 끌어내는 행위다」라고 하는 것이다.

자칫하면 재해 대책이 제대로 행해지고 있는지 어떤지가, 투입한 예산의 액수, 단적으로 말하면 얼마의 돈을 사용했는지로 측정되고 있는 현상에 대해서, 그것으로는 진짜 대책이 되지 않는다고 말한다. 부흥을 달성하기 위해 꼭 필요한 것은 스스로가, 그리고 지역이 자립해 나갈 수 있게 되는 것이며 그것을 위해 빼놓을 수 없는 것이 협동의 힘임을 강조하고 있다. 인간이 제대로 살아가기 위해 필요한 것이 자립이고, 자립이 있어야 돈도 돈 구실을 한다. 그 자립을 재촉해 공생 가능한 사회로 만들어 가는 데 요점이 되는 것이 바로 협동이라는 것이다.

세 번째는, 그 협동심은 주는 것이 아니라 끌어내는 것이라는 데에 있다. 인간은 본래 협동심을 가진 존재라는 인식이 여기에는 깔려 있는 듯하다. 누구나 마음속에는 협동심이 자리 잡고 있으며, 이것이 인간을 인간답게 하고 있음과 동시에, 인간의 역사라고 하는 것은 협동 행위가 계속하여 쌓여 온 것이라는 역사 인식을 갖고 있는 것은 아닐까. 이것은 누구나가 협동심을 발휘해 활동해 나갈 가능성을 내포하고 있다는 뜻이기도 하다. 그래서 희망이 있다, 희망을 버리지 말라는 얘기도 된다. 이런 협동심을 농업 현장을 잘 아는 헤이에몬이기 때문에 끌어낼 수 있었고, 신전개발을 성공으로 이끌 수 있었고, 높은 신분이었던 사무라이들은 해낼 수 없는 것이었다.

그리고 네 번째가, 중요한 것은 조직 이전에 협동심이라는 확신이다. 「조직이 먼저가 아니고 협동심이죠. 운명공동체라는 자각에서 시작하는 것이

협동입니다」.「인간이 함께 사는 것을 출발점으로 하는 협동을 나는『공생
협동』이라고 표현하고 있습니다. 공생이란 협동의 뿌리에 있는 것으로, 어
려울 때일수록 선명해집니다」라고 말한다. 조직을 만들고, 인원을 모으고,
사업량을 늘려 가는 데 협동의 본질이 있는 것은 아니다. 개개인이, 지역이
자립해 나가기 위해서 노력할 때 그때 비로소 발휘된다는 데에 협동의 본
질이 있다고 한다. 그리고 곤란에 직면하면 할수록 협동의 본질에 입각하고
있는지가 물어지게 되는 동시에, 협동은 빛을 더하게 된다고 한다.

기무라 카이의 발걸음·대처

협동조합, 협동조합 사상에 대해 이야기하는 사람은 많지만, 진정으로 공
감·공명할 수 있는 사람은 많지 않다. 그것은 그 사상이나, 생각의 심오함
이나 넓이 이상으로, 삶의 모습과 일체가 되지 않고서는 알 수 없기 때문인
지도 모른다. 내 나름대로 이해한 기무라 씨 사상의 네 가지 핵심은 기무라
씨가 살아오면서 체득하여 빚어 온 것이라고 생각한다.

그가 걸어온 길을 간추려 보면 1936년 당시 식민지였던 조선의 대구에서
태어났다. 부친은 건설 관계의 일을 하고 있었는데, 군 소집을 받았고 이오
토硫黃島에서 전사하였다. 그리고 패전이 되어 모친과 형제 5명이 후쿠오카
현福岡県의 탄광마을로 가, 거기서 살게 되었고, 그다음 해에는 장남인 기무
라 씨만이 조부가 있는 히로시마広島로 갔다.

그는 원폭으로 잿더미가 되어 교사도 없고 교과서도 없는 가운데 초등학
교 시절을 보낸다. 1947년에 교육기본법이 제정되어 중학교가 의무 교육이

되었는데, 그다음 해인 1948년에 신제 중학교에 입학했다.

중학교를 졸업하고 어떻게든 살아가기 위해 정시제(定時制)[26] 고등학교에 다니면서 목수, 그리고 날품팔이 공사 인부로 일하며, 50kg의 시멘트 포대를 한꺼번에 두 자루씩 짊어졌다고 한다.

식민지에서 태어나 자라고, 전쟁으로 아버지를 잃고, 종전의 혼란 속에서 목숨만 건져 배로 일본으로 건너와 국민학교(초등학교)에서 교육을 받았지만, 완전히 바뀐 신제 중학교에 들어가고, 더군다나 살아가기 위해 정시제 고등학교에 다니면서 어른들과 어울려 막노동을 하며 식비를 자력으로 확보해 왔다. 전전·전중·전후(戰後)의 동란·혼란 속에서 고통스럽게 살아와, 그야말로 몸으로 전전·전중·전후의 변화를 느껴 왔다고 할 수 있다.

또한 토목작업으로서는, 원폭터를 정비하여 평화공원 조성도 하였다. 그 작업을 위해 일하는 일본인들은, 같은 일을 하는 많은 조선인과 전혀 어울리려 하지 않고, 언제나 일본인 자기들끼리만 뭉쳐 있던 모습을 잊을 수 없다고 한다. 또 평화공원으로 조성·정비하기 전에 있었던 원폭으로 사망한 많은 조선인을 애도하는 위령비가, 평화공원이 만들어지면서 철거되어 버리고 일본인만을 위령하는 평화공원이 되어 버리고 만 것, 덧붙여 말하면 조선에서 일본으로 돌아와 학교에 다니기 시작했을 때에, 자신은 일본인인데 동급생으로부터는 「조센징, 조센징」이라고 놀림을 받고, 함께 놀아 주지 않았던 일도 기무라 씨로부터 들은 적이 있다. 이러한 경험·체험이, 일본인이란 무엇인가를 생각하게 해, 기무라 씨를 일본인이면서도 일반 일본인

---

26 정시제(定時制): 농한기·야간 등 특별한 시간·시기에 수업하는 학교 교육제도 ↔ 전일제(全日制), 통신제. (두산동아 프라임 일한사전). -역자주.

과는 다른 시선을 가지게 한 것은 상상하기 어렵지 않다.

기무라 씨는 정시제 고교 3학년 때, NHK 주최 「청년의 주장 전국 콩쿠르」대회에 출전하여, 여기서 1위를 했다. 그러나 이 수상으로 「일용직 노동자 청년이 문부대신(교육부 장관) 장려상」을 받았다고 하는 점에서, TV가 없던 시절, 신문·라디오에서 화제가 되면서, 필요 이상으로 대접받는 데 불편함을 느껴, 고교를 중퇴하고 도쿄로 향하게 된다. 이것은 정말 기무라 씨다운 이야기로, 내가 기무라 씨는 진짜라고 마음속 깊이 생각하는 큰 이유의 하나가, 기무라 씨가 가지는 이러한 감수성이다. 스스로에 대하여 겸허할 뿐이며, 남 앞에 나서는 것을 좋아하지 않는다.

상경하고 나서 후카가와深川에서 일용직 일을 계속하고 있었는데, 어느 날 친구가 「극단에 놀러 가지 않겠느냐」고 권해 우연히 극단 신제작좌(新制作座)를 찾게 된다. 거기서 극단의 스태프가 무대에서 사용하는 소품을 만들고 있었는데, 그것이 잘 되지 않았다. 그는 보다 못해 손을 내밀어 도와주었는데, 솜씨를 보이고, 또 목수 경험도 있어 스태프의 권유로 극단의 심부름을 하게 된다. 무대 뒤에서 스태프 일을 하다가 극단을 주재하고 있는 마야마 미호真山美保 씨의 권유로 극단에 합류한다. 그리고 머지않아 신제작좌가 창설한 연극연구소의, 빈자리를 채우는 보결로 들어가게 되었지만 연구생이 되어, 연극뿐만이 아니라, 철학을 비롯한 사회과학에 대해 대학교수를 비롯한 초일류라고 할 수 있는 사람들로부터, 극히 적은 인원수로 거의 맨투맨에 가까운 교육을 받게 된다.

극단에 입문한 게 1959년인데, 그 후 안보투쟁[27]의 여운이 계속되고 어수선한 분위기가 역력한 가운데, 극단원들도 연극 이상으로 정치에 열중하는 경향이 있어, 「뒤에서 기무라가 선동하고 있는 게 아니냐」는 혐의를 받고, 1964년 도쿄올림픽 무렵에 해고된다. 그 바로 뒤에는 70명이나 되는 극단원이 당일 해고된다. 모두가 우왕좌왕하는 가운데 10대 때부터 홀로 살아온 기무라 씨가 생활 등을 조언하고, 신제작좌 노동조합의 상부단체인 무대예술가조합과 영화연극총연합에 실정을 털어놓고 말하는 가운데, 「심부름꾼」으로서 기무라 씨는 실업자(失業者) 집단의 대표로 추대된다. 그러다 1965년 통일극장을 설립하게 되고, 55년이 지나 현재에 이르고 있다.

극작가 · 연출가이기도 한 기무라 씨가 각본을 쓰기 시작한 계기도 특이하다. 저명한 시나리오 작가인 야마가타 유사쿠山形雄策 씨에게 통일극장에서 공연할 각본의 집필을 의뢰하러 갔더니, 「극단이라고 하는 것은 말이지, 전속 작가를 가지지 않으면 진정한 일은 할 수 없다네. 다른 사람에게 부탁하기보다 스스로 써라」, 「기술이 있느냐 없느냐가 문제가 아니다! 해야 할 일이냐 아니냐가 중요하다. 연극의 세계에서 7년이나 밥을 먹고 있다면, 대본 그리는 법 정도는 알 수 있는 것 아니냐」는 일갈을 당하고, 결국은 스스로 각본을 쓰기 시작한다. 그 야마가타山形 씨에게 4번째의 원고를 읽어 주었을 때 야마가타山形 씨가 나지막하게 말한 「너는 서민을 그릴 수 있겠구

---

27 안보투쟁: 미일안전보장조약 개정 반대 투쟁의 준말. 1959년부터 1960년, 1970년 두 차례에 걸쳐 일본에서 행해진 미일안전보장조약(안보조약)에 반대하는 국회의원, 노동자와 학생, 시민 및 비준 그 자체에 반대하는 좌익과 신좌익 운동가가 참가한 반정부, 반미 운동과 그에 따른 대규모 데모 운동이다. 자유민주당 등 정권 측에서는 「안보 소동」이라고도 불린다. https://ja.wikipedia.org/wiki/安保闘争 -역자주.

나. 요즘 세상에 서민을 그릴 수 있는 작가는 없어」라는 평이 자신감을 주었음과 동시에, 그 후 커다란 마음의 버팀목이 된 것 같다.

협동사상을 알기 위하여

이러한 기무라 씨의 파란만장한 삶, 그리고 대일본제국에서 피점령국 일본으로의 전환이라는 시대의 격변, 그러한 가운데 인간 그리고 일본인을 바라보아 온 것이, 작품을 만들어 냄과 동시에 협동사상을 숙성시켜 결정(結晶)화시켜 왔다고 말할 수 있다.

지금, 기무라 씨는, "마지막 작품"을 구상 중이지만, 이와 병행하여 지금까지의 작품을 쓰기 위해 모았던 방대한 자료의 아카이브즈(archives)[28]화와 함께, 도쿄·고가네이시小金井市에 있는 현대좌회관(現代座会館)이라고 하는 "그릇"을 다음 세대에 배턴터치 해 나가는 것이 과제로 되고 있다. 그리고 스스로가 체감해 온 전전·전중·전후의 역사를, 그림연극[29]을 사용하면서 전달할 기회도 마련하기 시작했다.

필자도 미력하나마, 기무라 씨의 작품과 동시에, 그 살아온 귀중한 경험에 대해서도 알림과 함께, 협동 사상을 피부로 이해하고 현장을 움직여 가는 젊은이들을 길러 가고 싶어, 현대좌회관을 사용해 「유쾌한 학교(快塾)[30]」

---

28 아카이브즈(archives): 아카이브는 소장품이나 자료 등을 디지털화하여 한데 모아서 관리할 뿐만 아니라 그것들을 손쉽게 검색할 수 있도록 모아 둔 파일. (네이버 국어사전). -역자주.

29 그림연극: 가미시바이紙芝居. 하나의 이야기를 여러 장의 그림으로 구성하여 한 장씩 설명하면서 구경시킴. (민중서림 엣센스 일한사전). -역자주.

30 (快塾): 쾌숙. 숙(塾)은 자제를 모아 가르치는 사설 학교, 학원. 따라서 쾌숙은 '유쾌한 학교'로 번역

를 열고 있다. 최근 집사람이 장인 장모님 개호(간병)를 위해서 나가노長野에 머무는 일이 많아지면서, 1년에 2, 3회, 부정기이긴 하지만, 협동조합 관계자나 지역의 농업인 리더, 여기에다 후술하는 「이야기꾼」에게도 와 달라고 해서, 매번 5, 6명과 술잔을 기울이면서 기무라 씨가 자유롭게 떠올리는 이야기를 듣는 모임을 열고 있다. 가와사키 헤이에몬이 그 정도의 공적을 올렸으면서도 너무나 알려져 있지 않듯이, 기무라 씨를 아는 사람도 한정되어 있는 것이 현실이다.

가와사키 헤이에몬뿐만 아니라, 기무라 씨를 더 알아주었으면 한다. 그의 작품과 동시에, 그의 작품 바탕에 깔려 있는 협동 사상을 알리는 것도 내 자신의 중요한 역할 중 하나라고 받아들여 '유쾌한 학교(快塾)'를 개최하고 있다. 협동조합에 대해 이야기하는 사람이 적지 않지만, 지금 이 시대에 필요한 진짜 협동 사상을 말할 수 있는 몇 안 되는 사람이 기무라 카이 씨라는 것이 솔직한 나의 생각이다.

 ## 협동조합의 원류

가와사키 헤이에몬의 활약을 그린 「무사시노의 노래가 들린다」로부터, 가와사키 헤이에몬 그리고 그 각본가 · 연출가인 기무라 카이 씨에 대해 언급하였다.

하였다. -역자주.

가와사키 헤이에몬에 대해서는 협동조합 관계자도 포함하여 모르는 사람이 대부분으로, 그 연고지에 사는 몇 안 되는 사람만 알고 있는 실정이다. 니노미야 손토쿠二宮尊徳나 오오하라 유가쿠大原幽學는 일본 협동조합의 원류로서 어느 정도 알려져 있기는 하지만, 원래 협동조합이라는 이념·구조 자체가 유럽에서 도입된 것이라는 인식이 강한 것이 실정이 아닐까. 일본에서의 협동조합 역사에 대해 다시 한번 확인해 보기로 한다.

1900년(메이지 33년)의 산업조합법 성립으로 일본에서 협동조합 역사의 문은 열렸다고 여겨진다. 이 산업조합법의 성립에 크게 관여한 사람이 시나가와 야지로品川弥二郎이며 히라타 도스케平田東助이다.

산업조합법 성립까지는 우여곡절이 있어, 1891년 내무성에 의해 「신용조합법」안이 제국의회(帝国議会)에 상정되었으나, 중의원이 해산되고 귀족원[31]도 정회되면서 심의가 완료되지 않아 폐안되었다. 이때 시나가와品川는 내무 장관, 히라타平田는 법제국 국장이었다. 이들은 독일 유학 중 보고 들은 슐체Shulze계 신용조합을 모델로 신용조합법을 입안한 것이다.

이에 대해 제국의회에서 있었던 논전과 병행해 전개된 것이 농상무성과 농학회로부터 나온 반론이었다. 독일 슐체Shulze계 신용조합은 ① 조합구역을 제한하지 않고, ② 단기융자를 원칙으로 하며, ③ 임원에게는 봉급·상여를 부여한다. 이에 반해 라이파이젠Raiffeisen계는 ① 한 명이 두 개 이상의 조

---

31 귀족원: 貴族院. House of Peers는 근대 일본 제국의 의회로, 입법부 주축의 하나이며 일본 제국 헌법에 따라 세워진 일본 제국의회 중 하나였다. 1890년 11월 29일부터 일본국 신헌법이 발효된 1947년 5월 2일까지 존재했다. 양원제에서는 상원 격이었다. 구성원은 일본 제국의 귀족원 의원으로 이루어진다. 소재지는 도쿄였다. https://ko.wikipedia.org/wiki/귀족원_(일본) -역자주.

합에 가입 금지, ② 지분제를 배제하고 이익 배당은 하지 않는다, ③ 대출금은 장기대출로 한다, ④ 대출은 대인신용으로 하며 덕을 기르는 것을 목적으로 한다, ⑤ 회계를 제외한 임원을 무급제로 한다, 등을 원칙으로 한다. 농촌진흥을 주안점으로 한다면 도시신용조합형의 슐체계 신용조합은 부적절하며, 라이파이젠계여야 한다고 했다.

1897년 다시 농상무부로부터 슐체계 원칙에 충실했던 신용조합법안에, 라이파이젠Raiffeisen계 원칙을 포함한 산업조합법안이 상정됐다. 이 법안도 심의가 완료되지 않아 성립되지 않았지만, 그 후에도 끈질기게 활동이 쌓여 1900년 2월에 제1차와 거의 같은 내용으로 여겨지는 제2차 산업조합법안이 상정되어 귀족원을 통과, 성립한 것이었다.

어쨌든 일본의 협동조합은 독일을 모델로 만들어졌다. 그 독일은 영국에 뒤처져 산업혁명이 진전되었으며 영국을 참고로 하여 협동조합이 구상되었다. 그런 의미에서는 일본 협동조합의 원류는 영국의 로치데일공정개척자조합(Rochdale Society of Equitable Pioneers)에 있다고 보는 견해도 가능하다.

 # 일본 독자적인 협동조합운동의 시조

그런데 1900년 산업조합법 통과 이전인 1884년 다업(茶業)조합 준칙, 1885년 잠사업조합 준칙이 마련됐다. 또한 조합 제사[32]의 시초는 1877년으

---

32 제사: 製糸. 고치나 솜 따위로 실을 만드는 일. -역자주.

로 추정되며, 그 전후에 각지에서 보덕사[33]가 결성되기도 하였다.

이처럼 산업조합법 성립 이전부터 일본에서도 협동조합적 활동은 필요에 따라 전개되어 왔으며, 로치데일 공정개척자조합을 원류로 하는 흐름과는 별도로, 일본 독자적인 흐름이 존재하며, 이 흐름 위에 산업조합법에 의해 유럽식 협동조합운동이 합류·접목되고 발전하여, 세계에서도 최대의 협동조합국이라 일컬어지는 현재의 융성함이 이루어지게 되었다고 보는 것이 실태에 부합한다고 할 수 있을 것이다.

일본의 독자적인 협동조합 운동의 시조로 꼽히는 사람이 니노미야 손토쿠이며 오오하라 유카쿠이다.

니노미야 손토쿠(1787~1856)에 대해서는 새삼스럽게 소개할 필요도 없지만, 그는 사가미국相模国[34] 아시가라군足柄郡 가야마栢山(현재의 오다와라시小田原市 가야마栢山) 출신으로 지성(至誠)[35]·근로(勤勞)·분도(分度)[36]·추양(推讓)[37]의 네 개 강령을 기본으로, 오다와라번小田原藩 이에노부家老服部 가문을 시작으로 하는 재정개혁과 농촌 부흥운동을 지휘한 사람이며, 일본 최초

---

33 보덕사: 報德社. 에도막부 말기의 사상가 니노미야 손토쿠二宮尊德의 가르침을 실현하기 위해서 후계자들이 에도막부 말기부터 메이지 초기에 걸쳐 조직한 결사. 이후 제2차 세계대전 전까지 여러 번의 농촌공황 때마다 정부의 지지를 받아 정신운동, 경제운동을 활발히 벌였다. 근검 등 덕목의 교화를 통해 농촌의 정신적 동요를 막음과 동시에 각종 치수사업, 농업개량사업, 농업기술지도, 나아가 신용조합운동까지 실시하였으며 농촌의 실제적인 사회적·경제적 조직화에도 공헌하였다. https://kotobank.jp/word/報德社-132371 -역자주.

34 사가미相模: 옛 지방의 이름. 지금의 가나자와현神奈川県 일대. (네이버 일본어사전). -역자주.

35 지성(至誠): 지극한 정성. -역자주.

36 분도(分度): 분한(分限). (보기보다는) 쓸 양이 있다. (동아새국어사전 제4판). -역자주.

37 추양(推讓): 남을 추천하고 자기는 사양함. (동아새국어사전 제4판). -역자주.

의 경영 컨설턴트라고도 일컬어지고 있다. 그의 제자인 오카다 사헤이지岡田佐平治가 도오토미노쿠니遠江國 보덕사(報德社)를 설립한 것을 시작으로 도덕과 경제의 조화를 중심으로 하는 협동적 결사체인 「보덕사(報德社)」가 각지에 널리 퍼졌으며, 이것이 일본 협동조합의 선구적 조직으로 여겨진다. 얼마 전까지는 초등학교의 교정이라면 니노미야 킨지로二宮金次郎[38]의 석상이 놓여 도덕 교육의 교재로 여겨지는 등, 약간 신격화되어 왔다고도 말할 수 있다.

또 오오하라 유카쿠大原幽学(1797~1858)는 오와리번尾張藩에서 태어났지만, 각지에서 유랑하다, 보소오사베촌房総長部村에 초대되어 역시 도덕과 경제의 조화를 기본으로 하는 세이가쿠性學를 설파하고 실천에 힘썼다. 「선조주(先祖株)조합」을 만들어 마을 주민들은 소유지의 일부를 제공하고, 이로부터 나오는 수익으로 곤궁한 사람들의 지원, 토지개량, 농지개척을 추진하는 등 농민들이 서로 협력하여 자활할 수 있도록 유도함으로써 농촌진흥의 성과를 올렸다.

---

38 니노미야 킨지로二宮金次郎: 니노미야 손토쿠二宮尊徳. 자필문서에서는 긴지로로 서명하고 있는 경우가 많음. https://ja.wikipedia.org/wiki/二宮尊徳 -역자주.

촌락공동체에 있는 협동의 지혜

촌락공동체의 성립

니노미야 손토쿠나 오오하라 유카쿠는 19세기 전반인 에도 후기에 활약한 사람들인 데 비해, 앞서 언급한 가와사키 헤이에몬(1694~1767)은 18세기 전반인 에도 중기에 활약하여, 일본협동조합운동의 시조로 여겨지는 니노미야 손토쿠나 오오하라 유카쿠보다 약 100년 거슬러 올라가게 된다. 이러한 가와사키 헤이에몬의 존재는 전국에는 아직 알려지지 않은 제2, 3의 가와사키 헤이에몬이 존재하고 있음을 예상케 하는 동시에, 협동의 역사도 상당히 거슬러 올라갈 수 있음을 시사하고 있다고 볼 수 있다. 이에 대한 나의 견해를 먼저 밝혀 두면, 인류의 발생 이래, 인간이 단독으로 생존해 나가는 것은 어려우며, 서로 도와 가면서 직면하는 어려움에 대처함으로써 생존을 가능하게 하여 세대를 이어온 것으로, 기본적으로 인간은 상호부조적인 존재라고 생각한다. 이를 바탕으로 한 위에서, 근세·에도 시대 이후, 그리고 그 실마리는 중세에 열린 것으로 생각되지만, 촌락공동체를 형성해 나가는 가운데, 생산하고 함께 살아가기 위한 지혜가 협동 활동으로 진화·풍토화되어 온 것으로서, 니노미야 손토쿠나 오오하라 유카쿠, 나아가 가와사키 헤이에몬도 이 지혜를 살려, 독자적인 표현으로 전개해 온 것으로 이해된다.

촌락공동체의 성립을 촉진시킨 커다란 요인은 소농의 자립이었으며, 이를 가능하게 한 것이 경지의 증대였다고 생각된다. 소농은 부부에 의해 형성되는 일부일처 소가족이 자립한 것으로서 농민 경영의 기초단위가 되는 것이지만, 그때까지는 방계가족까지 포함한 복합 대가족이 하나의 가구이자 경영체였다. 대량으로 소농경영이 이루어지면서 촌락공동체가 형성되고, 또 소농의 경영은 동족(同族)그룹과 함께 촌락공동체가 뒷받침하게 된다. 그 자립 경영을 영위하는 소농이 태어난 것은 새로 일군 논 개발로 경지가 비약적으로 늘어났기 때문이고, 경지의 증대와 함께 인구도 증대하면서 소농이 대량으로 만들어지게 되었다.

일본열도의 경지개발은, 고대의 조리제[39] 시행기, 전국 시대(戦国時代)[40]부터 에도 시대 전기,[41] 메이지明治 30년대[42]라는 3가지 획기적인 시기를 가지고 있다고 한다(사토佐藤 · 오이시大石, 30~31쪽). 특히 전국 시대부터 에도 시대 전기는 일본 역사상, 유례없는 「대개척의 시대」였다고 한다. 「팍스 도쿠가와나」(도쿠가와에 의한 평화)에 따라, 교통과 수송망이 정비됨과 동시에, 전란 속에서 갈고 닦여 온 토목기술이 치수, 수리를 위해 적극적으로 활용된 점이 크고, 「군사적 기술의 평화적 이용이야말로, 근세 전기(前期)의 대규모 경지 조성과 농업 생산 안정에 결정적인 역할을 했다」(기무라木村, 144쪽)고 한다. 가와사키 헤이에몬川崎平右衛門에 의해 이루어진 무사시노 신전

---

39 조리제: 条里制. 일본 고대의 토지 구획법(大化改新 때 행하여졌음). 대화개신은 아스카 시대인 대화 원년(645)에 단행된 중앙집권화 등의 국정개혁. (민중서림 엣센스 일한사전) 등. -역자주.

40 전국 시대: 戦国時代. 일본에서 오년의 난 이후 오다 노부나가가 천하통일에 나서기까지 약 1세기 (1493~1590). (두산동아 프라임 일한사전 제3판). -역자주.

41 에도 시대: 에도 시대는 1603~1867년. -역자주.

42 메이지明治 30년대: 메이지는 명치천황(明治天皇) 시대의 연호(1868~1912). 따라서 메이지 30년대라 함은 메이지 30~39년인 1898~1907년 기간을 의미. -역자주.

개발은, 에도 시대 전기까지의 상대적으로 조건이 좋았던 곳에서의 새로운 논 조성이 끝난 후의, 남겨진 조건이 나쁜 곳을 에도江戶 중기에 가서 한 신전 조성이 된다.

그리하여 촌락공동체에서 자치 형성에 결정적 작용을 한 것이 병농분리였다. 전국 시대(戰國時代)부터 에도 시대 전기에 걸친 신전 조성으로 많은 수의 소농이 만들어졌는데, 소농은 중세[43] 이래 자생적으로 발생했다고 한다. 또한 병과 농도 어느 정도 분리되어 있었다고 하는데, 태합검지(太閤檢地)[44]와 가타나가리刀狩,[45] 에도 시대 들어서 생긴 다이묘의 전봉(轉封: 영지 바꾸기)에 따라 병농분리가 현격히 진행하게 된다. 토지대장의 일종인 검지장(檢地帳)[46]에 (조세를 부담하는 농민인) 명청인(名請人)[47]으로서 등록되어 연공과 백성역(百姓役)을 부담하는 사람이 백성(농민), 연공을 징수해 군역을 부담하는 사람이 무사로 여겨지는 것으로, 특히 검지(전답 측량 및 수확량 조사)는 병농분리를 크게 진행시키고, 여기에는 상농(商農)분리도 더해져 무

---

43 중세: 일본사에서는 가마쿠라鎌倉(1192~1333) · 무로마치室町(1334~1467)시대를 의미. 中山良昭, 『일본사』. -역자주.

44 태합검지(太閤檢地): 도요토미 히데요시豊臣秀吉가 일본 전역에서 실시한 검지(전답 측량 및 수확량 조사), https://ja.wikipedia.org/wiki/太閤検地 -역자주.

45 가타나가리刀狩: 일본 역사에서 무사 이외의 승려나 농민 등으로 하여금 무기 소유를 포기하게 만든 정책. https://ja.wikipedia.org/wiki/刀狩 -역자주.

46 검지장(檢地帳): 검지(전답 측량 및 수확량 조사)의 결과를 적은 토지대장. (민중서림 엣센스 일한사전). -역자주.

47 명청인(名請人): 에도 시대, 영주로부터 경작지의 소지(所持)를 인정받아, 연공(年貢: 장원영주 · 봉건영주가 농민에 부과한 조세) 부담자로서 검지장에 그 이름이 등록된 농민.
https://dictionary.goo.ne.jp/wor/https://dictionary.goo.ne.jp/word/名請人/

사들과 함께 상인들도 대거 (성 주위에 조성된 상업지역인) 조카마치城下町[48]로 이주해, 비농업적인, 즉 도시적 요소의 상당 부분이, 촌락에서 분리되어 조카마치로 집중된다.

따라서 무사가 없어진 마을에서는 촌락공동체를 기초로 한 자치가 전개되는데, 검지에 의해 소농도 공적인 존재로서 자리매김되는 동시에, 경영의 지속성·안정성을 확보하게 된 것은 중요하다. 넓은 지역에서 막대한 재해, 흉작, 기근 등의 피해를 입은 경우에는, (무사정부인) 막부나 (지방영주인) 다이묘가 돈이나 곡물을 시여(施與: 남에게 거저 물건을 줌)하는 등의 구조 활동이 이루어졌지만, 기본적으로는 마을의 자력 구제와 상호부조에 맡겨졌다 (와타나베渡辺, 136쪽). 에도 시대의 마을(村)은 「영주가 존재하지 않는 순수한 생산자 집단」(사토佐藤·오이시大石, 92쪽)이라고도 불리는 이유다.

촌락공동체와 자치 풍토

그런데 이렇게 형성되어 온 촌락공동체인 마을(村)은 어떠했을까? 지금과 어느 정도 차이가 나는지 많은 흥미와 관심이 가는데, 와타나베 다카시渡辺尚志의 『백성의 힘』에 따르면 18~19세기에 촌고(村高: 마을 전체의 미곡수확량[49]) 400~500석, 경지면적 50정보(약 50ha), 인구 400명이 평균이다(와타나

---

48 조카마치城下町: 성시(城市), 제후의 거성(居城)을 중심으로 해서 발달된 도읍. (민중서림 엣센스 일한사전). 성 주위에 조성된 상업지역. 『학교에서 가르쳐주지 않는 일본사』(신상목 저). -역자주.

49 미곡수확량: 원문에는 석고(石高)라고 표기되어 있는데, 일한사전에 의하면 "특히, 에도 시대에, 쌀로 지급하던 무사 녹봉의 분량"이라고도 풀이되어 있음. -역자주.

베渡辺, 18쪽). 1석은 180ℓ로 약 150kg, 2.5표(俵: 가마)로, 10a당 생산량은 약 2.5표이다. 이러한 마을이 전국에서 겐로쿠元禄[50] 10년(1697)에 6만 3,276개, 덴포天保[51] 5년(1834)에 6만 3,562개가 있었다고 한다(동, 18쪽). 현재 있는 시정촌(市町村: 우리의 시읍면과 비슷)의 수가 전국에 약 1,700개소가 있으므로, 단순하게 나누면 1시정촌에 37개 정도의 마을이 있는 셈이 된다. 현재 있는 「오아자大字」[52]는 에도 시대의 마을을 계승하고 있는 경우가 적지 않다고 여겨지므로, 대략적인 이미지를 가지는 것은 가능할 것이다.

이와 관련하여 토지소유에 대해서도 살펴보면, 토지는 막부·영주와의 중층적 관계하에서, 절대적·배타적인 소유권을 갖는 것이 아니라 「하나의 토지에 대한 소유자는 한 명이 아니라, 농민·마을(村)·동족그룹·영주(무사) 등 복수의 사람 및 집단이, 중층적으로 관계하고 있었다. … 권리 관계를 달리하면서, 각각이 소유 주체로서 관련되어 있었다」(와타나베渡辺, 80쪽)고 여겨진다. 달리 말하면, 「공동 소유와 개별 소유가 서로 중첩된 듯한 에도 시대의 소유 형태」(와타나베渡辺, 79쪽)로서, 경지, 산야, 저택지 등 전체가 마을의 영역으로 여겨져, 마을의 통일적 관리하에 놓여 있었다고 할 수도 있다.

아울러 지주와 소작인이라고 한 신분·질서 등에 대해서도 보면, 우선 백성(百姓)에 대해서인데, 「농업을 경영하면서 다른 업에도 종사하는 사람들

---

50 겐로쿠元禄: 東山天皇 시대의 연호(1688~1704). (민중서림 엣센스 일한사전). -역자주.

51 덴포天保: 仁孝天皇 치세의 연호(1830~1844). (두산동아 프라임 일한사전). -역자주.

52 오아자大字: 일본의 말단 행정 구획의 하나(町·村 아래로 몇몇 고아자小字를 포함하고 있음). (민중서림 엣센스 일한사전). -역자주.

이 백성」이라고 불렀다(다나카田中, 34쪽). 또한 「백성이란 일단 토지를 소지하여 자립적인 경영을 영위하며, 영주와 마을에 대해 연공(年貢)[53]·역(役) 등의 부담을 완수하고, 마을과 영주 쌍방으로부터 백성으로 인정받는 사람에게 부여되는 신분 호칭」이었다(와타나베渡辺, 57쪽). 마을(村)의 구성원은 (자작농과 비슷한) 본백성(本百姓)[54]과 (농업노동자로 볼 수 있는) 미즈노미水呑백성[55]으로 크게 나뉘는데, 이는 17세기 후반에 신전개발이 정점에 달함으로써, 농민인구가 부양능력을 웃돌게 되면서 발생한 것이다.

다시 말해 계속 증가해 온 경지면적의 한계는, 마을에 거주할 권리로서의 농민의 칭호를 보증한 본백성 권리(株)[56]의 고정화를 가져와 차남이나 삼남의 분가나 비혈연 분가 등에 의한 신규 농민의 출현을 제한하게 되어(사토佐藤·오이시大石, 96쪽), 미즈노미水呑백성의 발생을 초래하게 되었다. 본백성은 논밭을 측량하여 면적·경계·수확량 등을 검사하는 검지 대장에 이름이 올려지고, 자립 가능한 고청지(高請地)[57]와 저택을 소지하고 막번(幕藩) 영주에 의해 기본적인 연공 부담자로 여겨졌으며, 촌락 내에서는 촌장이 소

---

53 연공(年貢): 옛날, 전답·저택·토지 등에 해마다 부과하던 조세. (두산동아 프라임 일한사전). -역자주.

54 본백성(本百姓): 에도(江戸) 시대에 논밭·가옥을 소유하고 영주에게 직접 연공(年貢)을 바칠 수 있던 자영(自営) 농민. 상층농민. (두산동아 프라임 일한사전). -역자주.

55 미즈노미水呑백성: 에도 시대 농민 신분의 하나. 논밭을 소유하지 않은 최하층의 농민. 소작농. 날품팔이 농민. -역자주.

56 본백성 권리(株): 여기서 주(株)는 에도 시대의 관허(官許) 또는 규약(規約)에 의해 특히 제한되던 영업의 권리. (두산동아 프라임 일한사전). -역자주.

57 고청지(高請地): 에도 시대에 검지장에 등록되어 연공부과의 대상이 된 경지(전답) 및 저택지를 말함. https://kotobank.jp/word/高請地-92500 -역자주.

집하여 개최한 백성의 집회(村寄合)에 참가할 자격을 가진 농민으로 여겨졌다. 이에 반해 미즈노미水呑는 영세한 전답밖에 소지하지 않았으며, 촌정에의 참가는 인정되지 않아 본백성과는 신분적으로 구별되었다(사토佐藤·오이시大石, 95쪽).

마을(村) 운영은, 촌청제(村請制)[58]에 의해 이루어졌다. 즉 촌은 자치조직이므로, 연공을 연대책임으로 납부하도록 되어 있었다. 연공은 검지에 의해 석고(에도 시대에, 쌀로 지급하던 무사 녹봉의 분량)가 결정된 전답과 저택에 대해서 부과되었는데, 각 백성이 부담하는 구체적인 연공에 대해서는, 영주는 기준을 제시할 뿐이며, 마을이 이것을 결정하였다(와타나베渡辺, 119쪽). 이 때문에 명주(名主), 조장(組頭),[59] 백성대(百姓代)[60] 등 마을 3역이 선출되고, 명주는 마을 공무 담당자의 장으로서 마을 일(村政) 전체에 책임을 졌다. 따라서 흉작이나 경영파탄 등에 의해 연공을 납부할 수 없는 집이 나왔을 경우에는, 다른 마을 사람이 대신하게 되지만, 최종적으로는 명주가 이를 책임지게 되어 명주는 이것을 부담하는 경제력을 가지고 있는 사람일 것이 요구되었다. 그렇지만 명주는 유력한 백성이 세습하는 것만은 아니고, 마을에 따라서는 윤번제를 취하거나 투표(입찰) 방식을 취하는 마을도 있었다고 한다

---

58 촌청제(村請制): 일본의 근세(주로 에도江戸 시대) 제도의 하나로, 연공(年貢)·제역(諸役)을 마을 단위로 마을 전체의 책임하에 납부하도록 한 제도.
https://ja.wikipedia.org/wiki/村請制度 -역자주.

59 조장(組頭): 에도 시대의 마을 3역(村方三役)의 하나, 명주(名主: 촌장)를 도와서 마을의 일을 맡아 보던 직분. (민중서림 엣센스 일한사전). -역자주.

60 백성대(百姓代): 에도 시대, 마을 3역(村方三役)의 하나, 농민의 장(長). (민중서림 엣센스 일한사전). -역자주.

(와타나베渡辺, 159쪽).

명주는 마을을 운영하는 행정 능력과 함께, 연공을 대신 내줄 수 있는 경제력이 필요했지만, 여기에 더하여 마을 사람들에게 장서 대출을 비롯한 문화적 공헌과 마을 사람들의 상담에 대응할 수 있는 여러 가지 지식을 갖추는 것도 요구되었다(와타나베渡辺, 158~159쪽). 그 명주를 비롯한 마을 공무 담당자는, 자치단체의 장이라는 성격상, 기본적으로는 무급이었다(사토佐藤·오이시大石, 101쪽). 또한 마을 주민을 위한 회계 방식을 보면, 마을 공무 담당자가 우선 비용을 대신 지불하고, 연도 말에 결산을 한 후 촌민에게 할당하여 징수하는 방식을 취하는 경우가 많았다(사토佐藤·오이시大石, 121쪽).

이와 같이 단서는 중세까지 거슬러 올라가지만, 근세·에도 시대에 촌락 공동체가 형성되었고, 거기에서는 상층농민인 본백성과 최하층농민인 미즈노미水呑라는 신분 격차를 내포하면서도, 상호부조와 연대책임에 의해 자치가 이루어졌다. 부언하면 도시에서도 「마치도시요리町年寄」,[61] 명주, 지주 및 지주로부터 위임을 받은 야누시家主[62]로 구성된 자치적 조직이, 도시에 거주하는 지주, 지차(地借),[63] 임차, 점차(店借)[64]라는 토지 소유에 기초하는 계

---

61 마치도시요리町年寄: 에도 시대, 주요 도시에서 시중의 공무(公務)를 처리하던 벼슬아치.

62 야누시家主: 근세, 지주나 셋집 주인 대신 세 알선이나 단속을 하는 사람.
    https://kotobank.jp/word/家主-430638 -역자주.

63 지차(地借): 에도 시대에 주로 도시에서 토지를 빌리는 것, 또는 그 토지를 빌린 사람을 말한다.
    https://kotobank.jp/word/地借-839392 -역자주.

64 점차(店借): 일본 근세 피지배인 신분으로서, 집과 대지를 소지하지 않고, 타인이 소지한 집과 대지
    를 임차하여, 주거로서 용익(用益: 사용과 수익)하는 상태의 호주를 말함.
    https://kotobank.jp/word/店借-1183490 -역자주.

충별 · 거주지별로 사람들을 통치」함과 동시에, 「막부-정봉행(町奉行)[65]-정년기(町年寄)[66]-명주-시내 일반(町中一般)이라고 하는 거주지를 기준으로 한 간접적인 지배 · 피지배 관계에, 정년기(町年寄)-돈야카부나카마問屋株仲間[67]-상공업자라고 하는 산업별 · 직능별 컨트롤 기능이 짜 넣어져 왔다」(스즈키鈴木, 174~175쪽). 5인조(五人組),[68] 직능별 조합 등의 자치 조직이 발전하는 등, 에도 시대라는 것이 일본 전체에 자치 풍토를 숙성시켜 깊이 뿌리내리게 함으로써, 상호부조나 협동 정신이라든지 행동이라고 하는 것이 지극히 당연하게 받아들여지고, 또 발휘되어 왔다고 생각된다. 그러한 것 중에서 가와사키 헤이에몬과 같은 인물을 배출해 오는 것도 무리 없이 납득할 수 있게 되는 것이다.

에도 시대와 협동의 지혜

이런 맥락에서 에도 시대의 협동의 구체적인 지혜 몇 가지를 채택해 두고

---

65 정봉행(町奉行): 에도 막부의 직명. (에도江戶 · 오사카大阪 · 교토京都 · 시즈오카静岡 등지에 두고 시중의 행정 · 사법 · 소방 · 경찰 따위의 직무를 맡아보았음). (민중서림 엣센스 일한사전). -역자주.

66 정년기(町年寄): 江戶 시대, 주요 도시에서 시중의 공무(公務)를 처리하던 벼슬아치. (민중서림 엣센스 일한사전). -역자주.

67 돈야카부나카마問屋株仲間: 돈야問屋는 도매상; 카부나카마株仲間는 에도 시대에 동업자끼리 결성된 조합. 시장을 독점적으로 지배해 안정적인 영업을 실시하는 것을 주목적으로 하였음. (민중서림 엣센스 일한사전). https://www.japanserve.com/nihonshi/n-reki-050-kabunakama.html -역자주.

68 5인조(五人組): 에도江戶 시대, 오호(五戶) 단위로 연대 책임을 지게 한 자치 조직. (민중서림 엣센스 일한사전). -역자주.

싶다. 첫째, 할지(割地)[69](지할地割이라고도 함)이다. 몇 년에 한 번 정기적으로 제비뽑기 등을 통해 경지를 나누어 교체하고, 소지하고 있던 농지를 교환한 것으로, 조건이 좋지 않은 농지나 홍수 등의 재해에 대하여도 그 위험 부담을 균등화시키는 지혜라고 할 수 있다(와타나베渡辺, 73쪽). 또한 이 분할지와 관련하여 가가와 도요히코賀川豊彦는 『협동조합의 이론과 실제』에서, 일본에서 예로부터 실시되어 온 「공제조합적 제도」의 한 예로 할지(割地) 제도를 들고, 홍수로 인해 경지를 잃어버린 경우에, 「농민은 단체를 구성하여, 그 토지의 흙, 모래, 자갈을 치우고, 땅을 분할하여 상호부조의 제도를 마련하고, 노력 출자를 통해 경지 회복을 위하여 노력하였다」(가가와賀川2, 92쪽)고 소개하고 있다.

둘째, 결(結, 모야이)[70]이다. 경지나 대지의 유지는 개개 소지자의 책임으로 여겨지면서도, 모내기나 벼베기 등 일시적으로 대량의 노동력이 필요할 때에는, 「결(結)」이라고 불리는 농가들 사이에 노동력을 상호 융통하거나, 「모야이」라고 불리는 공동노동이 이루어졌다(와타나베渡辺, 101쪽). 셋째, 마을만으로는 완결할 수 없는 문제에 대해서는, 마을(村)이 부족한 기능을 지역적 결합으로 보완하고, 새로운 기능을 만들어 나갔다. 이렇게 다양한 지역적 결합(組合村, 조합촌)을 통하여, 조합촌은 마을(村)과 중층성을 갖고 존재했다고 여겨진다(와타나베渡辺, 184쪽).

---

69 할지(割地): 에도 시대, 한 마을의 경작지를 일정 기간마다 분할해 촌민에게 할당하고, 기간이 되면 다시 할당하는 습관. 연공 부담의 균등화 등을 위해 실시되었음.
    https://dictionary.goo.ne.jp/word/割地/ -역자주.
70 결(結, 모야이): 노동력을 서로 맞바꾸어 모내기, 벼베기 등 농사일과 주거 등 생활의 영위 유지를 위해 공동작업을 하는 것, 또는 이를 위한 상호부조 조직을 말함. https://ja.wikipedia.org/結 -역자주.

지금이야말로 필요한 협동

근저에 있는 상호부조

근래에 에도 시대를 재평가해야 한다는 의견이 늘고 있다. 즉 사쓰쵸薩長[71] 중심의 신정부에 의해, 에도 시대는 사농공상에 의한 신분사회로, 무사(武士: 부시 또는 사무라이)는 연공(年貢)으로 농민을 지배하고, 명주(名主)는 가난한 농민(百姓)들로부터 연공을 무리하게 거둬들이고, 또 오호(五戶) 단위로 연대책임을 지게 한 자치조직인 5인조(五人組) 등에 의한 보수적·억압적인 관리사회였다고 하는 낙인이 찍혀 버렸다. 이것은 메이지明治 정부(1868~1912)가 스스로에 대한 지지를 획득하기 위한 정보 조작·교육에 의한 왜곡이다. 사실 에도 시대는 지방분권적이고 자급적이며 순환형의 리사이클 사회라는 면을 농후하게 가지고 있다. 근대화에 오로지 매진한 메이지 유신(明治維新, 1867)을 본받아, 헤이세이(平成)[72] 유신을 일으키는 것이 아니라, 오히려 에도 시대로 돌아가서 일본의 나아갈 길을 다시 생각해 봐야 하는 것이 아닌가 하는 주장이 주가 되고 있는 것처럼 느낀다. 기본적으로 이러한 인식에 찬동하지만, 재차 에도 시대를 살펴보았을 때에, 이러한 지방 분권적이고 지역 자급적·순환형 사회를 가능하게 만들었던 것이 다양하고

---

71 사쓰쵸薩長: 사쓰마薩摩(=지금의 가고시마현鹿児島県의 서부 지방)와 나가토長門(=지금의 야마구치현山口県의 서북부 지방).

72 헤이세이(平成): 일본 연호(年號)의 하나(1989년 1월 8일~2019년 4월 30일). 쇼와昭和의 다음, 링와令和 이전 연호. -역자주.

중층적인 자치조직의 존재이며, 그 근저에는 상호부조 · 협동의 풍토와 대처가 있었음을 잊어서는 안 된다.

또 이와는 별도로 근세, 에도 시대의 마을(村)은 「기본적으로는 농민만의 주민 구성으로 되어 있었고, … 중앙집권 국가에 의해 마을이 관리되고 지배되었다」(하라다原田, 11쪽)는 지적도 있고, 중앙집권 국가하에서의 자치에 지나지 않는다고 하는 견해도 있는 것은 분명하다. 이러한 지적은 중세 마을(村)과의 비교를 통해 나온 것으로서, 「중세의 마을은 도시에 완전히 굴복한 존재가 아니라, … 뚜렷한 자립성을 가지고 있었다. 오히려 마을(村)이 도시에 지배되어 가는 과정이 중세 시대였다」(하라다原田, 11쪽)라는 인식을 바탕으로 했던 것이다. 촌락공동체는 중세에, 지방분권적인 정치체제하에서 발생하여 자립 · 자치를 강화해 갔던 것이, 에도 막부라는 중앙집권 국가가 성립함으로써 그 지배하에 놓이게 되었다. 그럼에도 촌락공동체는 도시와 농촌이 분리되는 가운데 명확하게 자치 · 자립해 나가야 할 존재로 자리 잡게 되었다고 할 수 있다. 에도막부가 중앙집권 국가였다고는 하나, 근대의 메이지明治 국가와는 크게 달리, 훨씬 지방분권적이어서 「근세의 마을(村)이 정치적으로는 도시에 종속된 존재였다」(하라다, 11쪽)라고 하는 측면을 가지고 있다고는 하나, 본질적으로는 농촌의 자립 · 자치는 연속적으로 있었다고 이해해도 무방하지 않을까. 오히려 에도 시대에 이르러 병농 분리에 의해, 촌락공동체는 자치 · 자립해야 할 존재로서 명확해진 것이 극히 중요한 것으로 생각된다.

지금, 아베노믹스에 의해 시장화 · 자유화 · 글로벌화가 더욱 철저해지려 하고 있으며, 거기에 있는 것은 무한 성장을 좇는 GDP 신앙과 약육강식의 경쟁원리이며, 온고지신을 무시한, 지역 커뮤니티를 비롯한, 간신히 계승되어 남겨져 온 귀중한 재산의 파괴에 지나지 않는다.

레이들로[73] 보고의 통찰

로마 클럽의 『성장의 한계』를 시작으로 성장 경제 일변도의 세계에 대하여, 벌써 많은 경종이 울리고 있다. 그 하나로서 날카로운 통찰력으로 간결하면서도 실로 적확하게 시대의 본질을 파악하고 있는 것이, 1980년에 ICA(International Cooperative Alliance, 국제협동조합동맹)에서 행해진 레이들로 보고다. 「1950년대는 기대가 부풀어 오르는 시대였다」, 「1960년대는 전대미문의 성장과, 그칠 줄 모를 정도의 발전의 10년간이었다」, 「기대는 산산조각이 나고 꿈은 깨어지는 70년대가 되었다」, 「1980년 대회는 불길한 전조 속에 열리게 된다. 인류는 그 역사의 분기점 혹은 전환점에 접어들고 있다」, 「80년대 들어 지금까지 오래 정박하고 있던 항구에서 배의 닻줄이 끊어져, 불확실성이라는 대양의 한가운데를 표류하는 듯한 느낌을 사람들은 받게 될 것이다. … 협동조합이야말로 온전한 정신을 가진 섬이 되도록 노력하지 않으면 안 된다」. 이 역사 인식이 보여주는 분기점 · 전환점은, 달러의 금과의 태환이 정지되어, 얼마든지 윤전기로 달러를 인쇄할 수 있게 됐음을 말하는 것으로 이해된다. 금과 화폐가 분리되어, 실물경제에서 금융이 유리됨

---

73 레이들로: Alexander Fraser Laidlaw(1907~1980). 1964~1966년 동안 ICA(국제협동조합연맹) 집행위원으로 국제협동조합운동 진흥에 공헌하였음. ICA 위촉으로 집필한 『서기 2000년의 협동조합』은 최근 협동조합 운동에 있어 가장 중요한 문헌으로 평가받고 있음. -역자주.

으로써 금융자본주의가 생겨나게 되고, 게다가 그 후의 정보혁명에 의해서 이것이 거대화하여 세계를 석권함과 동시에, 언제 폭발할지도 모르는 부풀어 오르기만 하는 버블이라고 하는 망령을 안기에 이르고 있다.

레이들로 보고에 나와 있는 바와 같이, 그만큼 「불확실성이라는 대양」 속에서 나침반이 되어, 「온전한 정신을 가진 섬」으로 기대되는 것이 협동조합이다. 로치데일에서 비롯된 협동조합은 자본주의의 횡포에 맞서 자신의 생계·생산을 스스로가 협동하여 지켜 나가는 데에서 생겨났다. 협동 활동이 있기 때문에 자본주의 사회의 균형이 가까스로 유지되는 것이며, 협동 활동 없이 자본주의의 "폭주"를 멈추는 것은 어렵다. 시장원리·경쟁원리를 강화하면 할수록 그 역할 발휘가 기대되는 것이 협동조합이라는 것이 세계의 "상식"이며, 유엔도 2012년을 국제협동조합의 해로 선포하여 협동조합 운동의 추진을 도모하고 있다.

이러한 정세 속에서 일본에서는 규제개혁의 상징으로서 농협개혁이 나와, 착착 농협 부수기, 협동조합 부수기가 진행되고 있다.[74] 2014년의 농협법 개정으로 농협의 목적에 있던 「비영리 법인」으로서의 위상은 삭제되고

---

74 '진행되고 있다'고 현재형으로 표현된 것은 본 책자 발행 시점이 2018년 9월로서 당시의 농협개혁이 진행 중일 때였기 때문이다. 일본농림수산성은 각 분야 규제개혁 추진의 일환으로 농협개혁집중 추진기간(2014.6~2019.5)을 설정하여 이를 실행하였다. 그 실행된 내용을 대략적으로 살펴보면 먼저 단위농협에 대해서는, 전중(全中)의 내부 조직인 전국감사기구를 외부로 독립시켜 공인회계사법에 따라 설립된 '미노리감사법인'이 2019년부터 감사 업무를 시작하게 된 등의 '회계감사인감사의 도입'을 시행하였다. 또 15개 전문농협과 1개 전문련은 주식회사, 9개 전문농협과 1개 전문련은 일반사단법인으로 바꾸는 등으로 조직변경 하였음, 그리고 전국농협중앙회는 2019년 9월 일반사단법인으로 이행시켰으며, 도도부현농협중앙회는 2019년 9월 말까지 농협연합회로 이행시켰음. -역자주.

「소득의 증대」로 바뀌었다. 오로지 시장원리만을 철저히 추구케 하는 차원의 농협개혁으로서, 거기에는 협동 활동에 대한 일말의 존경이나 존중도 없다. 무릇 협동조합은 자본주의의 "횡포"에 맞서, 자신의 생계 · 생산을 스스로가 협동하여 지켜 나가는 데에서 생겨났다. 협동 활동이 있기 때문에 자본주의 사회의 균형이 간신히 유지되는 것이며, 시장원리 · 경쟁원리를 강화할수록 그 역할 발휘가 기대되는 것이 협동조합이다. 물론 농협이나 협동조합도 많은 문제를 안고 있음은 분명하고, 재검토가 필요함은 틀림없지만, 그것은 시장원리를 철저히 세우는 데 있는 것이 아니라, 오히려 「온전한 정신을 가진 섬」으로서의 역할을 해 나가는 거기에 있다.

다시 기본으로 해야 할 것은 가정 · 지역의 자립이며, 지역순환이나 소비자와의 제휴 창출이다. 수출 등으로 글로벌화에 대응하는 그 이상으로, 지역에서의 대응을 강화해 나가는 것이 중요하며, 이것에서야말로 자기 개혁의 발판이 놓이지 않으면 안 된다. 「강한 농업의 실현」, 「농가소득 향상」은 결과이지, 협동 활동의 목적은 아니다. 협동 활동은 지역 만들기, 사는 보람, 행복 등 돈으로 환산할 수 없는 본래적인 가치를 실현해 나가기 위한 운동이다.

여기서 주목해 두고 싶은 것이 한국의 움직임이다. 국제협동조합의 해였던 2012년, 일본은 협동조합헌장 제정을 주로 추진한 것에 비해, 한국은 협동조합기본법을 통과시켰다. 출자금에 관계없이 5인 이상만 모이면 설립이 가능하도록 하는 등 협동조합의 자유로운 설립의 길을 열어 줌과 동시에, 비영리 목적의 사회적협동조합으로 대표되는 다양한 협동조합을 만들어 나가기 위해 협동조합법제의 현대적 정비를 꾀했다. 이에 따라 기존의 사회적 기업이나 비영리 단체 등만이 해 왔던 사회적인 목적 실현 사업을 협동조합도 전개할 수 있게 되었다.

이와 함께 서울시는 「협동조합 도시」를 선언했으며, 전남 광주시장은 「사회적 경제 모델 도시의 육성」을 공약하여 당선된 것으로 알려졌다. 여러 종류의 다양한 협동조합이 만들어지면서 활발한 활동이 이루어지고 있다고 한다.

한국은 일본 이상으로 시장원리주의와 세계화에 휘둘려 온 역사를 갖고 있지만, 그렇기 때문에 「시민의 저력이 만드는 서로 돕는 사회」의 창조를 목표로 협동조합의 재평가와 그의 근본적 재인식이 이루어진 것이 아닐까. 그 후의 추이를 확인하는 것이 필요하지만, 시장원리를 철저히 추구하는 일본과는 전혀 반대의 벡터[75]에서 협동조합으로 자리매김하면서, 이 운동은 활기를 띠고 있는 것으로 알려지고 있다.

자본의 폭주에 의해 경제는 물론 삶에 이르기까지 문제가 분출하고 있다. 지역에서의 협동활동을 쌓아 나감으로써 자본의 지나친 부분을 바로잡아 나가는, 이것이 협동조합의 사명이 아닌가. 농협 죽이기 등은 당치도 않다. 오히려 농협이 본래의 활동에 주력하도록 질타, 격려하는 것이 필요하다고 생각한다.

---

75 벡터: vector. 크기 외에 방향을 가진 양. 속도, 힘, 가속도 등. 상대어는 스칼라(scalar)로서 이는 크기만을 가지고 방향은 갖지 않는 양을 의미. 이에는 질량, 길이, 에너지, 밀도 따위가 있음. (동아새국어사전). -역자주.

협동노동으로 대처

　이러한 가운데 주목해 두고 싶은 것이 협동노동의 법제화를 둘러싼 움직임이다. 출자와 노동과 경영을 일체화시킨 데에 협동노동의 요체가 있다. 농협을 비롯한 기존 협동조합은, 조합원이 출자해 협동조합을 설립함으로써, 조합원은 조합원의 의향에 맞는 서비스를 사업으로 제공하는 협동조합을 이용하는 것이다. 구매사업, 신용사업도 역시 경영은 조합원의 대표가 하고는 있지만, 거기서 일하고 있는 것은 (조합원이 아닌) 직원이다. 이에 반해 협동노동은 출자와 노동과 경영을 일체화시킨 것으로, 이를 협동조합으로 운영해 나가는 것이다. 협동노동 협동조합 원칙은 「고용되는 것이 아니라, 주체자로서, 협동·연대하여 일하는 '협동노동'이라는 세계. 한 사람 한 사람이 주인공이 되는 사업체를 만들고, 생활과 지역의 필요·어려움을, 일하는 것으로 연결시켜, 모두가 출자하고, 민주적으로 경영하며, 책임을 서로 나누어 가진다. 그런 새로운 근로방식이다…」. 일본의 협동조합은 농협법을 비롯해 개별 협동조합법을 근거로 하고 있으나, 협동노동조합은 근거법이 없어 법적으로는 인지(認知)를 얻지 못했다. 그의 법제화를 목표로 한 운동이 2020년 이래 계속되어 온 경과가 있다.

　개호·복지 관련, 육아 관련, 공공시설 운영, 청년·곤궁자 지원 등을 중심으로 다양한 업무가 전개되고 있다. 센터사업단이나 지역노동협동조합(地域勞動協同組合) 등을 포함한 사업고(事業高)는 335억 엔, 취업자는 13,420명(2016년도)이다. 협동조합운동의 한 축으로 자리매김하고 있다.

　또, 이러한 흐름과는 별도로 협동노동을 해 온 것이 워커즈 콜렉티브

(worker's collective)이다. 워커즈 콜렉티브는 생협[76] 조합원 자신이 출자·노동·경영을 일체화시킨 대응을 통해, 점포 운영이나 배송 등 생협 업무 위탁을 시작으로, 가사 지원·개호, 육아 지원, 도시락·식사 서비스 등을 전개해 온 것이다. 협동노동이라는 구조를 사용해, 조합원 스스로가 「마을에 필요한 기능을 사업화」하고 있는 것으로, 주부를 중심으로 한 조합원을 고용하는 장(場)의 창출로도 연결되고 있다. 생활 클럽 생협이 먼저 시작하여, 다른 생협에도 퍼져 가고 있지만, 그러한 대처의 계기가 된 것이 1980년의 모스크바 대회에서 행해진 레이들로 보고라고 한다.

레이들로 보고에서 4가지 우선 분야로서 든 것 중, 생산적 노동을 위한 협동조합과 협동조합지역사회 건설을 근거로 하여 고안되어, 실천돼 온 것이다. 생협 기능만으로는 커버할 수 없는 지역의 다양한 니즈에, 생협과 하나가 되면서도 조합원 스스로가 당사자가 되어 창업을 하고, 출자·노동·경영을 일체화시킨 협동노동을 전개하고 있는 것으로, 「협동조합 지역사회」 창출에도 크게 기여하고 있다.

여기서 중요한 포인트가 되고 있는 것이 '협동조합 내 협동'이다. 협동조합 간 제휴도 중요하지만, 동시에 커진 협동조합 내에, "작은 협동"을 위한 활동을 포함시킴으로써, 가까운 곳으로부터의 「협동조합 지역사회」에의 접근 능력을 현격히 높이고 있다.

이러한 대책을 보면, 농협의 활동은 확실히 지역을 기반으로 하고 있는 만큼 협동노동과의 친화성은 높다고 본다. 농협에서는 여성부나 각종 부회

---

76 생협: 生協. 생산자로부터 직접 생활 물자를 싸게 구입할 목적으로, 소비자끼리 서로 모여 만든 협동조합. 생활협동조합의 준말. (고려대 한국어 사전). -역자주.

등의 다양한 활동이 전개되고 있지만, 다시 협동노동이라는 구조를 활용해 나감으로써, 조합원이 보다 주체성을 가지고 활동을 전개해 나가고, 사업성을 높여, 고용의 장을 넓혀 가는 것도 가능하다. 그리고 현재 가장 중요한 과제인 농업담당자 확보 문제에서 그 열쇠를 쥐고 있는 것이 집락영농인데, 여기에 협동노동이라는 시스템을 도입하여 해결해 나갈 수는 없는 것일까. 지역 커뮤니티의 재생을 도모할 뿐만 아니라, 외부로부터 신규 취농자를 받아들이는 것도 가능하다.

협동노동은 농협이 자기 개혁을 추진해 가는 위에서, 큰 에너지를 주입해 주는 새로운 무기로도 될 수 있을 것 같다. 아무튼 지금 일본의 협동조합에 요구되는 것은 사업 본연의 자세의 재검토와 병행하여, 우선은 자긍심을 되찾아 가는 것, 그리고 세상이 요구하고 있는 협동이란 무엇인가를 새롭게 질문해 가는 것이 아닐까.

 # 불굴의 영혼과 행동하는 사람 · 가가와 도요히코

협동조합은 시대, 정세 변화에 대응하여 다양하고 다차원에 걸친 활동 전개가 요구되고 있는데, 여기서 다시 주목해 두고 싶은 사람이 가가와 도요히코賀川豊彦(1888~1960)이다. 2010년은 가가와賀川가 고베神戶 후키아이신카와葺合新川의 빈민굴에 들어가 활동을 시작한 지 100년이 되는 해로 「가가와 도요히코 헌신 100년 기념사업」으로 심포지엄을 비롯해 다양한 행사가 열렸다. 또한 UN이 주도하는 SDGs(Sustainable Development Goals, 지속가능개발목표)의 추진에 수반하여 가가와 도요히코에게 배움으로써 이에 대한 대응을 강화하려는 움직임도 이루어지고 있다. 지금, 왜, 가가와 도요히코인가. 그리고 가가와로부터 무엇을 배울 것인가. 이를 살펴보는 것이 협동의 시대로 가기 위해 시사하는 바가 크다는 뜻일 것이다.

생활에 딱 들어맞았던 운동의 근원

평론가 오야 소이치大宅壯一는 가가와 도요히코에 대해 다음과 같이 말하고 있다(가가와 도요히코 기념·마츠자와松沢 자료관의 자료). 「메이지(1868~1912), 다이쇼大正(1912~1926), 쇼와昭和(1926~1989)의 3대를 통해서, 일본 민족에 가장 큰 영향을 준 인물 10인을 고를 경우, 그 안에 반드시 들어가는 사람은 가가와 도요히코다. 최고 3인 중에 들어갈지도 모른다」라고 하면서, 사이고 다카모리西郷隆盛,[77] 이토 히로부미伊藤博文,[78] 노기 마레스케乃木希典,[79] 나쓰메 소세키夏目漱石,[80] 유카와 히데키湯川秀樹[81] 등의 이름을 들면서

---

[77] 사이고 다카모리西郷隆盛: 1828~1877년. 에도막부 말기부터 메이지明治 전기의 일본 무사, 정치인, 육군 군인. (위키피디아). -역자주.

[78] 이토 히로부미伊藤博文: 1841~1909년. 메이지 시대의 일본 정치인. (위키피디아). -역자주.

[79] 노기 마레스케乃木希典: 1849~1912년. 일본의 육군 군인, 교육자. (위키피디아). -역자주.

[80] 나쓰메 소세키夏目漱石: 1867~1916년. 일본의 교사·소설가·평론가·영문학자·하이쿠 시인. (위키피디아). -역자주.

[81] 유카와 히데키湯川秀樹: 1907~1981년. 일본의 물리학자(이론 물리학). (위키피디아). -역자주.

도, 이들이 활동한 일의 범위는 그렇게 넓지 않다. 그러나 가가와 도요히코賀川豊彦에 대해서는 그 영향이 현대문화의 모든 분야에 미치고 있다면서, 「대중생활에 딱 들어맞는 새로운 정치운동, 사회운동, 조합운동, 농민운동, 협동조합운동 등, 대개 운동이라는 이름이 붙는데 대부분은, 가가와 도요히코에서 비롯됐다고 해도 결코 지나친 말이 아니다」라며 최대한의 찬사를 보내고 있다. 그 가가와는 1954년부터 3년 연속 노벨평화상 후보자로 추천되었으며, 또 『사선을 넘어』나 『젖과 꿀이 흐르는 고향』 등의 작품으로 1947, 48년에는 노벨문학상 후보로도 추천되는 등, 파격적인 인물인 동시에, 월등한 공적을 남긴 것은 확실하다. 거기에서 이제야말로 가가와에게 배울 수 있다고 한창 강조되고 있는 터이지만, 정작 가가와의 사상이나 그 핵심에 대해서는 명확하게 밝혀지지 않은 채 논의만 오고 가고 있다는 것이 솔직한 느낌이다. 그래서 가가와의 인물상이나, 가가와의 사상 등에 대해 재차 확인해 둘 필요성을 통감하고 있었지만, 좀처럼 그러지 못하고 여기까지 왔다는 것이 솔직한 심정이다. 이번에 딱 좋은 기회로 삼아, 가가와 관련 저작들을 훑어보았는데, 거기서 강하게 느낀 점을 두 가지로 집약해 적어 보고 싶다.

그 전에 가가와의 활동이나 경력 등에 대해 확인해 둘 필요가 있다. 그야말로 다양하고 초인적으로 활발한 활동을 전개하고 있어 여기서 충분히 다룰 만한 공간도 없어 극히 기본적인 부분만 올려놓는다.

1888년에 고베神戸시에서 태어났지만, 부모님이 일찍 사망해 5세 때에 도쿠시마德島의 본가에 맡겨져 도쿠시마에서 성장한다. 가가와 본가도 파산해 삼촌에게 맡겨지는데, 이 무렵 기독교와 만나 세례를 받게 된다. 전도사가 되고자 도쿄에 있는 메이지학원(明治学院) 고등부 신학과에 입학, 졸업 후,

고베신학교에 입학한다. 신앙에 대한 번민과 결핵으로 고생하면서, 1909년 고베 빈민굴(슬럼가)에서 전도를 시작한다. 1914년에 미국의 프린스턴 신학교에 유학, 1917년에 귀국하여, 빈곤 문제를 해결하기 위해 노동조합운동에 임하게 된다.

그때부터 노동조합운동, 농민운동, 협동조합운동, 평화운동 등으로 활동을 넓혀 간다. 협동조합운동으로는 1919년에 오사카구매조합공익사(大阪購買組合共益社), 1920년에 고베구매조합 설립을 시작으로 도쿄학생소비조합, 고토학생소비조합(江東学生消費組合), 나카노향전당포신용조합(中ノ郷質庫信用組合),[82] 도쿄의료이용구매(東京医療利用購買) 등을 창설함과 동시에, 일본협동조합동맹을 비롯하여 협동조합운동의 선두에 서서 선도해 왔다. 1960년에 72세의 나이로 세상을 떴다.

사상의 핵심에 있는 것

강하게 느낀 한 가지는, 가가와 사상의 핵심에 있는 것이 무엇인가 하는 것이다. 12세 때 선교사로부터 영어를 배우게 됐는데, 이를 계기로 기독교를 접하고 성경을 읽게 되었다. 가가와는 4세 때 아버지를, 5세 때 어머니를 잃었고, 가가와를 맡은 본가도 15세 때 파산, 삼촌 댁으로 옮기게 됐지

---

82 나카노향전당포신용조합(中ノ郷質庫信用組合): 가가와賀川 등은 서민금융의 중요성을 고려해 1928년 6월 나카노향전당포신용조합을 설립하였음. 서민이 이용할 수 있도록 신용사업뿐 아니라 전당포 사업도 운영하였음. 이 조합의 전당포는 전제를 이겨내고 나카노향신용조합(中ノ郷信用組合)으로 개명한 이 조합의 본부 옆에 현재도 존재하고 있음.
https://green.ap.teacup.com/tsurane/260.html -역자주.

만, 삼촌은 가가와賀川가 성경을 가까이하는 것을 꺼려하는 등, 자전적 소설로도 불리는 『사선을 넘어』를 잘 읽어 보면, 어려서부터 괴로움과 쓰라림을 다 맛봐야 했고, 정신적으로 힘든 환경에서 자라왔다고 할 수 있다. 삼촌에 대한 반발도 일조해서인지, 중학교 때 세례를 받고, 전도의 길을 걷기 시작하면서, 기독교 신앙이 가가와를 이끌어 간 것으로 이해된다. 한편으로는 신학교 시절 신앙에 대한 회의도 있어 번민했다고도 하며, 이윽고 빈민굴에 들어가 생활하고 전도를 시작하게 된다. 아마도 신앙과 행동의 관계에 대해 고민하고, 그러다가 행동해야만 신앙이라고 확신해 빈민굴에서의 전도에 나선 것은 아닐까. 그리고 「가가와가 빈민굴의 미덕으로서 가장 강조한 것은, 상호부조였다」(스미야隅谷, 22쪽)라고 말해지듯이, 거기서 상호부조하고 있는 현장을 마주친 것으로 추측된다. 아무리 가난해도, 또는 가난하기 때문에 상호부조를 통해 함께 살아가는, 협동함으로써 발휘되는 큰 힘을, 그야말로 가까운 곳에서 몸소 실감한 것이 아닌가 생각된다.

가가와는 『우애의 정치경제학』에서, 「일부 사람들에게 부가 집중되고 일반 대중은 빈곤 상태에 놓여 있다」고 자본주의 사회를 강하게 비판하는 한편, 「협동조합은 빈곤의 방지와 경감, 개인에 대한 자본 집중의 방지라는 목적을 가진다」며 협동조합의 의의를 강조하고 있다. 즉 가가와는 스스로의 생각을 「주관(主觀) 경제학」이라고 칭하고, 「정신과 물질의 이원론을 거부하고, 인간 존재를 생명=인격이라는 일원(一元)으로, 물질적 존재와 정신적 존재와의 통일로서 파악하려고 했다」(스미야隅谷, 23, 24쪽)로서, 이 때문에 자유주의도 아니고, 통제경제도 아닌, 제3의 길로서 상호부조에 의한 「협동조합 사회」를 지향하게 되었다고 할 수 있다.

그 의미에서는 가가와는 당시의 사회가 안고 있는 가장 큰 문제를 자본주의 속의 빈곤(빈민) 문제로 파악하고, 이에 철저히 집착하면서, 빈곤에서 벗어나기 위해서는 「폭력혁명, 직접행동주의」가 아니라, 가난한 사람들이 가지는 협동의 힘을 발휘해 나갈 수밖에 없다는 것이 가가와 사상의 골격을 이루고 있는 것으로 생각된다. 어디까지나 토대에는 기독교가 있고, 신앙은 반드시 행동이 있어야만 하며, 신앙과 사회운동을 일체로서 파악하는 가운데, 몸소 빈민굴에서 배운 상호부조와 기독교 정신이 접합됨으로써, 협동조합에 대한 확신을 갖게 된 것이 아닌가 한다.

두 번째는, 가가와는 결코 성공자로서, 위인으로서 평가하는 것이 적절하지는 않은, 반드시 성공한 사람이라고는 단언할 수 없는, 오히려 망각되어 있는 존재이며, 이것이 시대의 변화와 함께 "부활"하고 있는 것으로 받아들여야 하는 것이 아닌가 하는 것이다.

가가와는 노동운동을, 사랑을 동기로 하는 「인격의 건설운동」으로 보고, 무저항주의와 의회주의를 주창했지만, 급진적 발상, 폭력적 방법을 호소하는 세력이 대두하면서 영향력을 잃게 돼, 노동운동에서 농민운동으로 관심을 옮긴다. 농민운동도, 상조와 우애정신을 중시해, 일본농민조합강령을, 1922년 창립대회에서 통과시켰다. 1925년에는 농민노동당을 결성했으나, 좌익의 진출로 분열돼, 가가와도 탈퇴하고, 사회민중당이 생겨났으며 농민조합도 분열됐다.

가가와는 이러했던 운동이 「인간애」의 기조에서 분리되어 가는 것에 환멸을 느끼고, 전국적인 초종교적인 기독교 전도 운동인 「하느님의 나라(神の国)」 운동에 주력함과 동시에, 다른 한편으로 「사랑과 상호부조」의 지침에

의거한 협동조합 운동을 전개하게 된다(스미야隅谷, 240, 241쪽). 즉 구빈운동 →노동운동 →농민운동 →협동조합운동이라고 하는 변천의 역사를 거친 것이었는데, 신앙과 사회운동과의 결합에 대해서 기독교계는 비판적이었고, 따라서 가가와의 사상은 일본 기독교계에서도 받아들여지지 않았다(스미야隅谷, 203쪽). 스미야는 그 가장 큰 이유를,「그의 사상과 발상이, 시대의 주류와 어긋났다」(스미야隅谷, 204쪽)는 점에 있다고 말하고 있다. 가가와는 항상 왕도를 걸어온 것만은 아니고, 협동조합운동의 창시자로서 잘 알려져 있지만, 빈곤 대책에 철저하게 매달리는 가운데 노동운동, 농민운동 등에 힘쓰다가, 결과적으로 상호부조를 기본으로 하는 협동조합운동에 다시 한번 고생 끝에 다다라, 여기에 가장 역점을 두게 된 것은 확고히 근거로 해 두어야 할 중요한 포인트이며, 여기에서 그의 불굴의 정신을 간파할 수 있다.

빈곤문제 등에 대한 대처

이러한 가가와의 사상이나 행동으로부터 생각하게 되는 몇 가지를 들어두면, 먼저, 가가와가 가장 집념을 보인 것은 빈곤(빈민)문제였다. 지금, 이 빈곤(빈민)문제를 어떻게 이해하고, 대처해 나갈 것인가이다. 확실히 경제성장을 바탕으로 물질적으로는 풍부해지기는 했지만, 여전히 채워지지 않고 있다. 또는 점점 더 채워지지 않게 되는 문제는 많은 것이 아닌가 싶다. 또 전체적으로 물질적으로 풍부해졌다고는 해도, 격차는 확대되기만 하는 것도 확실하다. 그러한 의미에서는 SDGs[83] 등과도 관련되어 오는 필연성이 있다고도 말할 수 있다.

둘째로, 가가와가 손을 떼거나 소원해진 정치를 비롯하여 문제·과제는 많지만, 가가와에 의한 시대를 초월한 가가와의 본질적인 주장이 여기에는 존재했다. 이것이 씨가 되어 크게 자라, 꽃을 피운 것도 있다. 씨를 뿌리지 않고는 꽃이 피지 않는다. 그런 의미에서는 행동, 실천이 지극히 중요한 것이기도 하다. 확실히 가가와는 "man of personality(개성이 있는 사람)", 개성적인 성격이 강한 인물이었다고 여겨지고 있지만, 무엇보다도 행동의 사람이며, 사상과 행동이 일체가 된 사람이었다고 말할 수 있다. 관련해서 가가와가 스스로를 평가하고, 자신이 시인이라고 말하는 것도 재미있고, 열정적이고 직관적으로 사물을 포착하고 판단하는 타입이기도 했을 것이다.

세 번째로 이 책과의 관계에서 다루어야 할 가가와는 농민의 생활을 개선하고 농촌을 구하기 위해 「입체농업」[84]을 제창한 점이다. 중산간지가 많은 일본에서는 호두, 밤, 도토리 등 열매가 열리는 나무를 많이 심는 동시에, 이것을 식량으로써뿐만 아니라 사료로써 닭, 토끼, 염소, 양 등의 가축에 공급하고, 나아가 화초를 재배함과 동시에 꿀벌도 사육하고 있다. 입체농업의 본질 중 하나는 일본의 자연조건을 살려 나가는 데 있으며, 적지적작, 다품종 소량생산으로 그야말로 「젖과 꿀이 흐르는 땅」을 실현해 나가려는 것이

---

83 SDGs: Sustainable Development Goals. 지속가능한 개발 목표 또는 지속가능한 발전 목표. 2000년부터 2015년까지 시행된 밀레니엄개발목표(MDGs)를 종료하고, 2016년부터 2030년까지 새로 시행되는 유엔과 국제사회의 최대 공동목표. (위키백과). -역자주.

84 경작뿐만 아니라 과수, 원예, 축산, 농산물 가공 등 종합적인 농업을 함께 하는 농업. https://kotobank.jp/word/立体農業 -역자주

다. 그리고 또 하나의 본질은 순환형이며 지속적인 농업인 동시에 자급적인 농업이라는 데 있다. 소농·가족경영의 실천적인 모습을 나타낸 것으로, 오늘날에도 귀중하고 또한 강한 설득력을 가진다.

그리고 넷째, 가가와賀川가 마지막으로 가장 주력하게 된 것이 정치운동 등이 아니라, 협동조합운동이었던 것은 필연성이 있었다는 것이다. 협동조합운동이 정치운동 등과 같은 이론투쟁이라기보다 일상생활에 밀착된 구체적인 사업을 위한 것이 추진이었기 때문이 아닐까. 정치운동 등도 중요하지만, 협동조합운동에 의해 실제로 현장을 움직이고, 변화시키는 것이 중요하며, 협동조합운동이 큰 역할을 할 수 있는 능력을 가지고 있음을 보여 준다고 볼 수도 있을 것이다.

협동과 상부상조

이러한 가가와의 분투와 협동조합의 현재 상황을 겹쳐 볼 때에 유의해야 하는 것이, 가가와가 「조합 운동을 할 때마다 생각하는 것이지만, 종교가 없으면, 결코 진정한 조합 운동을 할 수 없다」(『신변잡기』)라고 말한 것이다. 가가와가 생각하는 협동조합운동은 기독교 신앙을 바탕으로 한 것이며, 형제애의 실천으로서 자리매김되고 있는 것으로 이해되지만, 앞으로 일본의 협동조합운동 발전에 적용하는 데에는 자연히 한계가 있을 수밖에 없다. 그러나 한편으로 가가와는 「유대민족이 믿는 천지창조 이야기는, 땅은 하느님(神)의 것이라는 사상이다. 신은 흙에서 인간을 만드신다. … 우리들은, 아무리 잘난 척해도 흙에서 태어나 흙으로 돌아간다」(『농촌갱생과 정신갱생』)라고도 말하고 있다. 이것을 보는 한, 일신교와 (일본의) 다신교와의 차이는 크다고는 해도, 자연신, 태양과 흙과 물을 소중히 해 온 일본인의 전통적인 견해, 생활방식과 뿌리에는 공통된 것이 포함되어 있다고 이해하는 것도 가능할 것이리라.

원래 인간은 만능은 아니고, 자기 분수를 분별하여 앎과 동시에, 인간은 자연의 은혜, 태양과 흙과 물에 의해 살아 숨 쉬고 있다는 사실 앞에 솔직해질 수 있는 존재가 아닐까. 적어도, 여러 가지 인식을 가지면서도, 본래 이러한 인식도 잠재적으로는 가지고 있는 존재라고 생각한다. 그렇기 때문에 기독교 신앙의 유무에 관계없이 인간은 가난해도 혹은 가난하기 때문에 서로 도우며 살아가는, 상호부조해 나갈 수 있을 가능성을 가진 것으로, 이러한 본성을 잘 이끌어 냄으로써 신전개발을 성공시킨 사람이 가와사키 헤이에 몬이다.

그리고 무엇보다도 가가와 그 사람이 빈민굴에서 생활함으로써 발견한 것이 바로, 빈민굴이 가지는 상호부조라는 미덕이었다. 오히려 가가와가 행동해야 진정한 신앙이라는 확신을 갖고 있었던 것으로 본다면, 「종교」라는 말에 의해 가가와가 강조하려고 한 것은 신에 대한 신앙의 본질은 「자신의 가난을 알라」는 데 있고, 이것을 실제로 해 나가는 것만이 행동이라고 생각하고 있었던 것은 아닐까. 그 허약한 가난한 사람들이 협동하고 상호부조함으로써, 경제석뿐 아니라 정신적 · 문화적 빈곤에서 빗어나는 데시, 협동조합 운동의 빛을 찾았던 것이 아닌가 생각한다.

제 5 장

보론: 쿠바론

가난하지만 풍족한 나라
쿠바

흥미진진한 나라 쿠바

지금까지 농업 현장을 찾아 여러 나라를 다녀왔다. 브라질의 고기용 소비육 농장에서는, 보이는 범위가 모두 이 농장의 농지라는 말에 놀랐다. 농장 내에는 활주로가 있어, 농장주들은 주 1회, 자가용 제트기로 출근을 한다. 일하고 있는 이들은 이민을 포함한 노동자뿐으로, 거기에는 지역 커뮤니티 등은 존재하지도 않는다.

그러한 한편, 불가리아에서는 자급용 농장을 기본으로 하고, 여력이 있는 사람이 출하·판매용 농업을 담당한다. 점심때가 되면 농부들은 집에서 만든 포도주를 들고 나와 담소를 나누며 식사를 한다. 그들의 흡족한 얼굴과 지역에 지금도 숨 쉬고 있는 노래와 춤을 비롯한 문화와 전통에 감격했던 일도 잊을 수 없다. 이러한 불가리아와 같은 나라와는 또 달리, 따스함이나 연민 같은 것을 느낌과 동시에, 농업에 더하여 경제, 나아가서는 나라 본연의 모습까지도 포함해 생각하게 하는 나라가 쿠바이다. 쿠바에서는 국가 만들기 등이, 결코 예정대로 원활하게 진행되고 있는 것은 아니지만, 국가 단위에서 자급적 경제구축을 위해 사회구조, 산업구조의 재편이 추진되고 있다.

쿠바에서의 국가 만들기 등은, 호세 마르티[1]의 이념에 따른 것이며, 「인간은 자유로운 존재이다」라는 데에 마르티 사상의 핵심이 있다. 일본에서 발행되고 있는 마르티에 관한 문헌·자료가 적기도 해서 「인간은 자유로운 존재이다」라고 하는 그 내용에 대해 충분히 파악하는 것은 불가능하며, 농적 사회와의 비교 등을 하는 것은 어렵다. 그러나 자본주의도 아니고, 또 종래의 사회주의와도 다른 제3의 길을 모색해 가면서, 자급적이고 순환형인 국가를 만들고 있어, 시사하는 바가 적지 않으므로, 농업을 중심으로 쿠바의 역사 등도 살펴보면서 현 상황과 추진 방향 등에 대해 소개해 보고 싶다.

쿠바에는 2017년 2월 말에서 3월 초순까지 방문하였다. 2월 27일 일본을 출발해 멕시코시티를 거쳐 쿠바를 왕복, 3월 9일 귀국했다. 따라서 쿠바에서는 단지 8박을 한 초단기 방문이었다. 일본 생물환경 학자들의 별도 조사가 본격화하기 전의 1주일 동안을, 농업과 교육 관련 시찰 등에 집중하는 일에 참여했다. 카리브해에 떠 있는 라틴음악과 살사[2]의 섬이라는 관광·문화적 흥미에 더해, 도시농업과 유기농업의 강국이라고 불리어, 쿠바는 오랜 세월 동안 꼭 한번 방문해 보고 싶은 나라였다.

여기에 더해 피델 카스트로[3]에 의해 혁명정권이 수립되었을 뿐만 아니라,

---

1 호세 마르티: 1853~1895. 19세기 쿠바의 시인이자 정치가. 쿠바 독립운동에 가담하였고 뉴욕에서 『조국』지를 간행, 쿠바 독립, 남아메리카 국가들의 우호 증진에 노력하였음. (두산백과). -역자주.

2 살사: 뉴욕 푸에르토리코인 지구에서 유행한 새로운 라틴 음악. (민중서림 엣센스 외래어사전). -역자주.

3 피델 카스트로: 1926~2016. 쿠바의 정치가·혁명가. 1959년 총리에 취임하고 1976년 국가평의회

1990년 전후에는 대부분의 사회주의 국가들이 소련의 붕괴와 함께 체제 전환 내지 혼란을 겪는 가운데, 독자적인 노선을 걸으며 독립을 유지하고 다시 일어선 것에 감명마저 느낀다. 쿠바는, 2015년 7월 20일, 미국과의 국교를 회복하기에 이르렀다. 이어 2018년 3월, 동생 라울 카스트로가 국가평의회 의장 자리를 혁명 후세대에 이양하면서, 피델 카스트로 이래의 카스트로 시대에 막을 내렸다. 미국 자본에 의한 공세가 불가피한 가운데, 그 정치성·사회성이나 경제 실태, 그리고 향후의 행방도 포함하여 쿠바에 대한 흥미와 관심은 끝이 없다. 그런데, 사전에 약속을 잡는 것이 어려워, 현장 방문지가 한정되었고, 기간도 짧아 쿠바 본섬 서쪽 절반밖에 볼 수가 없었다. 더구나 자료와 문헌이 부족하고, 통계수치 입수가 어려워, 단편적인 조사 메모, 인상기(印象記) 수준에 머물 수밖에 없음을 미리 밝혀 둔다.

 ## 대국에 농락·유린되어 온 역사

쿠바는 인구가 1천1백만 명, 국토 면적은 1,098만 ha(대한민국 1,004만 ha), 동서로 가로로 긴 본섬은 일본열도의 주되는 가장 큰 섬인 혼슈本州의 약 절반인 작은 나라이다.

쿠바는, 1492년에 콜럼버스에 의해서 발견되고, 1511년 벨라스케스에 정복당해 스페인의 식민지가 되어, 강제 노동이나 역병, 학살 등에 의해서 원

주민인 인디오의 약 90%가 없어져, 인디오는 거의 소멸했다고 여겨진다. 그리고 설탕산업의 발전에 필요한 노동력은 아프리카로부터의 노예에 의해 조달되는 등, 비참한 역사를 가지고 있다. 스페인 식민지 시대가 400여 년간 지속되고, 1902년 쿠바공화국으로 독립하기는 했지만, 이후에도 미국과 소련에 의한 지배는 계속되었다. 이처럼 소련이 해체되는 1991년까지 500년 가까이, 대국에 종속되도록 강요당하고 경제고 뭐고 마구 휘둘려 왔다. 즉 플랜테이션⁴에 의한 사탕수수 재배와 설탕 생산·수출이 농업은 물론, 산업의 중심이며, 식량은 전적으로 해외에 의존한다고 하는 특이한 산업구조, 농업·식량 수급구조를 피할 수 없게 되었다. 그러던 것이 소련 해체로 싫든 좋든 진정한 독립을 추구할 수밖에 없게 된 상황에서, 쿠바는 필사적으로 변해 살아남으려 했다고 할 수 있다.

20세기 후반의 움직임을 좀 더 구체적으로 서술해 보면, 피델 카스트로 등이 「그란마호(号)」를 타고 쿠바에 상륙하고, 뒤이어 2년여 마에스트라산맥을 거점으로 게릴라 투쟁을 하면서 미국의 지배에서 벗어나 1959년 혁명 정권을 수립했다.

피델 카스트로는 경제의 다각화와 농업의 다각화가 필요하다며, 혁명 직

---

4 플랜테이션: 서구 제국이 열대·아열대 지역으로 농업 개척을 시작하면서 이루어 놓은 농업의 한 형태를 말함. 서구 제국은 16~17세기부터 식민지의 농업 개척 과정에서 현지 원주민의 값싼 노동력을 바탕으로 본국의 자본과 기술을 도입하여 기호품과 공업 원료를 단일 경작하는 기업적인 농업경영 방식을 택하게 되었는데, 그것이 식민 취락화(植民聚落化)를 뜻하는 플랜테이션이란 말로 불리게 되었음. 농작물은 무역품으로서 가치가 높은 고무·차·삼·커피·카카오·사탕수수·바나나·담배 등이 있음. 현재는 제2차 세계대전 이후 식민지의 독립 과정에서 국유화되어 현지민이 직접 경영하는 경우가 많아졌음. (네이버 지식백과). -역자주.

후인 1959년에, 미국의 설탕회사가 소유하고 있던 농지를 접수하여, 소작인과 농업노동자에게 분할을 추진하는 제1차 농업개혁을 실시했다. 그런데 1961년의 플라야 히론 침공 사건(미국은 쿠바와의 외교 관계 단절을 발표한 후, 쿠바 전 국토의 공항이나 병원 등의 공적 시설을 비행기로 폭격함과 동시에, 미국의 군함에서 대기하고 있던 1,500명의 용병으로 이루어진 반혁명군이 플라야 히론으로 상륙. 결국은 쿠바군에게 소탕되어 혁명정부의 전복에 실패), 1962년의 미국에 의한 수출입 전면 금지, 그리고 핵전쟁 위협으로 온 세계를 뒤흔든 「쿠바 위기」(1962년 10월)의 발생 등을 판단 근거로 하여, 1963년에 소련과 무역협정을 체결하여 소련권에 가입한다. 이에 따라 1963년에 제2차 농업개혁을 명확히 내세우고, 설탕을 무기로 하는 경제건설을 실현하기 위해, 농업생산을 국가의 통제하에 두고, 대규모 국영농장 건설을 진행하여, 대규모화·근대화를 추진해 왔다.

1990년에, 석유를 비롯하여 소련 및 동유럽 국가들이 쿠바로부터 수입을 줄이자, 쿠바 정부는 「평화 시의 비상시 특별기간(special period)」을 선언하고, 식료품의 배급 품목을 확대하는 등 분배의 평등성을 강화하면서, 각종 긴축정책을 펴게 됐다. 그리고 1991년 10월 제4차 공산당대회에서, 다각적인 국제관계 수립, 외자 도입과 함께 식량의 국산화, 유기농업으로 전환, 국내자원을 활용한 산업발전(바이오매스 등) 등을 통한 자급적 경제로의 발전을 목표로 구조를 재편해 나가기로 했다. 그러한 가운데, 가족경영, 소농경영을 중시하려는 움직임이 나오고 있는 것에도 주목해 두고 싶다.

잘못 알려진 「세계 제일의 유기농업 대국」「도시농업으로 자급」

먼저 쿠바의 유기농업, 도시농업에 대해 언급하고자 한다. 일본에서는, 요시다 타로吉田太郎의 『200만 도시가 유기농 채소로 자급할 수 있는 이유-도시농업 대국 쿠바 리포트』 등의 영향이 컸으며, 쿠바 농업이라고 하면 「세계 제일의 유기농업 대국」, 「도시농업으로 자급」의 이미지가 각인되어 왔다. 본 책에서 서술한 것처럼 대규모 농업, 근대화 농업과는 전혀 벡터가 다른 방향을 걸으면서, 도시농업과 유기농업으로 상당한 정도의 「자급·자립」이 실현되고 있다고 한다면, 대규모화 지향, 근대화 지향 쪽으로 쏜살같이 달리는 일본 농정의 바람직한 방향을 묻는 큰 힘이 될 수 있을 것이라는 기대를 갖게 하는 것이었다.

하지만 수도 아바나 중심가에서 농업 현장을 전혀 찾아볼 수 없었다. 1990년에 시작된 「경제위기」 직후의 공터나 화단 등을 활용하여 채소 등을 생산하여, 조금이라도 자급해 나가야만 했던 상황은 급변하여, 그 후의 경제회복에 따라 농지는 전용되고 건물 등이 설치된 것으로 추측된다. 경제위기 발생에 따라 국민의 대대적인 귀농운동이 일어나면서, 도시농업이 확산되어 자급률 향상을 꾀할 수 있었던 것 같지만, 쿠바의 귀농운동의 중심은 일본에서 말한다면 도시농업이라기보다 도시'근교' 농업으로서, 쿠바 도시농업의 정의를 충분히 고려하지 않은 채 정보가 발신되어 온 것이, 오해에 박차를 가한 것이 아닌가 생각된다.

또 쿠바 농업의 대부분은 유기농업인 것으로 받아들여져 왔으나, 역시 경제위기로 인해 화학비료·농약의 수입이 대부분 중단되면서, 결과적으로 무화학비료·무농약으로 유기농업이 이루어진 실정이고, 화학비료나 농약이 나돌게 되면서 원상회복된 것이 많아, 의식적으로 유기농업을 하고 있는 경우는 일부에 그쳐 있다. 어쨌든 유기농업에 관한 통계는 없어, 그 실태가 불분명하고 동시에, 유기농 표시로 판매되고 있는 농산물은 보이지 않아, 몇몇 농가와 소비자에게 이야기를 들을 수는 있었지만, 대체로 관심은 낮다. 그러나 일부이긴 하지만 유기농업을 하고 있는 농가가 있는 것은 확실하며, 썩은 나무와 채소 등을 섞은 콤포스트(혼합물)를 이용한 퇴비 만들기와 이의 농지로의 환원, 비로 인한 토양의 유실을 막기 위해 블록이나 판자로 에워싸고 그 안에 흙과 퇴비를 혼합하여 채소 등을 재배하는 오르가노포닉스(organoponics: 유기재배)라는 쿠바 특유의 방법이 활용되고 있는 것은 사실이다.

 ## 귀농운동과 소농 중시

오히려 여기에서 중요한 것은, 유례없는 식량위기 속에서, 대규모 귀농운동을 전개하여, 도시 주민 스스로가 자급을 위해 노력하고 식량을 확보해 왔다는 사실이다. 이것이 바탕이 되어, 귀농한 사람들 중에는 도시 근교에서 소규모 농가가 되어 농업을 계속하고 있는 사람도 많고, 도시에서 소비되는 채소·과일의 약 70%가 도시 근교에서 생산되고 있다는 정보도 있어,

도시 근교의 소규모 농업이 도시 주민의 식탁을 확실히 지탱하고 있는 것으로 보인다. 게다가, 여성이나 35세 이하의 젊은이가 많고, 소득이 가장 낮은 경우라도 평균소득에 필적할 만큼의 수입을 획득하고 있는 것으로 보이는 등, 귀중한 취업의 장을 제공하고 있다. 도시농업이라고 하기보다는 소농에 의한 도시근교농업을 중시하는 농업 재편이 이루어지고 있다는 점에서 재검토·재평가가 필요한 것 같다.

2008년에는 국내 생산을 한층 더 증가시켜 수입을 줄이기 위해, 유휴 국유지 이용권을 의욕 있는 농업자에게 부여해 활용토록 하는 「정령(政令) 59」호가 발령되어, 2009년에 11만 건의 신청이 있었고, 그중 8만 건이 승인되어, 69만 ha나 되는 농지가 유동화되었다는 소개도 있다. 또한 2012년 10월 말까지 17.2만 명에게 약 150만 ha의 농지가 인도되어 신규 취농자 증가를 지지해 나가고 있다고 알려지고 있다.

거듭된 역사적 시련을 이겨냈기 때문에, 지금, 쿠바가 지향하는 「이상주의 사회」는 지속적인 자급적 경제이며, 그 기둥 중 하나가 소규모 경영, 소농에 의한 농업이라는 것은, 지구의 미래를 향해 매우 중대한 메시지를 내포하고 있는 것으로 생각된다.

쿠바는, 스페인의 식민지, 미국의 지배, 그리고 소련경제권으로 편입과, 국제적인 분업경제 속에 편입되어, 그 농업은 자신이 필요로 하는 식량생산이 아니라, 사탕수수라는 수출품에 특화된 농업으로 전개되어 왔다. 고용노동력과 대형 농기계에 의한 대규모 농업이 펼쳐지면서, 국민이 필요로 하는 식량은 전적으로 해외에 의존하는 막다른 궁극의 근대화 농업이 전개되어 왔다.

그것이 앞서 살펴본 것처럼 1991년의 공산당대회에서, 식량의 국산화, 유기농업으로의 전환 등을 포함한 자급적 경제로의 발전을 목표로 하여, 실태적으로는 유기농업, 도시농업이라기보다는 소농에 의한 도시 근교농업을 중시한 농업 재편으로 진행되어 왔다.

이러한 쿠바의 동향은, 강대국에 의한 지배라는 역사에 농락되어 온 쿠바이기 때문에 커다란 진폭이라고도 할 수 있지만, 제2장에서 본 것처럼, 세계적으로는 농업의 대규모화·근대화가 진행되고 있는 한편, 소규모·가족농업의 재평가 기운이 고조되고 있기도 해, 쿠바의 동향에 주목할 필요가 있다.

 ## 사회주의와 호세 마르티의 사상

그런데 쿠바가 사회주의 혁명으로의 전환을 선언하게 된 것은, 1961년 미국이 혁명정부의 전복을 꾀했던 플라야 히론 침공 사건이 발생했기 때문이다. 미국계 자산을 접수함으로써 국유 부문이 대부분을 차지하게 되어 계획경제가 가능하게 되었다고도 하지만, 어디까지나 미국과 대치(서로 마주 대하여 버팀)해 가기 위해, 사회주의를 선택했다고 말할 수 있다.

피델 카스트로를 비롯한 혁명정권의 생각은, 사회주의 체제가 「이상주의 사회」를 실현하기 위한 수단이기는 하지만 목표는 아니라는 것을 기본으로 한다. 이상으로 삼은 것은 1895년 제2차 독립전쟁에서 흉탄에 쓰러진 호세 마르티의 사상에 두어져 있으며, 마르티 사상의 핵심은 「인간은 자유로운 존재다」라는 데 있다. 그리고 「자유는 행하는 것이지, 행해진 것은 아니다. 과정이지, 결과는 아니다」라고 말하면서, 「마르티는, 자유는 『거기에 있는 것』이 아니라, 『실현해야 할 것』이라고 했다」. 이렇게 해서 「마르티주의에 기초한 이상주의 사회와, 『사회주의로부터 공산주의로』라고 하는 마르크스의 이론을 융합시켰다」. 「쿠바풍 공산주의」가 추구되게 된 것이다.

소련화로부터 벗어나기

미국과의 관계 단절 후의 경과에 대해 재차 살펴보면, 1963년에는 소련과의 무역협정이 체결되어, 쿠바 정부는 소련권으로부터의 곡물이나 그 외의 식료와 교환하기 위해, 혁명정권 이전부터 행해져 온 설탕이나 감귤류의 생산을 극도로 중시한 「단일 수출 작물」에 의존하는, 이른바 모노컬처 경제를 선택할 수밖에 없게 된다.

그 결과, 1970년대에는 과도한 국유화가 진행되어, 시장 메커니즘이 거의 기능하지 않는 중앙 지령형의 계획경제로 돌아서게 되었다. 그 후 1980년대 말에 경제는 정체되어, 이러한 중앙 지령형의 경제모델은, 한층 더 경제 발전에 대한 족쇄가 되어 간다.

그러나 쿠바에서는 이를 타개해 나가기 위해 1990년의 「평화 시의 비상시」 선언, 1991년 공산당대회를 거쳐, 1994년에는 외국자본 유치, 가종 자영업 확대, 국영농장의 협동조합 생산기초단위(UBPC)로의 개편, 농산물 및 공산품의 자유시장 창설, 음식자영업의 승인, 은행제도 개혁, 세제 개혁, 기업 개혁 등 일련의 구조개혁이 추진되는 등 생산을 증강하기 위해 시장기능을 도입한 경제개혁이 수행되어 왔다.

게다가 2008년 이후는 규제완화도 추진되어, 외국인 관광객을 대상으로 한 음식점이나 숙박시설, 현지인을 위한 상품판매나 서비스업 등도 등장하는 등, 자영업자의 증가는 현저하여, 2015년 말에는 취업 인구의 거의 10%를 차지하기에 이르고 있다. 아울러 중소기업을 설립, 운영할 수 있도록 하는 방침을 제시하는 등 자유화가 점차 확대, 정착되고 있다.

식량의 기본은 배급

쿠바 국민들의 삶이 중요한 곳이자 관심거리인데, 여기서는 식량, 교육을 중점적으로 살펴보기로 한다.

식량 공급의 기본은 배급에 의한다. 배급제도는 사회주의 국가를 선언한 지 얼마 되지 않은 1962년 시작돼, 저렴한 가격에 기초적 식량이 공급되고 있다. 언젠가 폐지하기로 되어 있다고 하지만, 아직 배급제도는 계속되고 있다. 가족 단위로 발행된 배급수첩을 들고 국영시장에 나가 구입하는 방식으로, 우리가 방문한 하바나 시내 국영시장에서는 주요 식료품인 쌀, 콩, 검은콩, 백설탕, 흑설탕, 스파게티, 소금, 계란, 다진 고기, 닭고기, 그리고 유아용 식품(밀크·요구르트·고기)이 공급되고 있었다. 공급되는 양은 백설탕 4팩(1팩=1.8kg)/인(人)·월(月), 흑설탕 1팩/인·월, 소금 1팩(1팩=1kg)/3개월·가족, 검은콩 10온스/인·월, 스파게티 1팩/인(있을 때만), 커피 1팩/인·월 등으로 되어 있다. 지자체에 따라 공급되는 양이나 종류는 다르지만 대략적으로 필요량인 20일분 정도가 공급되고 있다.

배급만으로는 충분하지 않은 만큼, 게다가 배급대상이 되지 않는 채소 등의 농산물은, 국영시장이나, 공영 또는 소농이나 협동조합이 출하·판매하는 자유시장에서 구입하게 된다. 「배급을 통해 1인당 월간 식량 소비량의 40~60%가, 정부 보조금을 받아 시가의 10~5분의 1 정도의 가격으로 (1개월 배급 식량 합계액은 1인당 26~38페소 정도) 배급되고 있다. 국민은, 이 매월의 소비 식료품의 부족분 60~40%는, 자유시장, 암시장에서 사지 않으면 안 된다. … 이 배급 식료품의 84%가 수입 식료」(신도新藤)인 것으로 여겨진다.

배급으로 최소한의 식량은 싸게 조달할 수 있지만, 부족분에 대해서는 식료품 가격이 높기 때문에, 가난한 계층에서는 식비가 급여의 70%나 된다고 한다.

무상 그리고 높은 교육 수준

쿠바는 대학도 포함한 교육이 무상화되어 있는 것으로 잘 알려져 있지만, 그 교육수준은 극히 높아, 지적 인재의 파견국가이기도 하다.

쿠바는 OECD 회원국이 아니기 때문에 PISA(학습 도달도 조사)에는 참가하고 있지 않지만, LLECE(유네스코·라틴아메리카 학력평가연구소)가 2006년에 실시한 「라틴아메리카 학력 국제비교 조사」에서는 발군의 1위. 게다가 남녀 간 격차나 도농 간의 격차가 작아 세계의 교육 관계자들을 놀라게 했다.

그 이유로 꼽히는 것이, 대학을 포함한 모든 교육의 무상화와 적은 학생 수 학급이다. 이 때문에 공적 교육비의 GDP 비율은 12.9%, 정부 예산에서 차지하는 교육비의 비율은 19.2%(모두 2011년)로 일본의 3.8%, 5.55%의 3

배 이상이 된다.

이 배경에 있는 교육이론에 대해서 살펴보자. 이번에 함께 참여한 도쿄도립대학의 미야시타 요헤에宮下与兵衛 특임교수의 보고서에 따르면, 쿠바에서는, 피아제 이론[5]을 비판적으로 발전시킨 「발달의 최근접영역」 이론으로 불리는 비고츠키 이론[6]이 도입됐다. 그 요점은, IQ가 고정하여 본 '지금'의 발달수준인 점에 반해, "내일"의 발달수준으로 이끄는 것은, 타인과 협동하여 문제해결을 도모하는 대응에 있다고 한다. 그룹 학습을 통한 가르침 · 배움이 기본이고, 자습도 친구 집에 모여, 성적이 좋은 학생이 좋지 않은 학생을 돌보도록 짜여 있다는 것이다.

이렇게 이미 지적 인재가 두꺼운 층이 형성되어, 중남미 각국에 많은 의사를 파견하는 등 국제공헌에도 큰 역할을 하고 있다.

가난하지만 부유한 나라

마르크스 · 레닌주의로 기울어지던 이념을, 재차 마르티주의에 근거하는 새로운 사회주의 체제로의 방향으로 돌려 현재에 이르고 있다고 하는 것이

---

5 피아제 이론: 스위스 심리학자 피아제(Jean Piaget, 1896~1980)가 주장한 인지발달 이론으로, 인간이 인지하고, 지식을 동원하여 문제를 해결하고, 세계를 이해하게 되는 과정을 설명함. 이 이론에 따르면 인간의 인지발달은 환경과의 상호작용을 통한 지속적이고 확실한 방식 혹은 계획(scheme)의 산물임. (네이버 지식백과). -역자주.

6 비고츠키 이론: 비고츠키의 인지발달이론. Vygotsky는 아동을 타인과의 관계에서 영향을 받으면서 성장하는 역사-사회적 존재(historico-societal being)로 보았음. (중략) 이 개념은 아동의 인지발달에 부모나 교사의 도움을 유용하게 활용할 수 있다는 교육 및 학습의 중요성을 역설하고 있음. (네이버 지식백과). -역자주.

큰 흐름이다. 호세 마르티가 주창하는 「인간은 자유로운 존재이다」의 이면에는, 앞서 언급했듯이 원주민의 90%가 스페인의 강제노동이나 역병, 학살 등에 의해 사망한 것으로 알려져 설탕산업의 발전에 따라 필요한 노동력은 아프리카 노예로 충당되어 온 비참한 역사, 400년에 이르는 스페인의 식민지 지배, 이에 이은 반세기에 걸친 미국 자본에 의한 지배라는, 총 450년간 억압되어 온 역사가 가로놓여 있다. 그 후에도 소련 경제권 안에 편입되어 분업 경제 · 모노컬처(monoculture: 단일재배) 경제를 피할 수 없게 되어 왔다. 이것이 소련 경제권 붕괴에 따른 「평화 시의 비상시」로 인해 「자급 · 자립」의 길을 걷기 시작할 수밖에 없었다고도 할 수 있다. 그러나 그 이면에는 중남미 문화권에 있는 일원으로서 강한 자부심이 존재하고 있음을 간과할 수는 없을 것이다. 향후, 미국 자본의 공세에 직면할 것이 분명하고 따라서, 자립 경제의 확립이 매우 중요한 과제임은 말할 필요도 없다.

아울러 언급해 두고 싶은 과제가 국내에서 유통되는 통화(CUP)와, 외국인이 쓸 수 있는 통화(CUC)가 별도인 이중통화제도의 해소다. 같은 쿠바 페소라도 1CUC=25CUP로 25배의 화폐가치 차이가 나고, CUC가 쓸 수 있는 곳과 CUP를 쓸 수 있는 곳은 대개 나뉘어 있어, CUC를 갖고는 있어도 쓸 수 없는 시장도 많다. GDP에서 차지하는 관광업의 비중이 특히 높은 것으로 알려진 쿠바에서는, 택시나 민박 등으로 외화로 수입을 올릴 수 있는 사람들과 그렇지 않은 사람들의 소득 격차가 크다. 그렇다고 현재의 무역수지 구조 아래에서는 이중통화제도 해소가 쉽지 않아 골치 아픈 과제로 되어 있다.

식료의 기본은 배급, 교육비 · 의료비도 무료, 치안은 좋고, 인품도 대체로 밝고 온화하며 지식인도 많다. 같은 사회주의라고 하지만, 시장원리를 과감하게 도입한 경제대국주의를 따르는 중국과는 크게 다르다. 사회주의 국가일 뿐만 아니라, "가난하지만 부유한 나라"로서 쿠바의 존재감은 크다. 쿠바의 행방에, 앞으로도 눈을 뗄 수 없다.

지구적 의의를 가지는 일본의 쿠바와의 제휴

쿠바가 지향하는 사회 그리고 농업은, 자급적 경제이자 소농경영을 중시한 지속적 순환형 농업으로, 농적 사회와 공통되는 바가 많으며, 일본의 쿠바에 대한 주목과 연계는, 발전도상국을 비롯하여 자급적 경제, 지속적 순환형 농업을 지향하는 국가에 시사하는 바가 크다고 생각된다. 이러한 관점도 감안하여 일본의 쿠바와의 제휴에 대해 몇 가지 제언을 첨부해 두고 싶다.

첫째, 쿠바의 경험·역사를 배워 나가는 것이다. 쿠바만큼 수많은 긴장과 궁핍을 이겨낸 경험이 있는 나라는 없다. 이 경험을 배움과 동시에, 쿠바로부터 세계를 봄으로써 새로운 시점(視点)이 주어지는 것은 필연이며, 지금의 일본은 다각적 시점을 가지는 것이 확실히 필요한 상황에 있는 것으로 생각한다.

둘째, 얼마 전까지 쿠바 농업은 대규모 경영에 의한 단작농업이 기본이었고, 대부분은 농업인이라기보다는 농업노동자로서 농사에 종사해 왔다. 소농경영의 중요성이 인식되기 시작한 것은 겨우 20세기 말에 와서였으며, 소농경영 육성이 쿠바의 큰 과제로도 되고 있다. 일본에서는 소규모·영세 가족경영이 농정에서 밀려날 것 같기는 하지만, 아직도 건강한 소규모·영세 가족경영 농업인도 있다. 일본의 소농경영이 가지는 기술·노하우 등에는 앞으로의 쿠바 농업인의 경영·자립에 유용하게 쓰일 수 있을 부분이 적지 않다고 본다.

셋째, 쿠바 경제의 자립을 추진하는 동시에 소농경영의 자립을 도모해 나가기 위해서는, 지산지소(地産地消)를 직매 방식으로 추진해 나가는 것이 큰 포인트가 될 것으로 생각한다. 이에 대한 일본의 경험과 노하우 등을 쿠바에도 전할 필요가 있는 것은 아닐까.

넷째, 일본에서 농협의 시장화·자유화를 촉진하는, 빗나간 농협개혁[7]이나 자기 개혁이 진행되고 있는 한편, 협동노동법의 제정을 요구하는 움직임이 확산되는 등, 협동조합이나 협동활동 자체의 본연의 자세를 본질적으로 재검토하려는 움직임도 활발해지고 있다. 일본과 쿠바 간에, 협동노동을 축으로 하면서 소농경영의 확보·육성이나 협동조합의 생산성 향상 등에 대한 연구교류를 도모해 나가는 것은 그 의의가 적지 않다.

다섯째, 이러한 일본과 쿠바와의 교류 강화·확대를 통해, 신대륙형 대규모 농업이 아니고, 소농경영과 국민개농(國民皆農)[8]을 발전시키는 동시

---

7 농협 개혁: 아베 정권하 일본농림수산성은 각 분야 규제개혁 추진의 일환으로 '농협개혁집중추진기간(2014.6~2019.5)'을 설정하여 이를 실행한 바 있음. 본 책자의 발간 시기는 이 기간 중인 2018년 9월이므로 원저자는 현재진행형으로 표현함. -역자주.

8 국민개농(國民皆農): 모든 국민이 조금이라도 농사를 짓거나 농업에 관여한다는 뜻으로 해석해 볼 수 있음. -역자주.

에, 협동노동도 포함한 협동 활동의 본연의 자세를 모델화하여, 각국의 자급도 향상을 응원해 나갈 것을 제언하고 싶다. 일본과 쿠바이기에, 약육강식인 농산물 무역자유화에 맞서, 각국이 가진 식량주권을 존중하고, 각국의 경제적 자립을 지원해 나가는 것이 가능하다. 귀중한 경험과 역사를 가진 일본과 쿠바의 교류와 연계를 강화하고, 식량안보 강화를 통해 각국의 공생을 도모하여, 세계 평화를 이끌어 나가는 것이 기대된다.

제 6 장

농적 사회론

농(農)이 있는 장을
가까이서 연다

농적 세계에 눈을 뜨다

 이 책의 기본적인 목표는 농적 사회를 창조해 나가는 데 있다. 농적 사회를 발상하게 된 계기나 이유를 나름대로 생각해 보면, 샐러리맨으로서 비즈니스에 종사해 가면서, 주말에는 야마나시현山梨県에서 밭일이라고 할까 농사일을 하기 시작한 체험이 크다. 30대 후반쯤이 되면, 비즈니스 세계의 좋고 나쁨이나 달콤함과 매운맛, 전체상 같은 것이 보이는 동시에, 이대로 가면 비즈니스 세계에서의 행선지도 대략 짐작할 수 있게 된다. 출세하는 것 자체에 특별한 생각이 있었던 것도 아니고, 어느 정도의 수입은 확보하여 먹고살 만큼 되어, 가족을 지켜 나가면 충분하고, 이와 관련해 발생하는 여러 사태는 담담하게 받아들일 수밖에 없다고 생각했지만, 나는 사실 무엇을 가장 하고 싶은지 다시 생각해 볼 때 떠오른 것이 농업이고 농사였다.

농작업을 돕다

어머니는 센다이仙台로 시집왔는데, 친정은 아이치현愛知県 도요하시豊橋시 외곽에 있는 농가다. 감을 중심으로 포도, 배 등의 과수가 주였고, 돼지나 자급용으로 쌀과 채소도 심는 전업농가로서, 내가 초등학교에 들어가기 전에는, 어머니가 결핵으로 입원해 계시기도 해서, 부모님이 계시는 센다이와 외가가 있는 도요하시를 왔다 갔다를 반복하며, 절반 가까이는 외가에서 자랐다.

나지막한 산을 등지고 집이 있고, 그 앞 저지대에는 몇 필지의 작은 논이 펼쳐져 있고, 그 맞은편으로「삼각산」이라 통칭하던 말 그대로 삼각형의 산이 자리 잡고 있었다. 뒷산 조금 앞에는 신사가 있고, 산에서 흘러나오는 물이 개울이 되어 집 근처를 흘러내리고, 식기를 씻거나 빨래를 할 수 있는 터도 있으며, 그 개울은 수백 미터 앞에서 용수와 합류하고 있었다. 흔히 농사일을 도우며 과일과 사탕수수 등을 입에 물고, 사촌들이나 동네 아이들과 궁궐 등에서 뛰어다니거나, 개울에서 작은 물고기와 게, 심지어 뱀장어를 잡거나, 용수에서 헤엄치는 등, 그야말로 시골아이로 자랐다고 해도 좋다. 어머니의 건강 상태도 회복되어 초등학교부터는 센다이에 있는 학교에 다녔지만, 여름방학이 되면 곧바로 도요하시로 나가, 개학 직전까지 머무르며, 여름방학의 대부분을 도요하시에서 보내기 일쑤였다.

바로 나에게 고향은 도요하시인 외갓집인 셈이다. 언젠가 퇴직하면 귀농에 대해 생각할 작정이었는데, 어떤 계기가 있어서 지금 해 보기로 한 것이다. 그 계기라는 것은 당시 나의 상사였던 O 씨가「나는 골프를 잘 치지는 못하지만 스코어는 좋다. 그것은 홀에 확실히 넣을 수 있는 거리는 퍼터로 몇십 센티미터, 거기까지 다가오는 데는 피칭으로 몇 미터면 된다. 거기까지는 몇 번 아이언으로 몇십 미터라고 하는 식으로, 홀부터 역산해 간다. 따라서 첫 티샷은 반드시 드라이버를 사용한다고 못 박지는 않는다. 경우에 따라 피칭으로 갈 수도 있다」는 얘기였다. 나에게 골프는 천성에 맞지 않고, 또 잘하지도 못하지만, O 씨의 말을 듣고 생각한 것이, 내 인생에 홀은 대체 무엇일까. 그리고 홀로부터 역산하면 나는 지금, 무엇을 해야 하는가, 하는 것이었다. 그래서 나에게 있어서의 홀은 농업이며 농민임을 분명히 하고 농지를 구하는 행동을 개시하기에 이른 것이다.

덧붙여 또 하나, 이것에 크게 얽혀 오는 것이 횡적(橫笛: 가로로 대고 부는 피리의 총칭), 소적(篠笛: 대나무 피리)이며, 그 스승인 고이누마 히로유키鯉沼廣之 선생의 피리 소리이다. 38세 때인데, 한 달에 한 번, 토요일이 쉬는 날로 된 첫날, 10월 4일에 가마쿠라鎌倉(가나가와현神奈川県 동남부의 시) 각원사(覚園寺)에서 고이누마 히로시사의 횡적(피리) 연주를 들었다. 그 음색을 듣자마자, 이것이 자신이 추구해 왔던 소리라고 생각해, 며칠 안에 전화번호부에서 소적 파는 곳을 찾아내 입수. 모 음악센터에서 얼마간의 레슨을 받은 후 고이누마 히로유키 선생에게서 직접 사사하게 되었다. 이 횡적(橫笛) 세계에서 만난 사람들은 비즈니스 세계에서 접촉하는 사람들과는 상당히 감성이나 행동이 다른 사람들도 많아, 이러한 세계가 있음을 다시 한번 인식함과 동시에, 상대적으로라고 할까 거리를 두고 비즈니스 세계를 볼 수 있도록 이끌어 준 것 같다. 게다가 고이누마 선생은 야마나시현 마키오카쵸牧丘町에 있는 예술촌에 별택을 가지고 계셔서, 어느 날, 이곳을 방문드렸다. 근처의

JR철도 엔잔鹽山역까지 신주쿠新宿에서 전철로 1시간 반, 거기에서 자동차로 15분 정도. 후지산富士山이 바로 정남쪽으로 보이고, 게다가 농업진흥지역으로 개발의 손길이 별로 닿지 않는 곳으로, 이곳이 아주 마음에 들었다. 이후 이곳에 여러 차례 다녀왔고, 결국 이곳에 인연을 맺어, 400평(1,320m²)의 대나무 덤불을 구입해 밭을 연 것이다.

우선은 주말농업으로

서론이 조금 길어져 버렸지만, 이렇게 42세 때 주말농업 형태로 농업에 대한 대응을 시작하게 되었다. 이후, 원칙적으로, 토요일 오전에 야마나시山梨에 도착해, 1박을 하여, 밭일하고, 일요일 밤중에 도쿄로 돌아간다는 페이스로 주말을 보내게 됐다. 상세한 것은 나중에 기술하겠지만, 밭일하고 있으면 머릿속이 하얗게 되어, 비즈니스는 까맣게 잊게 되며, 비즈니스나 싫은 인간관계 등이 가져오는 스트레스로부터도 상당히 해방되었다. 나아가 현장, 지역을 접하고, 여러 사람들과 교류를 거듭함으로써, 다시 한번 농의 세계, 농이 가진 힘 같은 것을 실감하게 된 것으로, 직업상, 식량 생산을 위한 농업, 산업으로서의 농업을, 금융을 통해 살펴보아 왔는데, 이러한 세계의 바탕에 눈앞에 펼쳐지는 농적(農的) 세계가 있음을 새삼 깨닫게 된 것이다.

농(農)이 지닌 사회 디자인 능력

밭일하면서 채소 씨를 뿌려 싹이 나오고, 점차 커가는 것이 즐거움인 동시에, 크게 자란 채소를 수확해 먹을 때 "은혜"를 받고 있음을 실감한다. 이러한 일련의 작업이나 음식으로서 받는 가운데 기쁨이나 즐거움이 충만해 있지만, 가장 좋아하는 것이 잡초의 풀베기이다. 자연농법을 기본으로 하고 있으며, 밭은 녹색으로 덮여 흙이 노출된 곳은 없다. 잡초도 공생시키고는 있지만, 잡초가 자라서 채소에 햇볕이 들지 않게 된 곳은 낫으로 잡초를 베어 준다. 300평(990m²) 정도의 밭이지만, 일주일에 한 번 가게 되면 시간적으로는 농작업의 중심은 벌초가 된다. 특히 더운 날씨에 20~30분 벌초를 하다 보면 머릿속이 하얗게 변해, 모든 것을 잊고, 해방된 듯한 느낌이 든다. 이 순간이 너무 좋아서, 도취된 것 같은 행복해진 것 같은 기분에 젖을 수 있다. 일을 비롯한 스트레스로부터 해방되어, 자연과 일체가 되고 있는 자신을 깨닫는 것이다. 이렇게 에너지를 축적하여 평일에 열심히 일하고, 또 주말에는 밭일로 피로를 풀고 스트레스를 푸는 것을 반복해 왔다. 지금 생각하면 이러한 주말 밭일, 시골 생활이 있었기에, 42년의 직장인 생활, 특히 스트레스가 많은 그 후반 부분을 어떻게든 무사히 넘길 수 있었던 것 같다.

농의 가치를 끌어내다

이러한 실감을 바탕으로 농업이나 농의 세계를 생각해 보면, 첫째로 농업의 베이스에는 농지(토지)나 자연, 환경이라는 것이 인간 세계의 실상과는 무관하게 엄연히 존재하고 있으며, 그 위에 커뮤니티가 형성됨으로써 농업은 성립되고 있음을 납득할 수 있다. 그런데 산업으로서의 농업은, 농업이 성립하는 전제, 요건으로서의 커뮤니티나 토지·자연·환경을 경시하기 쉬우며, 이 때문에 산업으로서의 농업이 자기회전(自己回轉)할수록 지속성을 상실한다는 관계에도 있다.

둘째, 우리가 농업이라고 부르는 것은 농업의 실체, 가치의 절반에 지나지 않으며, 거의 염두에 두어 보지 못한, 농업이 가진 또 하나의 반면인「농(農)」이라고도 해야 할 세계가 매우 중요한 가치를 지닌다. 오히려 잠재되어 있음에도 경시되어 온 농의 가치야말로, 이제부터 요구되는 가치이며, 이것을 적극적으로 보이도록 해 나가는, 말 등으로 표현할 수 있도록 해 나가는 것이 반드시 필요하다고 본다. 바로 이 잠재되어 있어 그다지 표현되지 않아 왔던 가치야말로 인간이 살아가는 데 있어서 불가결한 것이며, 커뮤니티나 사회가 성립해 가기 위한 필요조건이라고 할 수 있다. 이러한 가치를 이끌어 가는 것이, 새로운 커뮤니티, 사회, 필자가 말하는「농적 사회」를 창조·디자인해 나가기 위한 전제가 된다는 의미에서, 이 가치를「농이 가지는 사회 디자인 능력」이라고 부르고 있다.

이와 관련하여, 〈표 3〉에서 보는 바와 같이 국토의 보전, 수원(水源: 물이 흘러나오는 근원)의 함양, 자연환경의 보전, 양호한 경관 형성 등 농업이 가지는「다면적 기능」은, 농업이 가지는 식량 공급 이외의 기능, 가치를 표현한 것이지만, 그 위치설정 방법은 어디까지나 농업에 부수되어 초래되는 가치로서의 위상에 그친다. 이 부수적으로 초래되는 가치와 더불어, 인간이 주체적으로 적극 작용함으로써 만들어지는 가치를 포함한 것이 「다양한 기능」
이라고 해도 무방할 것이다. 특히 이 중에서 「농작업 체험 · 학습 · 교류의 장
을 제공하는 기능」은 인간의 능동적인 행위 없이는 발휘될 수 없는 것이다.

<표 3> 다면적 기능 · 다양한 기능과 농(農)이 가지는 사회디자인 능력

다면적(多面的) 기능(식량 · 농업 · 농촌기본법 제3조)   * 농업이 가지는 식량 공급 이외의 기능, 가치를 표현한 것
「농업생산활동이 이루어지는 것에 의해 만들어지는 식량, 그 외의 농산물공급 기능 이외」의 것으로서,   1. 국토보전   2. 수원함양   3. 자연환경보전   4. 양호한 경관 형성   5. 문화의 전승 등
다양(多樣)한 기능(도시농업진흥기본법)   * 다면적 기능에 더하여, 인간이 주체적으로 적극 작용함으로써 만들어지는 가치를 포함한 것
1. 농산물을 공급하는 기능   2. 재해방지 기능   3. 양호한 경관 형성 기능   4. 국토 · 환경 보전 기능   5. 농작업 체험 · 학습 · 교류의 장을 제공하는 기능   6. 농업에 대한 이해 조성 기능
농(農)이 가지는 사회디자인 능력   * 인간이 뜻 내지 의사를 갖고 주체적 · 적극적으로 작용함으로써 가치가 발현되는 농업이 가지는 능력
1. 식량자급 능력   2. 자립 능력   3. 커뮤니티 형성 능력   4. 교육 능력   5. 사는 보람 · 일하는 보람 실감 능력   6. 문화형성 능력

* 본문의 내용을 정리하여 역자가 추가한 것임.

적극적인 작용으로 발현되는 가치

이에 대하여 「농(農)이 가지는 사회디자인 능력」은, 인간이 뜻 내지 의사를 갖고 주체적·적극적으로 작용함으로써 가치가 발현되는 농업이 가지는 능력으로서, 일부 「다양한 기능」과는 겹치지만, 농업에 당연한 것으로 부수적으로 초래되는 다원적 기능과는 다르다. 어디까지나 인간의 적극적인 작용, 주체적인 행동이 전제되어 가치가 발현되는 것이 「농이 가지는 사회디자인 능력」이며, 여기에는 ① 식량자급 능력, ② 자립 능력, ③ 커뮤니티 형성 능력, ④ 교육 능력, ⑤ 사는 보람, 일하는 보람 실감 능력, ⑥ 문화 형성 능력 등을 들 수 있다.

①은 식량의 자급, ②는 경제적인 자립을 뒷바라지하는 것이며, ③은 장(場)을 공유하면서 함께 땀을 흘리고, 거기서 대화함으로써 커뮤니티가 초래되는 것이다. 또 ④는 자신의 신체를 움직임으로써 땅을 갈고 씨를 뿌리고, 수확하여 그 은혜를 받는 것이, 인간에게 가장 중요한 일임을 일깨워 주고 가르쳐 주는 것으로 이어진다. ⑤는 농(農)에 부지런히 힘쓰는 것 자체가 즐겁고 보람을 주지만, 거기에 그치지 않고 기분 전환, 스트레스 해소로 이어져 사는 보람을 가져오기도 한다. 그리고 ⑥은 커뮤니티 안에서 대화하고, 기쁨이나 즐거움 등을 표현해 나가는 것이 문화를 창출해 나갈 것이다. 이와 같이 「농이 가지는 사회디자인 능력」은 농, 농의 세계라는 "장(場)"에, 인간의 뜻·의사와, 농작업 등의 구체적인 행동이 더해져 발현되는, 잠재적인 능력이라고 할 수 있다.

다차 그리고 아나스타샤

러시아의 장(場) 만들기

독일의 클라인가르텐[1]을 비롯한 시민들이 농업에 참여하기 위한 "장(場) 만들기"는 세계적으로 하나의 흐름이 되고 있으며, 일본에서도 시민농원과 체험농원이 곳곳에 들어서고, 시민들은 추첨 대기를 해야만 한다는 얘기도 자주 듣는다. 이러한 농, 농의 세계라는 "장 만들기"가 가장 잘 추진되고 있다고 해도 좋은 곳이 러시아다. 러시아에서는 도시 주민의 대부분이 다차[2]라고 불리는 농지가 딸린 오두막을 가지고 있다. 600m²(약 182평)가 표준으로, 이곳에 약간의 식사나 숙박을 할 수 있는 오두막이라고 할까 주택이 들어서 있다. 개중에는 저택에 가까운 훌륭한 건물도 있지만 대체로 간이 건물이 많다.

도시 주민의 약 60% 정도가 다차를 갖고 있다고 하는데, 도시 근교라고는 하지만 왕래가 어려운 사람이나 농업을 싫어하는 사람, 또 부자 중에는 다차가 아닌 별장을 갖고 있는 사람도 적지 않아, 이들을 차감하면 원하는

---

1 클라인가르텐: 클라인가르텐(Kleine Garten, 독일어)은 '작은 농장'이라는 뜻이며, 텃밭 딸린 별장을 말함. 클라인가르텐은 도시민들에게 농촌을 알리고 농촌 수익 증대를 위해 고안된 것으로 임대 별장임. 임대료만 내면 내 집처럼 살면서 농작물을 재배할 수 있음. (네이버 오픈사전). -역자주.

2 다차: 다차(Дача, 러시아어)는 러시아를 포함한 구소련 지역에서 볼 수 있는 일반적인 간이 별장과 텃밭임. 러시아인들은 주말이나 휴양철에 가족단위의 별장인 다차에서 휴식을 즐기는 문화가 있음. (위키백과). -역자주.

사람 중 상당수는 다차를 갖고 있다는 것이다. 어쨌든 금요일 저녁과 일요일 저녁은 도심과 다차를 왕복하는 사람들의 차량으로 도로는 극심한 정체가 빚어진다. 이만저만이 아닌 정체를 아랑곳하지 않고 주말마다 다차에 다니는 러시아 도시 주민의 다차에 쏟아지는 뜨거운 감정은 존경에 가까운 느낌마저 준다.

이 다차는 농산물이 생산될 뿐만 아니라, 꽃이 심기거나 잔디밭으로 되어 있는 곳도 있다. 대체로 식량 사정이 좋아진 요즈음은 주식용 감자를 줄이고 자급용 채소와 꽃을 중심으로 심는 곳이 많다. 소련 붕괴 후 혼란기에는 식료품점 앞에 식량을 찾는 사람들이 그야말로 장사진을 이룬 모습이 사진으로 자주 보도됐지만, 이 식량위기를 극복할 수 있었던 것은, 도시 주민들이 다차에서 주식인 감자의 90% 이상을 생산했기 때문으로 알려져 있다. 역시 제2차 세계대전 후 식량난 때도 다차가 큰 역할을 한 것으로 보고되고 있다. 지금도 감자의 77.6%, 그 밖에 채소의 67%가 다차에서 생산되고 있다(2015년, 러시아 국가통계국 조사). 즉 러시아 식량 안전보장의 보루가 되고 있는 것이 다차이며, 도시 주민이 하는 자급이 식량 안전보장의 베이스가 되고 있음과 동시에, 주말을 밭일·정원일을 하면서 느긋하게 보내는 도시 주민의 휴식처가 되고 있다.

다차는 제정 러시아 시대에 귀족들이 교외에 별장을 지으면서 비롯되는데 소련 시대에 크게 퍼진 것으로 알려져 있다. 소련 시절에는 중공업 추진을 위해 농촌에서 도시로 많은 노동력이 이동하게 됐지만, 점차 기운을 잃어버리는 노동자가 많았다고 한다. 이는 농촌과 멀어져 밭일에도 인연이 없어진 데서 원인을 찾을 수 있지 않느냐고 하여, 노동자에게 땅을 주고 다차를 만들게 하였더니, 노동자는 원기를 되찾았다고 한다. 그래서 공업생산 등에서 성과를 올린 노동자에게는 토지를 주어, 다차의 대대적인 도입이 이루어지게 되었다는 이야기를 들은 적이 있다. 역시 농업을 접하고 밭일, 농사일을 하는 것이 인간을 편안하게 만들어 주고, 인간성을 회복시킴과 함께 노동의욕을 환기시키는 것으로도 이어진다는 것이다.

이 다차의 600m²(약 182평)라고 하는 넓이는 일정 정도의 자급을 상정한 것이라고 여겨지고 있으며, 또 다차는 도시로부터 100km 이상 떨어진 곳을 기본으로 하고 있는 것 같다(도요타豊田).

다차는 수십 채 혹은 백 채, 이백 채로 뭉쳐 단지로 만들어졌으며, 땅을 받은 사람들이 공동으로 인프라를 정비해 온 것으로, 각각 조합이 만들어져 있기도 한다. 이를 포함해 이웃과의 교류·소통의 장으로서의 역할도 하고 있다.

아나스타샤의 예언

그런데, 이와 관련된 이야기인데, 『아나스타샤』라는 러시아에서 나온 신기한 책이 있다. 일본에서는 현재 6권까지 발행되어 있는 것 같은데, 4권 책 띠종이에 쓰여 있기를, 세계 25개국어로 출간돼, 시리즈 누계 1,100만 부를 돌파했다고 하니 놀랍다.

이 책은, 지구를 위기로 몰아넣고 있는 현대인의 삶과 현대사회의 이상적인 모습 등에 대해 심도 있는 차원에서 재점검을 촉구하고 있는 책이다. 픽션임에도 논픽션인 것처럼 받아들여지고 있는데, 러시아 실업가 블라디미

르·메그레가, 소련이 붕괴된 지 얼마 되지 않은 1994년에 교역을 위해 오비강을 배로 거슬러 올라가, 타이거 숲 깊은 곳에서 완전한 자급생활을 하고 있는 아나스타샤를 만나, 그곳에서 보낸 사흘 동안에 보거나 듣거나 한 아나스타샤의 생활상과 그녀가 한 이야기가 기본이다.

메그레는 아나스타샤와의 단 3일간의 만남이기는 하지만, 그 만남으로 인해 삶의 방식이나 가치관, 인간으로서의 존재 의의가 크게 흔들리게 되는 동시에, 아나스타샤가 말하는 이야기를 책으로 묶어 출간하기로 약속하고 마을로 돌아간다. 이 약속을 이행하기 위해, 책 집필 등에 몰두하면서 그 사이 자신의 회사는 도산하고, 가족과는 절연상태, 자살 직전까지 몰리지만, 우연히 만난 사람의 호의로 자비로 출간하게 된 책은, 입소문을 타고 순식간에 퍼져 나간다. 이러한 일련의 경과를 씨줄로 하여 자급생활에 뿌리를 둔 문명론, 교육론, 미래론, 종교론 등, 실로 깊은 차원의 아나스타샤 이야기가 실타래처럼 엮여 있는 신기하고 매우 흥미로운 책이다.

아나스타샤에 의하면, 원래 「과일이나 채소 등의 열매는, 인간을 기운 나게 만들어 자급력을 높일 목적으로 만들어졌다. 인간이 지금까지 만들어 온, 그리고 앞으로 만들 어떤 약보다도 강력하게, 식물의 열매는 인간의 몸 조직을 덮치는 온갖 병과 효과적으로 싸우며, 굳건히 저항하는」 힘을 간직하고 있다. 좀 더 말하면 「과일이나 채소 등의 열매, 그것을 뿌리고 키운 사람이 먹으면, 틀림없이 그 사람의 온갖 병을 치유할 뿐만 아니라, 노화의 속도를 완만하게 하고, 악습을 제거하며, 각종 지적 능력을 증대시켜 마음의 평안까지 가져다준다」는 것이다. 그러나 인간은, 이러한 혜택을 충분히 받고 있음에도 불구하고, 이것들을 소홀히 할 뿐만 아니라, 지구 자체를 더럽

히고 아프게 하고 있다. 그리고 「인간이 만든 우주선이나 비행기가 여러분에게는 친숙하고 자연스러운 것으로 보이겠지만, 그것은 위대한 자연계의 구조를 부수거나 녹인 조각으로 만들어진 것」일 뿐인데, 인간은 거꾸로 이들을 숭배하려 한다고 갈파한다.

이런 가운데 아나스타샤는 다차를 얘기하며, 「다차니크」(다차를 이용하고 있는 사람)가 「사람들을 기아에서 구하고, 사람들의 영혼에 좋은 씨앗을 뿌리며 미래 사회를 키우고 있다」고 말한다. 그러면서 「다차 텃밭에서 경작하면 기분이 너무 좋아지고, 그 덕분에 많은 사람이 건강해지고, 장수하고, 마음도 평온해진다. 기술 우선주의로 치닫는 길이 얼마나 파멸적인지를 사회에 납득시키는, 그 일에 도움을 주는 것이 다차니크」라고 말하고 있다. 그 위에서 지구의 미래는 말하자면 국민개농(國民皆農)·시민개농(市民皆農)에 달려 있고, 보다 더 희망하는 각 가정에 1ha의 토지를 할당함으로써 러시아로부터 아름답고 행복한 사회가 구축되어 갈 것이라는 "예언"을 내놓았다.

바로 필자가 말하는 농업이 가진 또 한편의 가치인, '농이 가지는 사회디자인 능력'을 다차는 응축하여 간직하고 있다고 말할 수 있으며, 아나스타샤는 이것이야말로 파멸적인 사회를 바로잡고 지구를 구하는 것이라고 말하고 있다. 러시아의 장래가 크게 주목될 뿐만 아니라, 일본에서도 국민개농으로 농이 가지는 사회디자인 능력을 이끌어 내고, 활용해 나가는 것이 사회 변혁의 열쇠이며, 이 대응을 서두르는 것이 지구 차원에서도 본질적으로 가장 중요하고 매우 중요한 과제임을 시사한다고 할 수 있다.

농적 사회의 성격과 구도

여기서 농적 사회가 가지는 성격을 근거로 하여, 그 구도에 대해 확인해 두고 싶다.

우선 농적 사회가 가지는 성격에 대해서 정리해 보면, 그의 가장 중시하는 것은 자연이나 농(農), 농적 세계이고, 그 주체는 가족이 기초 단위인 점으로부터, 우선 첫째로, 유독 개별적·구체적이라는 것이다. 예를 들어 밭 한 배미를 봐도 각기 다르며, 같은 밭 안에서도 장소에 따라 생육 상황, 혹은 거기에 나는 잡초도 다르다. 또 사람은 개개인이 다르고, 가족 또한 각각 성격이 다르다.

둘째, 다양하다는 것이다. 자연이든 인간이든 각각이 다르기 때문에 자연히 다양함은 새삼 말할 필요도 없다.

셋째, 통합되어 공생하고 있는 것이다. 각기 달라 다양하면서도, 조화를 이루며, 완만하게 통합되어 공생하고 있다.

넷째, 주체적이며 자립성을 가지고 있다는 것이다. 단순히 개별적일 뿐만 아니라, 그 개별성을 의식적으로 살려, 조화를 유지하면서 공생해 나가기 위해서는, 주체적이며 확실한 자립성이 요건이 된다.

이러한 성격을 바탕으로 형성되는 농적 사회는 자연스럽게 다음과 같은 구도를 갖게 된다.

첫째가 자급적·순환적이라는 점이다. 일정한 통합으로서의 지역 안에서, 거기에 있는 자연이나 토지 등을 비롯한 자연 자원을 살릴 뿐만 아니라,

최대한 그 속에서 소비하고 순환시켜 나가는 것을 기본으로 한다. 그 상징이 되는 것이 지산지소(地産地消)인데, 이는 농업, 농산물의 지산지소에 그치지 않고 사람 · 물질 · 돈 모두에 걸쳐 최대한, 자급하고 순환시켜 나가는 것이다. 그리고 농상공(農商工)제휴는 지역 안에서 순환시켜 나가기 위한 구조로 자리매김하게 된다. 또 안심하고 생활해 나가기 위해 삶의 가장 기초적인 부분, 즉 식량(Food), 에너지(Energy), 복지개호(Care)를 자급해 나가자는 운동이 경제평론가 우치하시 가쓰토內橋克人가 주장하는 FEC 자급권이다. 여기에 교육(Education), 환경(Environment), 문화(Culture), 의료(Cure)를 덧붙여 1F3E3C로 할 것을 필자는 제안하고 있다.

둘째, 파트너십화이다. 일정한 지역 안에서 완전히 자급되어 순환을 완결시키는 것은 어려우므로, 다른 지역과의 교류 · 교환 등으로 부족한 것 등을 상호보완해 나가는 것이다. 지역은 가족, 이웃 등과 여러 층의 커뮤니티가 중첩되어 있으며, 각각의 레벨에서 다양한 벡터를 가지고 다른 것과 연결되어 네트워크 또한 다양하게 형성되어 간다. 그것이 또 세계와도 연결되어 가게 되지만, 네트워크화해 연결될 뿐만 아니라, 함께 응원 · 지원하면서 서로 살려 나간다는 의미에서는 파트너십이라고 부르는 것이 적합하다. 파트너십화에 의한 대응의 일환으로서 도시 · 농촌 교류나 생산자와 소비자가 제휴한 CSA(Community Supported Agriculture, 공동체 지원 농업)를 비롯한 커뮤니티 농업을 위치시키는 것도 가능하다.

셋째, 로컬 중시이다. 원래 로컬적인 대처가 연결되어 글로벌화되어 가는 것이다. 이 로컬에서의 세계화가 중요한 부분이며, 글로벌이 있어 로컬이 자리매김하는 것이 아니어서, 절대로 역전시키는 것은 허용되지 않는다. 로

컬끼리에 있어서도 자연이나 농사의 영위를 존중·우선하고 있는 것으로부터 조화는 유지되고, 서로 상생해 나갈 수 있도록 한다. 세계화 그 자체에 의의가 있다는 지금의 경제우선사회, 금전자본주의와는 전혀 다르다. 세계화하여 일률화해 가는 것보다도, 각각 다르고 달랐기 때문에, 재미있고, 각각의 가치를 서로 인정하고 공생해 나가는 것을 가능하게 해 나가는 것이라고 생각한다.

 ## 생명의 밭에서

그런데 농적 사회를 창조해 나가는 것은 개별적인 동시에, 특히 주체적·자립적인 것인 만큼, 안이하게 모델화할 수 있는 것은 아니다. 그야말로 개별적인 대응을 추진하는 한편, 네트워크를 사용해 서로 경험 교류를 거듭하면서, 또 시행착오를 겪어 가면서 파트너십화해 나아가야 할 것이다. 오히려 그곳에서는 지역의 고로(古老: 그 지역에 오래 살아, 예부터의 그 지방 사정에 밝은 노인)들이 가지는 지혜나, 지역에서의 경험이나 역사 등이 큰 시사점과 힘을 주는 동시에, 구체적인 뒷받침을 해 주는 것은 아닐까. 그런 의미에서는 만남을 통해 얻은 대처 사례를 제삼자적으로 소개하는 것으로 전해 나가기에는 한계가 있다. 이에 참고가 될지 어떨지는 몰라도, 굳이 나 자신의 활동을 중심으로, 빈번히 오가며 파트너십을 만들고 있는 노력도 포함해 이하에서 소개해 보고 싶다.

스스로의 농적 사회에 대한 관심을 구체화하게 된 시초가, 앞서 언급한 대로, 1991년에 자신의 자그마한 농지를 확보함으로써, 주말에 도쿄와 야마나시山梨를 왕복하게 된 것이다.

장소는 고후甲府 분지의 동쪽, 도쿄 인근에 위치한 마키오카쵸牧丘町(현재, 야마나시山梨시 마키오카쵸)이다. 중앙도(中央道) · 가츠누마勝沼 나들목에서 북쪽으로 차로 약 20분, 남향의 경사면으로 포도밭이 온통 펼쳐져 있는 곳이다. 이곳에 경작포기 되어 대나무숲으로 있던 1,320m²(400평)를 톱과 손도끼만으로 약 3개월에 걸쳐 밭으로 개척한 것이다. 얼마 전 토요일 밤에는 인근 엔잔塩山역에 있는 온천여관에 머물며, 토 · 일요일, 땀범벅이 되어 대나무나 자그마한 나무들을 잘라 정리하는 작업을 계속하였는데, 이때만큼 기분 좋은 땀을 흘린 적은 없다. 몇 년 전에는 온전한 밭이 만들어지기를 꿈꾸며 한껏 육체노동을 하고, 일요일 저녁, 엔잔塩山역에서 와인 한 컵을 사 들고, 돌아오는 기차에 올라, 차 안에서 이를 들이키며, 잠시 숙면을 취했다. 실로 상쾌하고 행복을 실감하였다.

400평(1,320m²) 중 100평(330m²)을 택지로 하고, 나머지 300평(990m²)을 밭으로 삼고 있다. 농지법 관계상 택지로 전용하고 구입하여, 시골이라 싸다고는 하지만, 택지로 세금을 내면서 농지로 이용하고 있다. 집은 인근에 사는 목수에게 부탁했는데, 집을 짓는 공사를 위해 임시, 일시적으로 도로를 파헤쳐 발생한 자갈이 많이 섞여 버린 80평 정도는 잡목림으로 하고, 또 밭의 30% 정도는 꽃이나 허브 밭으로 하며, 나머지에서는 채소를 재배하고 있다.

에히메현愛媛県 이요시伊予市의『짚 한 단의 혁명』으로 알려진 자연농법가 후쿠오카 마사노부福岡正信 씨와, 역시 자연농법가로『신묘한 밭에 서서』의

저자인 나라현奈良県 사쿠라이시桜井市의 가와구치 요시카즈川口由— 씨의 농장을 방문해 여러 가지 가르침을 받고, 후쿠오카 마사노부 씨의 철학을 기본으로 가와구치 요시카즈 씨의 기법을 벤치마킹하여, 밭과 정원을 일체화시킨 「키친가든³」으로 만들었다. 부끄럽지만 이를 「생명의 밭」이라 칭하며, 주말에는 이곳에서 땀을 흘리며 농사를 즐기는 동시에, 자급에도 일조하고 있다.

 개간을 마치고 얼마 지나지 않아 전근하게 되어 구마모토熊本로 2년 7개월간 단신 부임을 피할 수 없게 되었지만, 이전에도 월 1회, 밭에 나가는 것이 고작이어서, 파종은 했지만, 밭은 잡초로 덮여, 밭일이라고 해 봐야 잡초만 깎았을 뿐 수확은 거의 제로였다. 단신 부임을 마치고 도쿄로 돌아온 것은 1994년 1월. 그때부터 이제 겨우 주말 농사가 가능해진 이후 24년이 지나가고 있다. 회사를 2013년에 퇴직, '농적사회디자인연구소'의 간판을 내걸고 지금에 이르고 있다. 지금은 월요일부터 목요일까지 도쿄에서 일하고 금요일부터 주말에는 야마나시山梨에서 농작업과 자원봉사라는 공간을 기본으로 오가고 있다. 주말농업이라기보다는 '두 지역 거주', 혹은 야마나시에서 도쿄로 매주 돈을 벌러 다닌다는 감각에 가까울지도 모르겠다.

 매 주일마다, 도쿄와 야마나시를 왔다 갔다 해서 '피곤하지 않을까'라고 걱정하시는 경우도 많지만, 사실은 완전히 반대로, 야마나시에 가면 일과는 또 별도로 에너지가 나오는 동시에, 스트레스로부터 해방되어 새로운 에너지를 받아 도쿄로 돌아가기 일쑤이다. 또 채소나 꽃을, 씨를 뿌리거나 모를

---

3 키친가든: kitchen garden. 채마(菜麻)밭. 집에서 가꾸어 먹을 정도의 몇 가지의 남새를 심은 밭. (동아새국어사전 제4판). -역자주.

사서 기르는 것이 재미있다. 이들이 하루가 다르게 자라 수확하거나 먹거나 하는 것도 기대되는데, 자연농법이어서 여러 잡초도 섞이고, 개불알풀, 광대나물, 자주광대나물, 긴병꽃풀 등의 야생화, 머위, 쑥, 달래, 으름덩굴, 멸가치, 죽순, 양하 등의 야생초가 차례로 나와 제철 맛과 향을 즐기게 해 준다.

농작업에서 예초기를 비롯한 이른바 농기계는 이용하지 않고, 오로지 낫이나 괭이 등을 사용하여 인력으로 작업하고 있다. 농기계를 움직이면 엔진 소리가 시끄럽고, 조용한 가운데서 새소리나 냇물 소리를 들으며 농작업을 하고 싶은 소극적인 이유도 있지만, 첫째는 예를 들면, 낫을 이용해 풀을 베면 능률은 떨어지는 대신에 풀 그늘에 숨어 있는 꽃이나 허브 등의 싹을 확인하면서 풀만 베어 낼 수 있기 때문이다. 풀로 뒤덮인 속에서 꽃과 허브 등의 싹을 만났을 때, 발견했을 때의 기쁨은 각별하며, 이들이 커 가는 것을 지켜보는 것이 정말로 즐겁다. 물론, 프로 농가는 농기계를 사용해야 하지만, 오히려 아마추어 농가이기 때문에 허용되는 '사치'라고도 말할 수 있다.

생산물은 자가소비만 할 뿐 외부 판매는 없다. 농적사회디자인연구소의 활동으로 강연료나 원고료 등을 어느 정도 받고는 있지만, 교통비나 책자 구입비 등 직접 경비를 뺀 나머지 수입분은 청년들의 창업 등을 지원하기 위한 펀드로 활용하는 데에만 지출하고 있어, 아마추어 농가로서의 경비는 생활비를 포함해 연금 수입으로 충당하고 있다. 연금을 충분히 받아 '두 지역 거주'를 할 수 있어서, 농가나 젊은 사람들에게 미안한 마음도 없지 않지만, 반면에 아마추어 농가이기 때문에 어느 정도 거리를 두고 농업의 훌륭함과 농촌의 좋은 점 등을 이해할 수 있는 동시에, 이를 정보 발신해 나갈 수 있어, 이 또한 아마추어 농가의 중요한 역할이라고 생각하고 있다.

작은 생명이 움트고 (봄)

겨울도 곧 끝나고 봄이 임박했음을 가장 먼저 알려 주는 것이 큰개불알풀이다. 2월 중순경, 마른 풀로 뒤덮인 갈색 밭에 미묘하게 녹색과 파란색이 섞이기 시작한다. 그곳에는 큰개불알풀 꽃들이 피어 있고, 작고 푸른 귀여운 꽃들이 무리를 지어 있다. 그로부터 며칠 뒤에야 분홍빛 채색을 곁들여 나오는 것이 광대나물이다. 큰개불알풀, 광대나물이 펼쳐짐과 동시에 병행해서, 생명의 밭 입구에 있는 분고매화豊後梅 꽃봉오리가 크게 부풀어 오르고, 2월 말경부터 한 송이 한 송이씩 주홍색과 분홍빛의 중간 정도 색의 꽃잎을 열기 시작한다.

3월로 접어들 무렵에 입춘 후 처음으로 부는 강한 남풍이 휘몰아치는데, 이때 정확히 분고매화가 활짝 핀다. 분고매화 쪽에서는 크로커스가 노란색 꽃을 피우는 동시에, 수선화 싹도 갑자기 크게 자라고, 머위의 어린 꽃줄기가 나오기 시작한다. 이맘때가 되면, 그때까지 난로에서 휙휙 지펴 왔던 장작의 수도 급감하고, 처음에 몇 그루 태우고 데우면, 나중에는 여열로 어떻게든 지낼 수 있게 된다.

3월 중순, 수선화가 피기 시작한다. 밭 입구부터 집 현관까지, 밭 가운데의 40m 정도의 길 양쪽을 노란색, 흰색 등 여러 종류의 수선화가 장식해 준다. 수선화가 한창때가 되면, 무스카리(그레이프 히아신스)가 머리를 내밀고, 개나리, 목련도 피기 시작하고, 이 절정을 지날 무렵에 벚꽃이 피기 시작한다. 네 종류의 벚꽃이 있는데, 먼저 왕벚나무, 능수벚나무, 산벚나무, 겹벚꽃이 조금씩 어긋나 꽃을 피운다. 벚꽃이 끝나면 벌써 4월도 중순.

이 무렵에야 근근이 채소 파종을 시작한다. 밭과 마당을 뒤섞어 키친가든(가정용 채소밭)으로 하고 있는데, 딱 300평(990m²) 정도의 마당 중, 자갈이 섞여 채소를 가꾸지 못하는 곳에는 느티나무, 너도밤나무, 두충나무, 때죽나무 등을 심었으며, 대나무 숲과 집 사이의 햇볕이 잘 들지 않는 곳이 모두 100평(330m²) 정도이다. 나머지 200평(660m²)을 채소밭과 꽃과 허브존으로 삼고 있다. 밭을 시작한 당시에는 많은 곳을 채소밭으로 만들었으나, 채소를 가꾸어도 한꺼번에 생긴 것을 처리하는 데도 한계가 있어 점차 꽃과 허브를 늘려 왔다.

씨는 풀로 덮인 밭 표면을 괭이로 얇게 벗겨내 흙을 노출시키고 거기에 줄을 따라 뿌린다. 뿌린 후에 떼어낸 풀이나 마른 풀을 흙 위에 씌운 후 그 위에 물을 준다. 어디까지나 흙은 노출시키지 않고, 녹색으로 덮은 채로 놓아 둔다.

4월 중순경부터 파종하고, 5월 연휴에 집중하여 모종을 심고 있다. 모종은 시간이 부족해 품을 많이 들일 수 없는 점, 또 도쿄와 야마나시를 오가며 충분히 관리할 수 없어서 자가 육묘는 불가능하여, 주로 농협 직판소에서 구입하고 있다. 가지, 오이, 여주, 오크라, 일본고추, 주키니, 호박 등이 대표적이다. 또 모종은 비료 없이는 좀처럼 커지지 않기 때문에 비료(유기질비료)를 사용하고는 있지만, 자가 소비가 중심이므로 약간 벌레가 먹어도 문제가 없어서 농약은 사용하지 않고 있다. 또한 씨를 뿌릴 때 표토를 얇게 벗겨내는 것 외에는 괭이를 휘둘러 밭을 갈지는 않는다. 불경기(不耕起)라 하여 잡초의 뿌리가 자라 토양을 잘게 해 주고, 또 남은 뿌리가 시든 후에 생기는 공간이 통수성, 통기성을 좋게 해 준다. 밭 일구기에서 해방되어, 편안하다.

땅 위를 걸으면 폭신폭신하고, 깊이 가라앉는 듯한 느낌이 든다.

　모종의 정식이 끝날 무렵부터 잡초는 쑥쑥 자라기 시작한다. 싹을 틔우기 시작한 채소나 모종을 잡초가 볕을 가리지 않을 정도로 풀을 베어 준다. 또한 이 무렵에는 여러해살이풀 꽃과 허브 싹이 제법 자라고 있어, 손으로 잡초를 제거해 주는 느낌으로 작업한다. 대체로 어디에 어떤 꽃이나 허브 싹이 돋아나는지는 알고 있으며, 정성껏 잡초를 제거해 준다. 그런 가운데 돋아나기 시작한 싹을 발견하는 것은 큰 기쁨이자 가장 큰 즐거움이기도 하다. 올해도 또 만나게 되어 좋았다는 생각이 들며, 커서 꽃을 피울 때까지 교제가 계속된다.

　그런데 우리 밭은 들풀도 많고 초봄 머위의 어린 꽃줄기는 튀김을 하거나 머위 된장을 만들어 먹고, 달래나 원추리, 개옥잠화는 데쳐서 간장과 마요네즈를 버무린 것을 찍어 먹는 것이 시골 정취도 나고 맛도 있다. 또한 으름덩굴 싹에 달걀을 풀어 만든 간장 조림, 그리고 쑥을 뜯어 만든 경단은 그 맛이 일품이다.

언제나 생물은 드라마틱하다 (여름)

　5월 연휴가 끝날 무렵 옥수수와 콩 씨를 뿌리는데, 이러다 보면 장마가 온다. 제비붓꽃과 창포도 끝나고, 수국이 채색을 더해 준다. 또 작은 순무 등이 수확철이 되어 식탁에 오른다. 뭐니 뭐니 해도 날것으로 된장을 찍어 먹는 것이 제일 맛있다.

　이맘때가 되면 햇빛이 강렬해져서, 조금만 작업을 하면 땀이 폭포수처럼 흘러나온다. 또 잡초는 세가 드세져 풀베기가 힘겹다. 꽃과 허브존이나 채소가 있는 곳은 손으로 풀을 제거하는 경우가 많고, 주변 부분은 낫을 이용해 벌초한다. 20~30분 정도 지나면 눈에도 땀이 들어가면서 점점 멍해지고, 머릿속이 새하얗게 변한다. 이것을 아주 좋아할 때이고, 또 행복을 느낄 때이기도 하다.

육체적으로는 힘든 시기이긴 하지만, 산딸기 등의 꽃이 눈을 즐겁게 해주고, 또 달개비의 귀여운 꽃을 무척 좋아한다. 채소와 꽃, 잡초에 있는 무당벌레를 비롯한 많은 벌레들의 움직임을 보는 것도 재미있다. 미세하게 움직이는가 하면, 딱 움직임을 멈추거나, 또 갑자기 뛰어오르는 등, 그 움직임은 예측할 수가 없다. 또 여러 종류의 새가 날아다니고 그 지저귐을 가만히 듣고 있노라면 시름이 가시고 마음이 안정되어 신기하다.

밭일은 계절을 불문하고, 아이들의 시골체험교실 등이 없는 한, 야마나시에 있는 동안에는 매일 10시경부터 12시까지, 2시간 이내로 하고 있다. 여러 가지 일을 껴안고 있기 때문에, 아침에 일어나 우선은 원고를 쓰거나 자료 등을 훑어보고 나서 밭일을 한다. 더운 시기에는 소위 일과 밭일의 순서를 바꾸어 시원할 때 밭일을 하는 것이 몸은 편하기는 하지만, 아무래도 습관이 되어 있어 바꾸지 못하고 있다. 오후에는 일요일의 경우 근처에 있는 B&G해양센터에서 리코더 앙상블 교실을 월 2회 열어, 그곳에서 레슨을 하고 있다고나 할까, 현지인들과 앙상블을 즐기고 있다. 그리고 오후 4시부터는 해양센터 수영장에서 30분 수영을 하고, 그 후에는 병설되어 있는 온천에서 목욕을 한다. 따라서 밭일은 이 시간의 범위 내, 즉 오전에 한정된 시간에 하게 되어 꽤 바쁘다고도 할 수 있지만, 망중한이다. 밭에 나가는 것이 즐거워서 어쩔 수 없다.

집사람의 「밥!」 호출을 받으면 밭일을 마치는데, 샤워로 땀을 씻은 뒤의 맥주 한잔은 그 맛이 일품이다. 갓 딴 오이, 삶은 풋콩, 옥수수는 맥주의 최고 안주. 점심 식사를 마치고는 30분 정도 낮잠을 잔다. 이야말로 극락이다.

신묘한 은혜를 누린다 (가을)

밭일에 품을 들일 수 있는 시간이 한정되어 있기도 하여, 현재, 윤작을 하지 않으며 파종은 주로 4월과 9월 초에 집중시키고 있다. 8월 하순은 여름 휴가로 여행을 떠나는 일이 많아, 9월에 들어서면 곧바로 가을 및 겨울 채소 파종을 한다. 이 무렵에는 잡초의 성장도 한풀 꺾여, 봄에 비해 작업이 훨씬 수월해진다. 특히 10월에 들어서면 채소가 크게 자라는 한편, 잡초도 마른 풀로 변하기 시작해, 밭은 가장 가지런한 느낌을 준다.

밭 가장자리에는 매년, 나팔꽃이 싹을 틔우는데, 가을로 접어든 지 얼마 되지 않아 파랑, 빨강, 보라 등 여러 색의 나팔꽃이 눈을 즐겁게 한다. 나팔꽃이 끝나면 얼마 후 코스모스가 떠들썩하게 밭을 수놓는다. 이 코스모스는 구마모토시熊本市 시라카와白川 둑에 피어 있던 코스모스 씨앗을 가져온 것이다. 25년 이상 전 구마모토에 단신 부임했을 때, 매일 아침, 인근을 흐르는 시라카와 둑을 뛰었고, 멀리 아소阿蘇의 산들을 배경으로 피어 있는 코스모스에 흠뻑 빠져, 씨앗을 가져온 것이다.

코스모스가 끝나면 비슷한 시기에 무를 비롯한 채소 수확도 끝나고, 농한기에 들어간다. 주위의 산들도 조금씩 빨강과 노랑의 채색을 더하게 되고 얼마 지나지 않아 겨울을 맞이한다.

심신을 자연체로 바꾼다 (겨울)

겨울에는 밭일은 없지만, 일이 들어오지 않는 한 매주 주말, 야마나시를 찾는다. 하나는 운동은 오로지 수영을 하기로 해서, 야마나시에서 수영장에 가기 위해서이다. 이곳은 도쿄의 수영장과는 크게 달라 사람이 적어, 대부분 코스를 독점하고 수영하는 것이 가능하다. 사실 직장인 시절에는 이른 아침 조깅을 매일 거의 빼놓지 않았지만, 야마나시에는 언덕이 많고, 더욱이 보도도 적어 위험하기 때문에, 야마나시에서 운동은 실내 수영으로 정하고 있다.

샐러리맨을 그만두고 나서 도쿄에서의 조깅은, 때때로 넘어지게 된 일도 있어 하지 않고, 시간이 나면 조금은 걷기 운동을 하는 정도로 유의하고 있다. 덧붙여서 헤엄치는 거리는 1,000m, 25왕복으로서, 논스톱으로 시간은 약 30분. 자유형과 배영을 중심으로, 평영과 접영을 섞어, 70% 정도의 힘으로 조깅 같은 느낌으로 비교적 천천히 헤엄치고 있다. 둘째는, 야마나시 집이 밭 가운데 있고, 주변 집과는 나름대로 떨어져 있어, 근처를 신경 쓰지 않고 집안에서 큰 소리를 낼 수 있기 때문이다. 요즘 연주하고 있는 악기는 통소 6, 노래하며 기타 연주 2, 리코더 1, 나머지(피리, 플루트 등) 1 정도의 비율로 되어 있다. 주말 밤의 즐거움은 통소로 집안의 쟁(거문고와 비슷한 13줄의 현악기)이나 삼현금(일본 고유 음악에 사용하는 3줄의 현악기)에 맞추어 하는 합주인데, 서로 이상한 점이 있으면 그 잘못이 상대방에게 있다고 양보하지 않아, 시비가 되기도 한다.

겨울의 가장 큰 즐거움은 뭐니 뭐니 해도 장작 난로의 등불이다. 잡목을 전정하여 나오는 굵은 가지나 인근 포도농가들이 새로운 품종으로 갱신함에 따라 베어낸 포도나무 외에, 침엽수를 쪼개 장작으로 만들어 판매하고 있는 것을 구입하여 사용하고 있다. 겨울 일의 대부분은 장작 패기이다. 도끼가 잘 들어가, 깨끗이 깨졌을 때는, 쾌감이 있고 상쾌하기도 하다. 또 장작 난로의 열은 온기가 있어 몸에 편안하며, 전기난로나 석유난로와는 전혀 다르다. 또 타고 있는 등불만 보고 있어도 싫증 나지 않는다.

야마나시에서 눈이 내리는 방식은 거의 도쿄와 다르지 않다. 양과 횟수도 비슷하지만, 녹는 데 며칠 더 걸리는 정도다. 다만 2014년 2월 같은 일도 있으니 방심할 수는 없다. 이때 여기에도 1m 40cm의 적설을 기록하였는데, 다행히 당시 야마나시에 있지 않아 주요 도로 통행이 가능해서 야마나시로 나갔는데, 목 정도 높이까지 쌓인 눈을 제설하며 현관까지 도달하는 데 3시간 가까이 소요되기도 하였다. 그러나 밭도 산도 전부가 하얗게 된 세상도 아름답고, 또 고요해서 좋다.

 농토향 · 어린이 시골체험교실

야마나시에 밭을 가지고 몇 년이 지나자, 점차 이런 주말 농사를 지으며 누리는 즐거움이나 기쁨, 혹은 발견이나 놀라움을 우리 부부의 것으로만 두는 것은 미안한, 아이들을 비롯한 여러 사람들이 경험하고 맛봤으면 하는 마음이 고개를 들기 시작했다. 또 한편, 도쿄에서 초등학교 교사로 일하고 있는 아내도, 아이들의 경험이 학교 내로만 너무 제한되고 있는 것을 보고, 야마나시로 학교 아이들을 불러내어 농사나 시골 체험을 시킬 수 없는지 모색하기 시작했다.

밭과 함께 지은 집은, 모두가 모여 작은 행사를 할 수 있도록 만들었지만, 20명 정도 들어가는 게 고작이고, 더구나 숙박을 하게 되면 7, 8명이 한계였다. 그래서 근처에 셋집이 없는지 찾기 시작했는데, 빈집은 있어도 빌려주는 곳은 없어, 어쩔 수 없이 스스로 지을 수밖에 없지 않을까라고 생각하기 시작했는데, 목수 동량(棟樑: 도편수. 집을 지을 때 총책임을 맡는 목수의 우두머리)인 하야토루藤 씨로부터, 할머니가 돌아가셔서 빈집이 되어 버린 것이 있는데, 이것을 유용하게 활용해 주는 사람이 있으면 철거를 멈추고, 개축해서 빌려주어도 좋다는 친척이 있다는 이야기를 들었다. 이것은 나루터에 배가 있는 것과 마찬가지로, 그래서 빌리기로 한 집이 「모두의 집·농토향(農土鄕, 노도카)」이다.

같은 마키오카쵸牧丘町에 있는 포도 「거봉」 재배가 가장 성행하는 구라시나倉科 지구에 있고, 농토향 주변은 포도밭이 온통 펼쳐져 있다. 집주인의 말로는 전후(1945년 후) 얼마 지나지 않아 지어진 것이라고 하며, 이곳에서 양잠을 했기 때문에 건물은 3층 건물. 1층은 다다미방 4칸에 부엌과 다이닝룸, 2층, 3층은 탁 트인 큰 방. 단 3층은 지붕 밑이어서 침실로만 쓴다.

이렇게 2005년 여름 「모두의 집·농토향」 간판을 내걸고, 7월 첫 번째 「농토향·어린이 시골체험교실」을 연 이후, 연 6회, 대체로 격월로 1박 2일의 농사 체험과 식사 만들기를 중심으로 한 「시골살기」 체험의 장을 마련해 왔다. 자원봉사자인 부모님들 몇 분을 포함해 30명 내외의 합숙이지만, 올해(2018년)로 14년째, 인플루엔자의 유행으로 한 차례만 개최를 중지한 적이 있을 뿐, 개최 횟수는 80회 이상, 참가자는 총 2,500명 전후가 된다. 처음에 농토향에 왔던 초등학생이 이제는 대학생이 되었는데, 그중에는 농토향 때문에 야마나시를 좋아하게 되어 야마나시대학에 들어간 아이도 있다.

어린이 시골체험교실의 기둥은 2개로, 농사 체험과 시골생활 체험이다. 농사는 3월 감자를 심는 것으로 시작해, 5월 모내기, 7월 감자 수확, 9월 벼베기와 포도 수확. 농한기인 11월이나 1월(혹은 2월)은 농사가 없기 때문에 숲 탐험, 구슬 만들기, 밀랍 양초와 입술크림 만들기, 조몬 시대縄文時代(일본의 신석기 시대의 한 시기)의 인형 만들기 등을 하고, 1월에는 떡메치기가 단골이다. 시골생활 체험으로는, 자원봉사 어른들의 도움을 받으면서 하는 것이지만, 식사 만들기, 설거지, 청소 등은 스스로 하고, 부뚜막에서 장작을 피우거나, 집 둘레 툇마루의 덧문을 여닫고 하면서 옛 생활을 경험한다. 또 식사 설거지가 끝나고 일단락이 되면서, 미니콘서트를 하는 것이 단골 메뉴다. 아이들이 노래하고, 춤추고, 거문고와 타악기 등도 곁들여 합주하거나 하는 공연물은 다양하며, 이에 어른의 기타 연주나 악기 연주 등이 더해진다. 아이들도 밤 콘서트를 가지기 위해, 미리 무엇을 할지 협의하거나, 연습하는 등, 준비에 소홀함이 없다. 그리고 아침에 일어나서 제일 가까운 궁궐 경내에서 체조를 한다. 아이들이 앞에서 나란히 체조를 이끈다.

초창기 농토향 활동은, 꽤 차를 타고 이동도 하면서, 여러 프로그램을 조합하여, 가능한 한 다양한 체험을 하도록 하였다. 그러다가 점차 프로그램의 수를 줄이고, 아이들이 자유롭게 할 수 있는 시간을 늘려 왔다. 이런 중에 새삼 느끼는 것은, 아이는 놀이의 천재라는 것이고, 프로그램이 없으면 아이들은 할 일이 없어서 시간을 주체할 수 없을 거라는 건 어른들의 기우일 뿐, 이내 놀이가 생각나서 움직이기 시작하고, 오히려 생생하다. 물론, 이곳에서는 TV나 게임은 금지하고 있지만, 정신없이 놀이에 열중하고 있다. 오히려 최대한 자유시간을 확보해, 아이들에게 통제되지 않는 시간·공간을 주고, 풀어 주는 것이 중요하다고 느낀다.

또 당초, 초등학생을 주된 대상으로 하고, 영유아에 대해서는 수동적으로 대응했다. 그런데 어린아이가 있으면 아이들은 갑자기 오빠, 언니가 되어 작은 아이를 돌보기 시작한다. 개구쟁이가 어린아이의 손을 잡아 주거나, 여러 가지로 돌봐 주는 모습을 보면, 또 아이가 가진 다른 면을 발견하게 된다. 어린아이들도 기분이 좋고 부모도 조금 편해지는 점도 있다. 이런 어린 자녀뿐만 아니라, 중고교생이나 대학생, 심지어 노인 등, 여러 연령대가 어우러지는 것이, 아이들이 가진 능력을 이끌어 내고, 새로운 경험으로 이어지는 경우도 많아, 귀중한 자리, 공간을 제공해 주는 것이 아닌가 하고 느껴진다.

아이들을 상대로 14년 동안 활동해 왔지만, 자원봉사를 하고 있을 뿐 아니라, 때로는 내 자신이 자원봉사를 받고 있는 것이 아닌가 하는 생각도 든다. 아이들과 함께 놀거나 이야기를 나누고, 아이들과 접촉함으로써, 아이의 사물을 보는 시각에 놀라거나 신선하게 느끼는 경우도 많아, 반대로 많은 에너지를 받고 있음을 종종 실감한다. 또 예를 들면, 우리 부부의 둘째 아들이 사진사로 자원봉사를 해 주고 있는데, 재작년, 결혼식을 마치고 얼마 지나지 않아 시골체험교실에서, 이미 대학생이 된 농토향 OG(Old Girl: 여성 수

료생)들이, 농토향 부엌에서 몰래 웨딩케이크를 만들어 주고, 많은 아이들에게 둘러싸여 두 사람이 다시 케이크 커트를 해, 모두의 축복을 받은 것은, 기쁜 추억이고, 농토향을 계속 이어 오길 잘했다고 뼈저리게 느낀 순간이기도 했다.

농적사회디자인연구소

만 65세를 맞아 2013년 10월 샐러리맨 생활을 마쳤는데, 직장 초반에는 금융 일에 종사했고, 후반에는 연구소(농림중금총합연구소)에서 일했다. 연구소에서의 일도 중반까지는 매니지먼트가 주를 이뤘지만, 임원을 물러나 특별이사가 되고부터는 매니지먼트에서 해방되어, 조사·연구 업무에 전념해 왔다. 임원에서 퇴임했을 때는 몰랐지만, 뒤늦게 돌이켜보면 이때「정년 없는 일」을 선택한 셈이다. 임원 퇴임 후에는 원고 집필, 강연, 강의, 위원회 참석 등 외부를 향한 일이 전부가 되었다.

회사를 그만두면서 일은 대폭 축소되고, 밭일과 음악을 중심으로 유유자적할 수 있을 것으로 내다봤지만, 결국 외부로 향한 일은, 회사가 아니라 에이치鳥숍 개인에게 의뢰한 것이라는 게, 상대방 대부분의 반응이었고, 결국, 퇴임 전 일의 거의 전부를 계속하는 것으로 되고 말았다. 그래서 집을 사무실로 삼고 개인적으로「농적사회디자인연구소」간판을 내걸고, 다시 시작한 것이다.

「농적사회디자인연구소」의 기본적인 조사·연구 영역은 두 가지이다. 하나는 자연과 생명을 소중히 여기는 지속 가능한 농적 사회의 라이프스타일을 실현해 나가기 위해, 국민 개농(皆農), 즉 국민 한 사람이라도 더 각각이 처한 환경·현장 속에서 농(農)을 가까이하고, 식(食)을 풍부하게 해 나가는 것에 관계하는 대처이다. 또 하나는 지속 가능한 농적 사회의 라이프스타일을 가능하게 하는 일본 농업, 국민 개농이 적극적으로 자리매김할 수 있는 일본 농업의 본연의 모습을 제언·추진해 나가는 것이다.

나름의 사무소를 마련하고, 연구원도 채용해 가는 등은 당장은 생각하지 않고, 스스로 혼자서 할 수 있는 곳에서의 활동을 전제로 하고 있으며, 또 기본은 어디까지나 현장 제일주의에 두고 있기 때문에, 널리 전국을 대상으로 하는 것이 아니라, 내 자신의 밭이 있는 야마나시와, 처가가 있고, NPO의 임원 등으로 인연이 깊은 이나시伊那市 다카토오마치高遠町, 그리고 서(西)도쿄시 자택 주변의 세 곳을 주된 필드로 하고 있다.

 ## 긴자농업커뮤니티학원

강연·강의는 여러 곳에서 하고 있지만, 가장 힘써 임하고 있는 하나가 긴자銀座농업커뮤니티학원(塾)이다.

긴자농업커뮤니티학원은, 지금까지 5기(5년)에 걸쳐 전개해 온 긴자농업정책학원을 개편해 2017년 11월에 총회를 열어 다시 출범시킨 것이다. 긴자농업정책학원은 긴자 꿀벌프로젝트와의 연결 속에서 마련된 것으로, 약 반년에 걸쳐 매월 강의를 중심으로 농업이나 농정의 현상과 문제점을 찾는 동시에, 정책 제언을 정리해 나가는 것을 주안점으로 해 왔다. 참가자의 대부분은 40대의 활발한 현역이며, 회사 근무가 절반, 공무원, 경영자, 변호사 등으로 직업은 다양하다. 경제 정세나 환경의 변화와 함께 비즈니스 관점에서 농업을 공부하고 싶다는 사람과 함께, 개인적으로 농업에 관심이 있고, 언젠가 기회가 되면 농사를 지어 보고 싶다는 것이 수강 동기의 대부분이었다.

수강 니즈(needs)가 일순하는 한편, 수강 리피터(repeater: 되풀이하는 사람)라고 할까, 학원 OB가 점차 증가하는 것과 동시에, 스스로가 '농업이든 농업 문제에 어떻게 관계되어 가는 것인가'라고 하는 실천이든지 또는 관련된 활동에 대해 생각해 가는 비중이 높아져 왔다. 또 사무국 체제의 재검토가 필요한 사정도 발생함에 따라, 학원생이 사무국을 맡아,「회원이 농업을 중심으로 하는 상호연찬, 정보교환 · 교류, 상호지원을 도모함으로써, 자연이나 생명을 소중히 하는 지속 가능한 농적 사회의 라이프스타일을 실현하기 위해, 회원 스스로가 각각의 현장에서 농(農)에 친숙하고, 식(食)을 풍부하게 하는 활동에 참여 · 기여해 나가는 것을 목적」으로 재출범한 것이다. 그동안 강의를 중심으로 한 스터디로부터, 상호연찬, 정보교환 · 교류, 상호지원을 주로 하는 학원다운 학원으로 발돋움했다고 할 수 있다.

나는 대표돌봄인으로서 운영 전반에 걸친 지원 역할을 하고 있지만, 주역은 어디까지나 학원생이다. 나의 강의 내지 이야기는 가능한 짧게 하고, 학원생으로부터 활동에 대한 보고와 그에 근거한 의견교환과 상호 간의 조언을 주로 하고 있다. 학원생 중에는 창업하여 농업과 관련된 일을 시작한 사람, 컨설팅의 일환으로 체험농업을 도입한 사람, 자원봉사자로서 지역의 농업이나 임업을 지원하고 있는 사람 등, 다양하며 경험과 축적을 기초로 한 기탄없는 의견교환과 조언 제시를 바탕으로, 각 활동의 향후 전개·발전이 기대된다.

 ## 주먹밥 하우스

그런데 자택은 니시토쿄시에 있는데, 니시토쿄시는 세이부西武 신주쿠선이 달리는 다나시田無市시와 세이부 이케부쿠로선池袋線이 달리는 호야시保谷市가 2001년에 합병한 것이다. 자택은 구 호야시의 구역에 있는데, 구 호야시는 초승달형을 하고 있어 자택은 딱 그 아래턱 부분에 해당해, 구 다나시田無市보다 남쪽의, 이쓰카이치五日市가도를 따라 달리는 다마가와玉川상수(上水)[4]를 사이에 두고 무사시노시武蔵野市에 접하는 지역에 있다. JR중앙선의 무사시카이역武蔵境駅과 세이부 신주쿠선의 다나시역田無駅 사이가 되지만 거리적으로는 도보 15분으로 무사시카이 쪽이 다소 가깝지만, 환승 없이 동서선으로 도심으로 나가는 것이 가장 편리하기 때문에 자전거로 다마가와玉川

---

4 상수(上水): 주로 먹는 물용으로서 도랑(溝)이나 관을 통한 깨끗한 물. 보통 에도 시대의 상수도를 말하며, 주로 하천, 못과 늪 등에서 인도된 것으로, 에도, 미토水戸, 가나자와金沢를 비롯한 영주가 거처하는 성을 중심으로 만들어진 도시에 많이 설치되었다. 에도에서는 칸다神田상수, 다마가와玉川상수가 저명하였다. https://kotobank.jp/word/上水-79394; 에도인들은 생활용수가 흐르는 물길을 상수라고 불렀다. 위에서 내려오는 물이라는 뜻이다. 반대로 쓰고 난 물을 흘려보내는 것을 하수(下水)라고 불렀다. 현대의 상하수도의 어원이다. 신상목(2017), 『학교에서 가르쳐주지 않는 일본사』, 37쪽. -역자주.

상수를 따라 10분 정도 달려 JR선의 미타카역三鷹駅으로 나오는 경우가 많다. 자택 200m 정도 북쪽으로 다마호多摩湖 자연 산책로가 동서로 달리고, 자연 산책로를 걸어서 10분 정도 거리에 고가네이小金井공원이 있다. 산책로 주변에는 농지도 꽤 남아 있어, 대체로 자연환경을 갖춘 녹음이 많은 지역이라 할 수 있다.

자택이 있는 지역에서 활동으로서 대처하고 있는 것이,「주먹밥 하우스」와「쓰타야상치(ち)」[5]다. 농토향에서 하는 아이들 시골체험교실과, 주먹밥 하우스, 쓰타야상치는 아내가 중심이고, 나는 옆에서 거든다. 밭일과 쓰타야상치에 관련하여 하는 이와이시마祝島특산품 정기편은 내가 주로 맡고 있다.

주먹밥 하우스는 니시토쿄시 다나시 지구회관을 빌려, 월요일과 수요일 오후 4시부터 7시까지 아이들을 맡아, 아이들은 자유롭게 놀고, 놀다 지쳐 배고플 무렵 주먹밥을 함께 쥐고 먹는 프로그램이다. 배가 부르면 다시 또 논다. 날마다 모이는 인원은 다르지만, 최근에는 10명 안팎이다. 누계하면 20~30명의 아이들이 자신들이 편한 날에 드나들고 있다. 초등학교 고학년을 주 대상으로 삼았는데, 중심이 되는 것은 저학년과 초등학교 입학 전 아이들이다. 여기에 가끔 중학생 등이 드나든다. 고학년이 되면 학원이나 배울 게 많아져서, 바쁘다는 얘기인 것 같다.

2년 전만 해도 다나시 지구회관에서 걸어서 5분 정도 거리에 있는 극단 오가닉씨어터 연습장을 사용해 오다, 극단 측 사정으로 현재의 자리로 옮겨

---

5 쓰타야상치(ち): 蔦谷さんの家. 쓰타야는 원저자의 성씨 蔦谷, 상さん은 씨. 치(ち)는 지(地)로서 땅, 한정된 곳 등의 뜻. 따라서 이상을 종합해 보면 '쓰타야 씨의 거처'라는 뜻인데, 저자인 쓰타야 씨는 이를 그냥 고유명사화하여 사용한 것이다. -역자주.

계속하고 있다. 애당초 극단 연습장을 지역 아이들을 위해 활용할 수 없느냐는 얘기를 들어 시작한 것으로, 통산하면 5, 6년은 계속해 온 셈이다.

아이들은 4시가 넘으면 100엔을 쥐고 삼삼오오 모여든다. 오가닉씨어터에서는 간단한 취사장도 있어 이곳에서 밥을 짓고 주먹밥을 만들곤 하였으나, 지금은 공공시설인 지구회관이라 불을 사용할 수 없기 때문에 집에서 밥을 해서, 이를 다나시 지구회관까지 가져가 주먹밥을 만든다. 여기에 직접 만든 단무지나 우메보시(매실 장아찌) 등이 곁들여지는데, 아이들은 주먹밥을 매우 좋아하고, 특히 자신이 만든 것은 더 맛있는 듯, 남기는 일은 드물다.

배를 채우면 또 놀이가 시작된다. 색연필이나 마술(magic)을 비롯한 약간의 공작 도구에 신문지나 끈 정도를 집사람이 가져갈 뿐인데, 아이들은 정말 놀이의 천재여서, 있는 것을 사용하여 여러 가지 궁리를 하면서 놀이를 만들어 나간다. 아이들은 제멋대로 놀고 있고, 어른이 간섭하는 일은 없다. 싸움이나 트러블이 발생했을 때 양쪽의 말을 들어주거나 조언할 뿐이다. 여러 명이 어울려 노는 경우도 있고, 혼자 노는 아이도 있다. 물론, 이런 소란스러운 가운데 공부하는 아이도 있다. 각자 허용되는 시간 속에서 주먹밥을 만들어 먹고, 놀다 간다. 학원에 가기 전에 들르는 아이도 있고, 신나게 놀고 나서 주판 등을 배우러 나가는 경우도 있는 등, 각자의 사정이나 페이스에 맞추어 출입하고 있다.

이런 일상의 아이들을 중심으로 한 활동과는 별도로, 매월 마지막 수요일 후반부는 「어머니 회」도 열고 있다. 이곳에 모이는 아이들의 엄마들, 여기에 약간의 아빠들도 섞여, 저녁 6시 전후부터 삼삼오오 모여들고, 가지고 온 맥주나 음료, 마른안주로 8시경까지 자유롭게 수다를 떤다. 엄마들만의 커뮤니케이션 만들기와 일상생활에 관계된 정보교환을 주된 목적으로 하고 있다. 아이들 얘기, 가정의 일, 학교의 일, 지역의 일 등을 중심으로, 수다를 즐기면서 정보교환을 하고 있다. 이런 가운데 아이도 섞여, 자기 어머니 이외의 어머니들한테도 상담을 하고, 조언을 받기도 한다. 또 이 엄마 모임이 주축이 되어, 아이들 크리스마스 모임이나 핼러윈 모임 등도 열리고 있다. 나도 끌려 나와 빨간 옷에 모자도 쓰고 산타클로스 역을 맡기도 했다. 이런 기획은 엄마들이 하고, 아이들의 친구도 가세해, 그야말로 대단히 북적거리게 된다.

 ## 이와이시마특산품 정기편

이 어머니회 소개로 이와이시마특산품 정기편으로 공동구입을 실시하고 있다. 히로시마현広島県에 가까운 세토瀬戸 내해에 이와이시마祝島라는 하트모양의 섬이 있다(야마구치현山口県 소재). 야나이항柳井港에서 연락선으로 1시간 정도 거리에 있는 인구 379명(2018년 3월 말) 정도의 작은 섬이지만, 풍성한 바다로 둘러싸여 각종 물고기와 더불어 미역, 톳 등의 해조가 풍부하고, 비파나 귤을 비롯한 농산물도 생산한다. 시기에 따라 출하 가능한 농산물과 해산물, 그 가공품에 대한 메뉴를 보고, 주문을 취합해 발주하고, 어머니회가 배달받아, 주문한 물건을 가져가는 것이다.

이와이시마는 원전 건설 예정지인 가미노세키초上関町 요다이타노四代田ノ

포구와 바다를 사이에 두고 마주 보고 있어, 원전을 건설할 경우 그에 따른 온배수 발생으로 풍요로운 바다를 빼앗기고 만다며, 35년 넘게 원전 반대 운동을 계속해 온 것으로 알려져 있다. 현재는 원자력 발전 반대라고 하는 것 이상으로, 자급도를 높여 순환형 섬을 만들어 나감으로써 탈원자력 발전 대응을 강화하고 있다. 이러한 대응을 '서도쿄 지구의 날' 행사에서 보고 받은 경과가 있어, 그때부터 이와이시마의 농산물이나 가공품 등을 계속적으로 공동 구입함으로써 그 탈원자력발전 운동을 응원해 나가는 것을 목적으로 하고 있다. 구조로 보면 CSA이며, 여기에 탈원전을 목표로 하는 이념이 더해진 것이다.

이와이시마특산품 정기편이 시작될 당시에는 주로 돼지나 소 방목을 하고 있던 60대의 U턴자인 우지모토 쵸이치氏本長— 씨가 이와이시마 측의 창구를 맡고 있었지만, 우지모토氏本 씨가 쿄토부京都府 아야베綾部로 활동 거점을 옮겼기 때문에, 금년부터는 세대 교체해 40세 전후의 I턴[6]자인 고다마 마코토兒玉誠 씨가 맡게 되었다. 이와이시마특산품 정기편 회원으로서 3년 전 이와이시마를 방문하여 교류해 온 경과가 있으며, 그때 우자모토 씨는 젊은 농업인인 고다마兒玉 씨와도 술잔을 나누었고, 또 고다마 씨와 친구들이 재즈 연주를 들려주면서, 바통 터치는 차질없이 원활하게 이루어졌다.

---

6 I턴: 도시로부터 출신지와는 다른 지방으로 이주하여 일하는 것을 의미한다. 예를 들면 도쿄 도심에서 태어났지만, 섬 생활을 동경하여 오키나와의 낙도로 이주하는 경우이다. U턴과 J턴도 있는데, 먼저 U턴은 지방에서 도시로 이주한 사람이 다시 고향으로 돌아오는 것을 말한다. J턴은 태어나서 자란 고향으로부터 진학이나 취업 때문에 도시로 이주한 후, 고향과 가까운 지방 도시로 이주하는 것을 말한다. 어느 정도의 편리성도 있고, 자연도 풍부한 땅에서 일하고 싶어 하는 사람에게 매력적일 것이다. https://www.creativevillage.ne.jp/21854#head_1 -역자주.

여기서 최근 메뉴를 소개하면 2월은 톳, 미역, 허브차, 커피, 3월은 톳, 미역, 모자반, 비파차, 커피 등이다. 계절에 따라 달라지는 메뉴가 즐거움이다.

이와 같이 주먹밥 하우스의 활동은, 어머니회나 이와이시마특산품 정기편과 연계되어 있어, 이른바 빈곤 대책으로서 전개되고 있는 푸드 뱅크와는 성격을 달리한다. 어디까지나 아이의 있을 곳 만들기와 지역 커뮤니티 창출을 목적으로 하고 있으며 다만, 그 활동이 결과적으로 푸드뱅크적인 요소를 포함하고 있다는 것은 말할 수 있다.

쓰타야상치

또 하나 지역이라고 할까, 현지에서 대처하기 시작한 것이 「쓰타야상치」이다. 지난해(2017) 10월부터, 집을 개방하여, 원칙적으로 매달 마지막 화요일에, 오후 3시부터 5시경까지 누구에게나 출입을 자유롭게 하고 있다. 차를 마시며, 수다를 떨면서 가까워짐으로써 지역 커뮤니티를 되살리고, 필요할 때는 서로 연락을 취하거나, 도울 수 있도록 해 나가자는 것이다. 어디까지나 편안한 다과회식으로 일관하고 있으며, 여기에 원포인트로 만담을 듣거나, 노래를 부르는 시간을 넣고 있다. 이웃이나 몇몇 친구 · 지인에게 알려, 매번, 어른이 10명 안팎, 여기에 아이들도 들어와 20명 남짓한 모임을 이어 가고 있다.

예를 들어 1월은 「이야기꾼」이 와서 칠복신[7] 이야기를 받았는데, 이야기의 시작이나 길목에서 이야기꾼의 류트[8] 연주가 들어간다. 어린아이들은, 그야말로 빨려 들어가서 이야기나 류트 연주를 들으며, 여러 가지로 반응을 하는데, 이에 잘 대응하면서 이야기를 진행해 나간다. 이야기꾼에 대해서는 나중에 접하게 되지만, 자전거로 10분 남짓한 곳에 사는 이야기의 프로페셔널. 이야기꾼의 이야기가 들어갈 때는 회비가 500엔, 그렇지 않을 때는 찻값만 100엔을 받고 있다. 그러고는 기타와 우쿨렐레의 반주로 「고향」, 「겨울밤」 등을 부른다. 그리고 틈을 타서, 비스듬히 맞은편에 사는 나가시마長島 씨의 남편이, 그렇다면 나도 하는 이유로 뛰어들어 「오징어 춤」을 레슨한다. 모두가 웃으면서 나가시마 씨의 춤을 보자 흉내를 내면서 춤을 춘다. 눈 깜짝할 사이에 시간은 흘러 산회가 된다. 조금씩 이 모임을 기대하는 사람이 늘고 있음을 실감한다. 맞은편 집 부인은 지난해 남편을 잃은 탓에, 이야기를 나눌 기회가 줄었지만, 이 모임에는 꼭 얼굴을 내밀고, 다과 준비와 뒷정리를 분담해 큰 도움이 된다. 소원해져 가던 관계도 많이 달라졌다. 이러한 일들을 거듭함으로써, 머지않아 동네에서 마주친 사람과 인사를 나눌 뿐만 아니라, 한두 마디 말도 할 수 있는 관계가 되기를 기대하고 있다.

---

7 칠복신: 七福神. 복(福)을 준다고 하는 일곱신(恵比須・大黒天・毘沙門天・弁財天・福禄寿・寿老人・布袋의 총칭). (네이버 일본어사전). -역자주.

8 류트: 만돌린 비슷하나 그보다 큰 현악기(유럽의 옛 현악기임). (네이버 일본어사전). -역자주.

음악 봉사자

그런데 어린이 시골체험교실에도 쓰타야상치에도 뭔가에 붙여 쓸모가 있어 편리한 것이 있는데 기타나 퉁소 등의 악기 연주가 그것이다. 나와 음악과의 관계는 취직해서 받은 첫 번째 보너스로 플루트를 구입한 것이 시작이다. 선생님한테 배울 시간도 없고 해서 교본을 사와 독학을 했지만, 플루트를 불기 시작한 지 4, 5년 만에 독학으로는 한계가 왔고, 이후, 5년 정도의 사이클로 바이올린, 클래식 기타 등 악기를 번갈아 가며 즐겨 왔다. 40세가 되기 조금 전 피리를 만나, 선생님한테 배우기 시작했으나, 이 역시 오래가지 못하고, 이호,[9] 우쿨렐레, 퉁소 등으로 변천을 거듭해 왔다. 덕분에 초일류 선생님들에게 사사하여 귀중한 공부를 할 수 있었지만, 솜씨는 계속 제자리걸음만 하고 있다. 현재 퉁소와 리코더 · 앙상블, 그리고 기타 노래 연주를 주로, 필요에 따라 피리나 플루트, 우쿨렐레 등도 더해, 기회를 포착해 심장만으로 사람들 앞에서 연주를 하고는 자기도취하고 있는 것이 현상이다. 이에 더해 모두가 모였을 때 노래 반주로 기타를 치고, 우쿨렐레를 불고 있다.

이러한 가운데 내 자신에게 있어서 가장 기쁜 것이, 주먹밥 하우스에서 하는 연주다. 주먹밥 하우스에 갈 때는 반드시 기타를 메고 나간다. 첫째는 아이들에게 「아련한 달밤」, 「해변의 노래」, 「마을의 가을」, 「고향」을 비롯한

---

9 이호: 二胡. 중국의 찰현(擦絃) 악기 중 하나(호궁(胡弓)의 일종으로, 줄이 둘임). (네이버 일본어사전). -역자주.

창가[10]와 동요를 들려주고 싶어서다. 아이들이 노래를 들으면서 일본의 풍경, 정경을 떠올릴 수 있었으면 좋겠다는 생각에 시작한 것이다. 그런데 아이들은 창가 · 동요보다는 안빵맨[11]이나 「벼랑위의 포뇨」 등의 노래를 더 좋아해서, 이쪽 곡을 치기 시작하면 그야말로 배에서부터 우러나오는 큰 소리를 내며 부르기 시작한다. 아이들과 어울려 큰 소리로 노래하는 것은 참으로 쾌감 있고 상쾌하기도 하다. 덕분에 주먹밥 하우스 모임 장소인 다나시田無지구 회관에 들어서자마자 아이들은 「보롱보롱 아저씨」라며 달라붙는다. 많은 "손주들"에 둘러싸여 언제나 기쁘고 즐거운 한때를 맛보고 있다.

또 자택이 있는 니시도쿄시西東京市에서는 꽤 떨어져 있지만, 역시 음악 봉사를 하러 나가고 있는 곳이, 다치카와立川시에 있는 미나미스나南砂초등학교이다. 이곳에서 집사람이 종합학습 수업과 동아리 활동을 자원봉사자로서 도급[12]받아 쟁(거문고와 비슷)과 삼현금을 가르치고 있다. 일본의 전통음악, 이른바 방악(邦樂)에 상쿄쿠(三曲: 일본 음악에서 세 종류의 악기로 연두하는 합주)라고 하는 것이 있듯이, 쟁과 삼현금에 퉁소를 더해 연주하는 곡도 많기 때문에, 나도 보조를 맞춘다는 의미에서 퉁소를 가지고 나서고 있다. 벌써 5년 정도 되었을까, 매회 나가려고 하는 것을 전제로, 가능한 내 스케줄

---

10 창가: 唱歌. 구제(舊制) 소학교의 교과, 또는 그 교재로서 만든 가곡. (두산동아 프라임 일한사전).
  -역자주.

11 안빵맨: アンパンマン. 야나세 다카시(柳瀬嵩)가 만든 만화영화 「달려라 안빵맨」의 주인공이다. 한국에서도 '날아라 호빵맨'이란 타이틀로 1990년대 후반부터 텔레비전을 통해 소개되었음. (월간중앙), http://jmagazine.joins.com/monthly/view/318001 -역자주.

12 도급: 都給. 일정한 기일 안에 완성해야 할 일의 양이나 비용을 미리 정하고 그 일을 도거리(따로따로 나누어서 하지 않고 한데 합쳐 몰아치는 일)로 맡거나 맡기는 일. (동아새국어사전). -역자주.

을 조정해, 80%는 참가하고 있다. 종합학습은 6학년을 대상으로 단기집중형으로 수업이 진행되며, 동아리 활동은 연간 16회에 걸쳐 방과 후에 이루어진다.

그 1년간의 성과를 발표하는 모임이 해마다 2월 하순에 열리는데, 이것이 또 기대된다. 아침에, 수업 시작 전 약 20분 정도, 전교생과 선생님이 모인 가운데 체육관에서 연주한다. 올해는 사쿠라사쿠라(일본 전통 가곡 중 하나), 삼단 가락, 즐거운 히나마츠리,[13] 월천악[14] 순으로, 쟁과 퉁소를 중심으로, 곡에 따라 삼현금과 북을 비롯한 악기도 더해 연주했다.

매회 연습에서 아이들이 성장해 가는 것을 보는 것도 기대되지만, 2월 하순 연주회는 언제나 멋지고 감동적이다. 어른의 경우, 연주회가 되면 긴장해서인지, 대개는 연습 때와 같은 연주를 할 수 없는 것이 보통이다. 그런데 아이들의 경우에는 항상 본 연주회가 최고. 집중도가 대단하다. 음악이 되어 쭉쭉 연주를 해 나간다. 필자도 아이들의 멋진 연주를 타고, 정말 기분 좋게 퉁소를 불며, 언제나 아이들과 연주할 수 있는 기쁨을 음미하고 있다.

그런데, 아이들에게 일본의 전통음악은 아주 먼 존재이긴 하다. 쟁이나 삼현금 등의 곡은 물론, 그 소리조차 들어 본 적도 없는 아이가 많고, 하물며 만져 본 경험이 있는 아이는 전무하다. 그러던 것이 두 번 정도의 연습으로 사쿠라사쿠라를 연주할 수 있게 되고, 순식간에 3단가락 등의 꽤 본격적인

---

13 히나마츠리: ひな祭り. 3월 3일 여자아이의 명절에 지내는 행사(제단에 일본 옷을 입힌 작은 인형들을 진열하고 떡·감주·복숭아꽃 등을 차려 놓음). (민중서림 엣센스 일한사전). -역자주.

14 월천악: 越天楽. 궁중에서 연주되던 아악곡(雅樂曲)의 하나. 平安 시대에 성했음. (민중서림 엣센스 일한사전). -역자주.

곡도 연주할 수 있는 데까지 성장한다. 횟수를 거듭하여 곡이 몸에 붙게 되면, 저절로 몸이 반응하여 곡, 음악을 엮기 시작한다. 아이가 가진 잠재능력의 크기가 놀랍고, 그래서 어쨌든 체험하는 것이 중요하며, 가능한 한 빨리 체험하게 하는 것이 중요함을 절감한다.

 ## 사토야마 밴드 · 백생일희

　음악 이야기가 나온 김에 언급해 두고 싶은 것이 「사토야마 밴드 · 백생일희(百生一喜)」이다. 현재, 밴드나 그룹을 짜서 활동하고 있는 것이, 백생일희와 리코더 앙상블 그룹 「B's(비즈)」 두 곳이다. 본서와 관계가 있어 다루어 두고 싶은 곳이 백생일희이다.

　보컬과 기타, 삼현금의 하야시 다카오林鷹央 씨, 타악기(percussion)와 키보드(keyboard: 건반악기)의 하라 가쿠토시原覚俊 씨, 기타의 호리 마사토堀正人 씨에, 퉁소, 피리, 플루트, 기타의 나, 이렇게 4명이 기본이며, 때때로 여성 보컬이 가세한다. 하야시林 씨는 미대 출신으로 나이는 미상. 킥복싱을 하거나 춤을 추는 행동파인 동시에, 벌레나 식물 관계는 물론 악기에서도 어쨌든 심혈을 기울이는 분. 하라原 씨는 40살 정도. 환경문제나 생물에 관한 편집자 · 작가. 예전에는 키보드를 꽤 했던 것 같고, 건반악기가 있으면 음악은 뭐든지 금방 연주해 버린다. 타악기로서 사용하고 있는 것은 양동이나 접시 등의 주방용품이 많아, 연습하는 날에는 그릇들을 짊어지고 나타나, 역 등에서 자주 청소 아저씨라고 오해받는다고 한다. 호리堀 씨는 직장에서 은퇴

했지만, 아직 연금은 받고 있지 않다고 한다. 기타와 우쿨렐레의 솜씨는 그야말로 프로급. 이쪽이 음을 내면, 바로 반주를 넣어 줄 뿐만 아니라, 그때의 직감으로 음악을 계속 어레인지 하면서 전개해 나간다. 소림사 권법을 너무 많이 해서 무릎을 다쳤다고 하는데, 그래서 요즘 주된 일은 우쿨렐레 만들기. 독특한 스마일이 떠오르는 우쿨렐레로 최근에는 주문이 많아 생산이 따라가지 못한다던가. 나를 제외하고는 모두, 개성파이고, 연령대도 제각각. 확실히 다양성이 풍부한 그룹이라고 할 수 있다.

원래는 10년 가까이 전에, 긴자의 꿀벌 프로젝트가 실시하는 백학은좌 천공농원(白鶴銀座天空農園)의 콩 수확제에서 내가 하야시 타카오 씨를 만난 것으로 시작된다. 이때, 집회 장소에서 삼현금을 치며 민요를 부르고 있는 하야시 씨를 보고, 젊은이가 삼현금을 치고 민요를 부르고 있는데 흥미가 끌려서 말을 걸어 보니, 생물조사를 하고 있다고 말한다. 때마침 생물다양성에 대한 사회적 관심이 높아지던 때이긴 하지만, 설마 생물조사를 직업으로 삼고 있는 젊은이가 있다니, 깜짝 놀랐다. 그리고 하야시 씨는 얼마 전 한국에서 열린 람사르협약 당사국총회[15]와 관련한 행사에 참석했다고 하는데, 그때 있었던 각국 모임의 친목회에서, 각국은 각 나라의 노래를 부른 반면, 일본은 전혀 일본과는 관계가 없는 노래를 부른 것에 분개해, 작심하고 민요와 삼현금을 하기 시작했다고 한다. 그 뜻이 좋아, 하는 생각으로 의기투합하여 하야시 씨와 민요 연습을 시작한 것이다. 그러다가 하야시 씨가

---

15 람사르협약 당사국총회: 람사르협약 회원국들이 지구 차원의 습지보전 상황을 평가하고 공동의 정책을 개발하는 국제 환경회의다. 3년마다 대륙별 순환 원칙에 의해 개최된다. (네이버 지식백과). – 역자주.

일 관계로 자주 오가는 하라 씨를 끌어들였고, 얼마 후 내가 사귀고 있던 호리 씨도 들어와, 지금의 체제가 탄생하게 되었다.

처음에는 오로지 민요 위주로 연습하다가, 연습이 끝난 뒤 선술집으로 몰려가, 거기서 연주를 하곤 했다. 그다지 환영받지 못한 연주였을지도 모른다는 생각에 이제 반성도 조금은 하고 있긴 하다.

호리 씨가 가세해 민요 반주에 기타가 들어가게 되면서 변화가 일어나기 시작했다. 비틀스 등등 레퍼토리를 펼치기 시작했는데, 그러다 하야시 씨가 돌연변이를 일으켜, 갑자기 작사·작곡을 시작했다. 하야시 씨는 생물조사를 하면서 전문학교 등에서도 가르치고 있는데, 거기서 하는 수업의 에센스를 가사로 해서 곡을 붙여 본 것이 「긴콘킨」[16]과 「장내 플로라」.[17] 곡 자체를 들려드리지 못하는 것이 아쉽지만, 가사는 이런 느낌이다.

〈긴콘킨〉

뿌리 주위에 균이 산다 긴콘킨 긴콘킨 / 벼뿌리에 채소뿌리에 긴콘킨 긴콘킨 / 비타민·미네랄을 뿌리에 공급 영양만점 맛의 비밀은 / 긴콘킨콘 긴콘킨콘 긴콘킨콘 긴콘킨!

…

---

16 긴콘킨: きんこんきん, 菌根菌, mycorrhizal fungi. 균근을 만들어 식물과 공생하는 균류를 말한다. 토양 중의 사상균(糸状菌)이 식물의 뿌리 표면 또는 내부에 착생한 것을 균근이라고 한다. https://ja.wikipedia.org/wiki/菌根菌 -역자주.

17 장내 플로라: 장내(腸內) 플로라(flora, 세균총). 장내 세균총. -역자주.

지렁이도 두더지도 벼룩도 매미도 뿌리 밑에서 살고 있네 / 대지를 치유하는 랜드케어 그대의 논에 생명이 넘치니 / 꽃의 수만큼 벌레 수만큼 그대의 밭에 기적이 일어나네 / 긴콘킨콘 긴콘킨콘 긴콘킨콘 긴콘킨 / 긴콘킨콘 긴콘킨콘 긴콘킨콘 긴콘킨!

〈장내 플로라〉
배 속의 다양성 / 좋은 균 나쁜 균 좋지도 나쁘지도 않은 균 / 균 세계의 균형
그대 삶의 방식에 따라 달라질 거야 / 장내 플로라! / 장내 플로라 플로라!

치민 화가 가라앉지 않을 때 / 슬픔으로 내일을 잃어버리면 / 그대라는 우주 속에서
함께 울고 있을 무수한 생명
…
장내 플로라 플로라! / 장내 플로라 플로라! / 네가 웃으면 모두 플로라 그대가 웃으면 모두 플로라 / 장내 플로라! / wo

모두 매우 친숙한 곡이어서, 학생뿐만 아니라 어린아이들도 부르기 쉬워, 아이들은 금방 흔들며 춤추며 나가기도 한다. 현재, 레퍼토리로 하고 있는

것은 「숯·유니버스」, 「퓨어 소일(pure soil)」, 「죠몬 악에리안」, 「생물다양성」, 「좋아하는 것을 위하여」, 「젠노초코」, 「SLS(Sustainable Life Style)」, 「생물조사 ~겨울물논~」, 「생물Song(논 편)」, 「서쪽과 동쪽의 고추잠자리」, 「해돋이」, 「시가지(市街地)」 그리고 최신작이 「식량몬(Kate-mon)」이다. 「긴콘킨」, 「장내 플로라」는 물론, 「숯·유니버스」, 「퓨어 소일」, 「죠몬 악에리안」 등도 상당한 명곡으로 자임하고 있다.

당초, 그룹명은 더욱 건강한 일본 농업으로 만들어 가고 싶다는 생각을 담아 「농민단결(百姓一揆)[18]」이라고 했지만, 생물다양성의 중요성을 호소하면서, 백 개의 생명(=모든 생명)이 하나가 되어 기뻐할 수 있는 사회를 만들어 가고 싶다는 뜻을 담아 「백생일희(百生一喜)」로 개칭하였다. "생물다양성의 전도사"로서의 활동을 해 나가고 있지만, 가장 큰 걸림돌은 회원 각각이 너무 바쁜 것. 월 1회 연습이 여의치 않은 실정이라, 4명이 다 모이지 않아도 필자나 하야시林 씨가 강연하는 때에 맞추어 둘이서 할 수 있는 곡을 연주하려 하지만 아직 카와고에川越에서밖에 성사되지 못했다. 그러나 풀밴드로 칸다神田의 농업서센터(農業書센터)에서는 3회 정도 공연하고 있으며, 또 도쿄 국제포럼에서 열리는 유기농업 엑스포에서도 최우선으로 일정을 확보하여 공연해 오고 있다. 본격적인 "생물다양성의 전도사"로서의 활동은 지금부터이다.

---

18 百姓一揆: 햐쿠쇼잇키. 에도 시대, 지배자에 대한 농민의 반항 운동; 농민 폭동. (네이버 일본어사전). -역자주.

제 7 장

농적 사회론

농적 사회로 가기 위한
다양한 구조 만들기

고가네이시 세키노쵸 "골목"

　지금까지 내 스스로의 대처 모습을 소개해 왔는데, 니시토쿄시西東京市의 자택 근처에 있어 크게 자극을 받고 있고, 또 제휴를 하고 있는 것이 이웃 고가네이시의 세키노쵸関野町에서의 활동이다.

　아내가 그것이 원인인지 아닌지를 떠나, 합기도를 하다 몸을 다쳐, 무언가 행사 등이 있을 때마다, 가곤 하는 고가네이시에 있는 현대좌에서 행해지고 있는 요가 교실에 다니기 시작했다. 거기서 역시 요가를 다니고 있던 「이야기꾼」 씨, 나카가와 테츠오中川哲雄 씨를 만나게 되었는데, 그 「이야기꾼」 씨는 고가네이시 세키노쵸에 있는 자택에서 「DOZO만담」[1]을 정기적으로 열고 있으며, 또 적당한 때에, 이야기 모임을 개최하고 있다. 또 부르면 나가서

1　DOZO만담: DOZO는 どうぞ을 영어로 표시한 것으로 보임. どうぞ는 '먼저 해주세요(go ahead)' 뜻이므로 DOZO만담은 '만담을 해주세요' 정도의 뜻으로 볼 수 있음. 만담은 재미있고 익살스러운 말로 세상과 인정을 풍자하는 이야기를 하는 것 또는 그 이야기를 뜻함. -역자주.

그 자리의 상황에 따라 여러 가지 이야기를 하는 것을 일로 하고 있다.

그래서 아내가 「DOZO만담」에 가 봤더니, 「이야기꾼」 씨의 이야기가 듣고 그냥 넘겨 버릴 수가 없을 뿐만 아니라, 그 집 주변은 옛날 나가야長屋[2]풍 분위기를 남긴 곳으로, 이곳 처마 끝이나 골목을 이용해 젊은이들이 모여 채소를 팔거나, 약간의 음료수를 내놓거나, 잿날(緣日: 신불과 이 세상과의 인연이 강하다고 하는 날) 같은 북적거림을 보이고 있는 등, 이곳에서 꽤 재미있는 일을 하고 있다고 한다. 현대좌 대표인 기무라 요시 씨를 모시고 연 2, 3회 정도, 부정기적으로 「유쾌한 학교(快塾)」를 열고 있는데, 실은 그 멤버의 한 사람이 도시농업인인 다카하시 킨이치高橋金一 씨로서, 현지 활동도 포함해 그야말로 바쁘게 움직이고 있다고 이야기로는 듣고 있었지만, 「이야기꾼」 씨의 자택을 포함한 주변 주택의 집주인이 다카하시 킨이치 씨여서, 이러한 활동에 다카하시高橋 씨가 관련되어 있는 것처럼도 보였다.

마침 요즘 니시도쿄시西東京市의 자택을 개방하여 만든 「쓰타야상치」를 어떻게 운영해 나갈지 생각하던 때이기도 하고, 일단 「이야기꾼」 씨의 이야기를 받아들이면 수가 생겨, 어떻게든 될 것 같다는 점과 함께, 「이야기꾼」의 자택을 이용한 「DOZO만담」도 참고하면서 「쓰타야상치」를 시작한 것이다. 「이야기꾼」과의 인연이 없었다면 「쓰타야상치」는 상당히 다른 것이 되었을지도 모른다.

---

2 나가야長屋: 에도나 메이지 시대의 주택 형태. 복수의 주호(住戸: 공동주택의 한 집 한 집)가 수평 방향으로 이어져 벽을 공유하는 주택을 지칭. 다른 표현을 한다면, 1동의 건물을 수평 방향으로 구분하여 각각 독립된 주호로 한 것. 각각의 주호에 현관이 붙어 있다. 나가야長屋이기 위해서는 다음의 2가지 조건을 충족할 필요가 있다: ① 각 문의 현관이 직접 외계(도로 등)에 접하고 있다. ② 그 현관을 다른 주택과 공유하고 있지 않다. https://ja.wikipedia.org/wiki/住戸 -역자주.

그 「이야기꾼」 씨 집에서, 12월 31일 송년회가 열려, 아내와 함께 참석했다. 만담인 「시바하마芝浜」[3]를 듣는 모임으로, 차와 단팥죽도 나왔다. 밤 개최안내를 했는데, 바로 정원을 초과해, 급거 오후 개최를 추가하기로 했던가. 그래서 오후 시간에 참가했지만, 10여 명의 내방으로 이것도 만석. 아시다시피 「시바하마」는 고전 만담인 인정 만담으로, 명작 중의 명작. 이걸 나카가와 씨가 열연. 무의식중에 순간적으로 감동케 만드는 동시에, 단팥죽에 차도 마시며, 연말 오후를 즐겁게 보낼 수 있었다.

이곳에 모인 이들은 중노년층이 주를 이루고, 밤 시간 공연에도 꽉 찬 것을 보면, 고령의 부부나 혼자 사는 이가 많다는 걸 알 수 있고, 이들은 연말연시에, 오로지 TV나 보며 지낼 수밖에 없지 않을까 하는 생각이 든다. 다시 말해 세상에는 소통에 굶주리고, 소통하고 싶지만, 달리 해결 방도가 없어 결국은 집 안에 틀어박혀 외롭게 지낼 수밖에 없는 노인들이 많이 있음을 반영하는 것 같기도 하다.

새해가 밝아 초봄인 3월 4일에는, 고가네이공원 주변에 있는 세키노쵸의 한 곳에서 봄맞이 「골목축제」가 열렸다. 이날은 작은 골목을 사이에 두고 집을 개방하거나, 처마 끝을 이용해 여러 가게가 줄지어 섰다. 「옷 만들기와 이야기 장소 Dozo」에서는 기모노 제작의 시연과 이야기, 「복수장(福寿荘)」에서는 고치高知지역의 감귤인 포멜로(pomelo: 왕귤나무류, 文旦) 까기 교실,

---

3 시바하마芝浜: 시바하마는 고전 만담의 상연 목록 중 하나. 산유테엔죠三遊亭圓朝의 작품으로 알려져 있으나 불확실하다. 3대 가쓰라미키스케桂三木助의 개작이 유명하다. 미키스케三木助의 명연 이후, 부부의 애정을 따뜻하게 그린 굴지의 인정 만담으로 알려지게 되었다. 섣달그믐날에 연기되는 경우가 많다. https://ja.wikipedia.org/wiki/芝浜 -역자주.

「신금채(新金菜)집」에서는 순무밥,「한국거류민단」에서는 부침개 등등 그곳에 사는 사람들이나 관계된 사람들이 각자의 특기를 살려 입점하여, 많은 인파가 몰리면서 골목길은 북새통을 이루었다. 고가네이시의 무형문화재인 「세키노쵸 떡메치기」도 진행되었다. 떡메치기 노래에 맞추어, 여러 사람이 각각의 절굿공이로 하는 집단 떡메치기이다.

나가야풍의 집이 처마를 접하고 늘어서 있는 한 구획의 주 거주자는 젊은 이들이다. 이곳에 많은 남녀노소가 드나들며,「골목길」에서 봄날을 즐기고 있다. 젊은이들은 돈보다는 일상성과 간소한 삶을 중시하는 새로운 라이프 스타일을 실천하면서 지역 커뮤니티를 살리고자 하는 것 같다.

이러한 노력과 더불어 「고가네이 에도의 농가길」의 활동과도 링크되어 있다. 고가네이 공원과 다마가와玉川상수 사이에 있는 주택가를 동서로 달리는 소로를 「농가길」이라 칭하는데, 여기에는 에도도쿄채소江戸東京野菜[4]를 판매하는 11개의 직매장이 산재한다. 여기에 「이야기꾼」씨의 「옷 만들기와 이야기 장소 Dozo」나, 2개의 카페도 가세해, 에도도쿄채소를 구입하고 산책·휴식도 하면서 「언제나 어딘가에서 삶의 소리가 들려오는 길」,「언제나 어딘가에서 알지 못했던 무언가를 깨닫는 길」,「언젠가 어딘가에서 걸었던 길을 떠올리는 길」로 하고 있어, 고가네이 공원이나 거기에 병설되어 있는 에도도쿄건물원[5]에 오는 사람들도 끌어들이고 있다.

---

4 에도도쿄채소江戸東京野菜: 에도채소란 주로 현재의 도쿄 23구나 그 주변에서 전통적으로 생산되던 채소(토종 품종)를 이른다. 생산이 계속되어 온 상업작물 외에, 멸종 직전에 보호된 품종을 포함하여 「에도도쿄채소」(48종) 또는 「도쿄전통채소」라고도 불린다. https://ja.wikipedia.org/wiki/江戸東京野菜 -역자주.

5 에도도쿄건물원: 江戸東京たもの園. 사라져 가는 에도·도쿄의 역사적인 건물을 이축(移築: 옮

시미즈농원과 숲속 유치원

니시도쿄시의 자택 바로 남쪽에서 다마가와상수가 분기하여 센카와千川 상수와 나뉘는데, 거기에서 200m 정도 앞에 있는 것이 무사시노시의 시미 즈농원이다. 20a(606평) 정도의 도시농지에서 유기농업을 하고 있으며, 이 전의 필자 저서인 「상생과 제휴의 커뮤니티 농업으로」에서도 다루었듯이 CSA(Community Supported Agriculture, 지역지원형농업)로 소비자와 직결된 생 산을 하고 있을 뿐만 아니라, 농업 체험의 장으로서 주위의 초중학교나 유 치원·어린이집에도 개방하고 있다. 요즘 이들에 더해「숲속 유치원」의 아 이들과 그 어머니들도 자주 들른다.

「숲속 유치원」을 아시는 분도 많겠지만, 이는 숲이나 바다, 사토야마里山 그리고 공원을 포함한 자연환경 속에서, 유치원이나 보육원, 탁아소 등의 육 아를 실시하는 것이다. 시작은 덴마크로서, 유럽에서는 널리 행해지고 있는 것 같다. 일본에서도 야외 보육이나 사토야마 보육이라고 불리는 것이 있어 왔지만, 2000년 이후에 새로운 것도 포함해「숲속 유치원」으로서 정착해 온 것으로 보인다. 여러 명의 부모가 운영하는 자율형 보육원까지 포함하면, 전국에서 1,000개가 넘는「숲속 유치원」이 있는 것으로 알려져 있고, 특히 최근 10년 정도 사이에 급증하고 있다. 전국네트워크도 설치되어 도도부현 대부분에 있는 것 같다.

겨 지음) 보존해 전시할 목적으로 도쿄도 고가네이시의 도립 고가네이 공원 내에 설치된 야외 박물관. https://ja.wikipedia.org/wiki/江戸東京たてもの園 -역자주.

운영 주체는 제각각이고, 그 운영·전개 방법도 다르지만, 대부분은 아침 9시쯤에 모여, 오후 2시경까지, 자연을 상대로 유치원 아동들은 하고 싶은 것을 하며 보낸다. 선생님(보육자)들은 그 모습을 지켜볼 뿐, 참견이나 간섭은 최대한 삼간다. 어디까지나 자연에 의해서 유치원 아동들의 호기심과 감성이 이끌어지는 것을 기본으로 하고 있어, 자연히 자립심과 협조성이 길러지는 것으로 보인다.

집 근처에 있는 고가네이 공원은 약 80ha나 되며, 도쿄도(東京都) 내에서는 최대 면적을 가지는 공원으로서, 이곳을 필드로 하고 있는 「숲속 유치원」이 몇 개 있다. 그중 하나인 「하모니」에 다니는 유치원생과 어머니들 몇 팀이 시미즈농원을 자주 찾곤 한다.

유기농업을 계속 고집해 온 시미즈농원에 대한 정보가 어머니들의 입소문을 타면서 퍼지고, 시미즈농원에 드나들며 수확 등의 체험을 하고 있는 사이에, 수확한 무를 사용한 단무지 절임을 농장주인 시미즈 시게루淸水茂 씨의 지도로 만들게 되고, 봄에는 보카시비료[6]를 만들기 위한 작업장이 가을에는 단무지 절임통의 보관소가 되고 있다. 게다가 농원 전체가 「많은 챌린저들의 시행착오, 시도, 만남의 장이다. 나아가 사람뿐 아니라 미생물들의 거처가 되기도 하고, 미생물로부터 사람에 이르기까지, 생명의 릴레이가 반복되는 공생의 장」이기도 하다.

이 「숲속 유치원」의 아이들과 어머니들이, 최근에는 「쓰타야상치」나 야마

---

6 보카시비료: 이는, 즉효성이 있어 작물 성장에 바로 효과가 있는 화학비료와 달리, 밭 흙의 미생물 자체를 활성화시켜 작물의 균형 있는 생육을 촉진하는 유기질 비료를 말한다.
   https://www.ajfarm.com/yamagata/2897/

나시에서의 「농토향·어린이 시골체험교실」에도 참가하게 되었다. 물론, 시미즈 씨도 이 프로그램들에 참가할 뿐만 아니라, 니시도쿄시 「주먹밥 하우스」에서는 관리·운영 면에서도 무슨 일이 있을 때를 대비한 "구급대"로서, 상당한 응원을 하고 있다. 각각 개별적으로 임해 온 활동이, 교차하거나 촉발하여 합쳐지는 상황이 계속 생기고 있다.

시미즈 농원과 관련해 말하자면 긴자농업커뮤니티학원 학생인 미타카시三鷹市에 사는 다나카 마키코田中眞喜子 씨가 역시, 시미즈농원을 찾기 시작했다. 다나카 씨는 기치죠지吉祥寺역 바로 남쪽에 펼쳐진 이노카시라井之頭 공원에 인접한 녹음이 우거진 곳에 자택을 가지고 있다. 부모의 간병도 있어 2세대 주택을 지었지만, 간병도 끝나 3년 정도 전부터 자택의 절반을 개방하고, 「식(食)이 기본이며, 음식을 소홀히 하지 않는 삶」을 함께 공부하고 실천해 나가기 위해 「숲속 식탁」을 열었다. 이곳을 스터디나 교류, 식사 모임의 장으로 제공하고, 스스로도 친구, 지인을 모아 스터디&식사회를 주재하고 있다. 여기에 시미즈 씨도 얼굴을 내밀고, 우리 부부도 참가하고 있다. 이를 포함해 시미즈 씨와는 여기저기서 자주 만나는 관계에 있다.

 # 권역 내에서 파트너십을 목표로

자택이 있는 니시도쿄시나 바로 옆의 고가네이시, 무사시노시 등과의 내왕 기회가 많아졌지만, 교통편이 좋은 곳에 대해서는, 좀 더 네트워크를 넓혀, 파트너십, 즉 서로 교류하고 정보교환을 해 나가고 싶다고도 생각하고 있다.

무사시노 농지, 녹지를 지키는 시민 활동

그중 하나가 도코로자와所沢[7]다. 니시도쿄시西東京市에는 세이부 신주쿠선과 세이부 이케부쿠로선이 달리고 있는데, 세이부 신주쿠선의 다나시역까지는 집에서 걸어서 북쪽으로 15분이 조금 넘는다. 중앙선(中央線) 무사시사카이역은 남쪽으로 걸어서 15분 남짓으로 크게 다르지 않지만, 무사시 사카이행 버스는 자주 운행하기 때문에 일상적으로는 중앙선을 주로 이용하지만, 도코로자와까지는 다나시역으로 나와 세이부 신주쿠선을 타면 단 15분 만에 도착한다. 시간적으로는 신주쿠로 나가는 것보다 도코로자와로 나가는 것이 빠르다.

무사시노(武蔵野)의 범위에 대해 명확한 정의는 없지만, 광의로는 무사시국武蔵国[8] 전부를 지칭할 수 있으며, 또 고시엔広辞苑[9]에 따르면 「사이타마현 가와고에 이남, 도쿄도 후추府中까지 확장되는 지역」으로 되어 있어, 어쨌든 도코로자와는 무사시노의 중심 중 하나이며, 도코로자와 시구역에 들어가는 이와오카신전(新田), 히라츠카平塚신전, 가미야神谷신전, 기타노北野신전, 미카지마三ヶ島신전이 에도 시대 교호享保[10]기에 무사시노신전으로 개발되었

---

7 도코로자와所沢: 사이타마현 서남부에 위치한 시. -역자주.

8 무사시국武蔵国: 과거 일본의 지방행정 구분이었던 영제국 중 하나이다. 현재의 도쿄도와 사이타마현 및 가나가와현의 가와사키시, 요코하마시에 해당한다.
   https://ja.wikipedia.org/wiki/武蔵国 -역자주.

9 고시엔広辞苑: 일본의 대표적인 출판사 이와나미서점岩波書店에서 발행한 중형의 일본어 사전. (민중서림 엣센스 일한사전). -역자주.

10 교호享保: 교호는 일본의 연호 중 하나. 1716년부터 1736년까지의 기간을 가리킨다.
    https://ja.wikipedia.org/wiki/享保 -역자주.

다. 또 무사시노신전보다도 먼저 마쓰다이라 이즈노카미 노부쓰나松平伊豆守信綱,[11] 야나기사와 요시야스柳沢吉保에 의해 열렸으며, 일본농업유산으로도 지정된 「낙엽퇴비농법」을 도입한 신전 개발은 미요시마치三芳町·가와고에시川越市·후지미노시ふじみ野市와 함께 도코로자와시로도 확산되어 있다. 나아가 도코로자와시나 히가시무라야마시東村山市 등에 걸쳐 작은 산 구릉이 있으며, 여러 개의 '토토로 숲トトロの森'[12]이 산재해 있다.

「낙엽퇴비농법」이 저택과 밭과 잡목림의 세 가지 세트로 구성되어 있는 것과 마찬가지로, 도코로자와시역 전체가 주택지에 근접하여 농지, 녹지가 풍부하게 있고, 활발한 시민 활동이 농지와 녹지를 지켜 나가는 데 큰 기여를 하고 있다. 이런 가운데 힘쓰고 있는 한 사람이 역시 긴자농업커뮤니티학원의 학원생 히누마 위마사肥沼位들 씨다. 히누마 씨의 집안은 에도 시대 때부터 대대로 이어 오는 농가로서, 도코로자와시청에 근무하면서 동시에 농사도 짓고, 지역의 잡목림 보전 활동이나 야나세가와柳瀬川천의 청소 활동을 함과 동시에, 산토메신전三富新田 등의 잡목림이 담당자 부족으로 손질이 제대로 되지 않아 황폐화되어 가고 있는 가운데, 동료들과 함께, 여러 번 크게 자란 낙엽 활엽수에 로프를 이용해 올라가, 전기톱을 사용하여 벌채도 진행하고 있다. 또 히누마 씨의 아버지는 쥬마츠류 축제 음악의 활동 외

---

11 마쓰다이라 이즈노카미 노부쓰나松平伊豆守信綱: 에도 시대의 다이묘인 마쓰다이라 노부쓰나松平信綱. 가운데에 관직명인 이즈노카미伊豆守가 들어가 있다.
https://ja.wikipedia.org/wiki/松平信綱 -역자주.

12 토토로 숲トトロの森: 영화 「이웃집 토토로」 무대의 모델 중 하나가 됐다는 작은 산 구릉을 말한다.
https://www.totoro.or.jp/intro/#FOREST -역자주.

에 그 지방 기타아키츠北秋津 히츠키 신사日月神社의 우지코氏子[13]로 오랜 세월 근무하는 등 역사나 옛날부터 전해 내려오는 이야기에 익숙할 뿐만 아니라, 어릴 적 깨끗한 야나세가와柳瀬川 천에서 놀거나 축제를 즐기거나, 미군기 그러먼[14]의 공습을 받았을 때, 일본기가 공중전을 벌이고, 폭탄이 터지는 모습 등을 본 체험 등을 기회가 있으면 이야기할 수 있기를 기대하고 있다.

제4장에서 가와사키 헤이에몬을 다루었는데 헤이에몬이 개발한 무사시노 신전은 82개 촌에 이르고, 동쪽으로부터 미타카시三鷹市, 무사시노시, 니시도쿄시, 고가네이시, 고다이라시小平市, 그리고 사이타마현의 도코로자와 등에까지 퍼진다. 가와사키 헤이에몬 현창회·연구회는 가와사키 헤이에몬을 널리 세상에 알릴 뿐만 아니라, 각 지역의 역사를 소중히 함과 동시에, 협동 활동을 응원하고, 지역 활성화를 도모해 나가는 것을 목적으로 하고 있어, 향후 도코로자와를 포함한 시민 활동과의 제휴를 도모해 나가는 것이 과제이기도 하다.

슬로스쿨 야간부와 herb & vege HOMEGROWN

또 하나 다루어 두고 싶은 것이 고쿠분지国分寺[15]에 있는 「카페·슬로」에

---

13 우지코氏子: 우지가미氏神는 일본에서 같은 지역(촌락)에 사는 사람들이 공동으로 모시는 신도(神道)의 신을 말함. 같은 씨 신의 주변에 살면서, 그 신을 신앙하는 사람끼리를 우지코氏子라고 함. https://ja.m.wikipedia.org/wiki/氏神#氏子 -역자주.

14 그러먼: 미국의 그러먼항공우주산업사(Grumman Aerospace Corporation) 또는 그 회사가 제작한 항공기의 이름. (네이버 지식백과). -역자주.

15 고쿠분지国分寺: 나라奈良 시대(701~784)에 평화를 기원하여 각처에 세워진 관립의 절.

서 행해지고 있는 「슬로스쿨 야간부」, 나아가 쿠니타치시國立市에 있는 herb & vege HOMEGROWN과의 만남·연계이다.

고쿠분지의 카페·슬로는 아는 사람만 아는 일본 슬로푸드의 성지라고 하며, 「슬로」와 「연결」을 콘셉트로 하여, 유기농 카페 운영이나 자연식품·공정무역 상품 판매, 환경 이벤트 개최 등의 다양한 계도 활동을 통해, 잃어가는 생명의 연결고리를 되찾아, 지구에 부담을 주지 않는 삶을 제안하는 것을 목적으로 하는 커뮤니티 카페이다. 약 60석으로 알려져 있는데 넓고 여유로운 공간으로, 내부 인테리어는 짚이나 흙을 사용한 자연 소재. 창문으로는 잡목림이 보이고 바로 옆으로 시냇물이 흐른다. 영업시간은 평일 11시부터 18시까지, 토·일요일 공휴일은 11시부터 19시까지이며, 월요일이 정기 휴일인 것은, 과연 「카페·슬로」답다.

그 「카페·슬로」를 이용해, 영업이 끝난 밤, 월 1회 정도의 페이스로 열리고 있는 것이 「슬로스쿨 야간부」다. 「밤에, 생활을 생각하는 「슬로스쿨 야간부」는, 조용히, 천천히, 차분히, 깊게 하는 시간. 일이 끝나고, 지역으로 돌아가, 생활에서 가까운 장소에서 배우고, 연결됨으로써, 활동하는 계기가 되는 모임. 여기로부터, 자신들에게 어울리는 자유롭고, 기분 좋은 생활이 태어나라」는 것을 목표로 한다.

긴자농업정책학원銀座農業政策塾(당시)의 학원생이었던 이토 신고伊藤進吾 씨가, 지금까지의 샐러리맨 인생으로부터 일전하여 2015년에 구니타치시國立市에 연 것이 herb & vege HOMEGROWN으로, 취지가 「허브나 채소 등

---

https://ja.wikipedia.org/wiki/国分寺 -역자주.

길러서 생활에 도움이 되는 식물을 중심으로, 각지의 유기 농가와 연결하여 농가가 직송한 유기농 채소도 판매한다. 도시 생활 속의 작은 농적 생활을 테마로 원예 복지적 사회의 실현을 목표로 한다」인데, 그 이토伊藤 씨의 친구인 하기와라 오사무萩原修 씨는 이 「슬로스쿨 야간부」 운영 멤버의 한 사람이다. 하기와라 씨는 「디자인 디렉터」를 자칭하며, 「코드·모노·고토」, 「중앙선 디자인 네트워크」 등의 독자적인 프로젝트를 운영함과 동시에, 주식회사 슈헨카의 대표이며, 나아가 메이세이대학明星大学 디자인 학부의 교수도 맡고 있다.

「슬로스쿨 야간부」의 취지에 대해서, 다른 글에서는 다음과 같이 말하고 있다.

「인류 문명이 시작된 지 1만 년. 그 과정에서 18세기에 일어난 산업혁명은 그때까지의 사람들의 삶을 확 바꿔 놓았습니다. 자연과의 관계 속에서 살아온 우리들은, 처음으로 「분업」과 「기계화」라고 하는 문명의 힘에 의해서, 「편리함」과 「풍요함」을 손에 넣습니다. 확실히 자연의 은혜를 인류가 도맡아 얻음으로써, 끝없는 인간의 욕망을 부풀리는 것이 가능해졌고, 그 결과 물질적 풍요는 필요 이상으로 충족되었습니다. 그러나 한편으로, 그 「풍요함」의 그늘에서, 둘도 없는 다양하고 귀중한 자연이 없어져 갔습니다. 그 「풍요로움」은 자칫 우리의 일상생활에서 자연을 떼어내고 사회나 인간 간의 신뢰를 깨뜨리고 있음을 깨닫지 못하고, 사람들이 깨달았을 때에는, 자연의 복원작용마저 앗아갈 수 있는 위기상황이 계속되고 있습니다.

이 흐름을 바꿔 나가려면, 우리 자신이 삶의 방식을 의식주라는 일상에서 다시 한번 묻고, 자연과 공생하는 삶이란 어떤 방식의 삶인지를 재구성하는 것이 무엇보다 중요하지 않을까요?

그래서, 이 『슬로스쿨 야간부』는, 삶의 원점을 다시 바라보면서, 지구에 부하를 주지 않는 생활법, 생각을 서로 배우는 것을 통해서, 의식주의 본연의 자세, 창조법, 관계법을 배우고 실천해 나가기 위한 다양한 배움의 광장으로서 역할을 담당해 나가고 싶습니다」.

필자의 농적사회디자인연구소와 그 취지를 거의 같이하는 것으로 공감하는 바가 크다. 그 활동은 많은 흥미를 불러일으키는 바인데, 얼마 전 이곳에서 「커뮤니티 농업의 장래」를 주제로 인터뷰 형식으로 이야기를 나눌 기회를 얻었다. 30명 남짓한 참가자들이지만, 열심히 들어주셔서, 끝나고도 좀처럼 자리를 떠나기 어려운 열기가 소용돌이치고 있는 듯한 좋은 모임이었다. 참가하신 여러분과 명함을 교환해 보니, 고쿠분지시, 고가네이시, 미타카시, 니시도쿄시, 구니타치시, 다치카와시, 히노시, 도코로자와시와 대부분은 다마多摩지역에 사는 사람들로, NPO 등으로서 현장에서 활동하고 있는 사람이 대부분이며, 나머지 몇 명이 농업인과 대학 교원이었다.

거기서 의견교환이나, 끝난 후의 친목도 포함해 고쿠분지시나 히노시 등에서도 같은 문제의식을 가지고 활발한 활동이 전개되고 있음을 알 수 있었던 동시에, 거기서 노력하고 있는 사람들과 직접 얼굴을 맞대고 대화를 주고받을 수 있었던 것은 나에게도 큰 수확이었다. 타마지역이라고 하는, 나의 지금까지의 활동 범위를 조금 더 넓혀 정보교환이나 교류를 도모하면서, 서로 제휴하거나 응원해 나가기 위한 "장소"를 만난 것 같다. 모임의 끝에서 카페 · 슬로 대표 요시오카 쥰吉岡淳 씨가 인사를 하면서, 「커뮤니티 카페는 사람과 사람을 잇는, 생산자와 소비자를 연결하는 장소」로서 존재하고 있어, 카페·슬로를「사람과 사람, 생산자와 소비자의 만남의 장소」로서 더욱 이용·활용해 주었으면 하는 취지를 강조하였는데, 이 때문에 바로 커뮤니티 카페에 있다는 것을 실감할 수 있었고, 또 많은 분들과의 만남으로 기쁜 밤이 되었다.

 # 산지직매시장 그린팜

이러한 지역과의 연결, 지역에서의 활동을 생각해 나가는 데 있어서, 나에게 참고가 되고 또 에너지를 받고 있는 것이 이나시의 마스미가오카ますみケ丘에 있는 산지직매시장(産直市場)인 그린팜(Green Farm)의 대처 모습이다. 이나시의 교외, 농촌 지대라고 하는 것보다는 중산간 지역에 있다고 하는 편이 적절한, 밭이나 목초지가 펼쳐지는 가운데에 동떨어져 있어, 산지직판 시설의 입지 조건으로서는 결코 양호하다고 말하기 어렵다.

그린팜에는 채소, 꽃, 버섯류, 반찬 등 가공식품, 종묘, 농자재, 잡화 등과 농업생산과 일상생활에 필요한 것은 거의 구비되어 있다. 소농 생산자의 귀중한 출하처가 되고 있음과 동시에 지역의 생활을 전면적으로 지탱하고 있다.

1994년에 설립하여, 당초 200m²였던 매장 면적을 조금씩 넓혀 가 현재는 1,330m²(403평)로서, 산지직판시설로는 중규모라고 할 수 있다. 그야말로 손으로 직접 건물을 필요할 때마다 덧대어 간 것으로, 크고 현대화된 세간의 산지직판시설과는 전혀 다르다. 이곳에 많은 인파가 몰려 연간 내점객

수는 58만 명, 매출액은 10억 엔을 넘는다. 5월 연휴는 물론이고 날씨가 좀 좋은 날이면 차량이 몰리면서 주차장 확보에 한참을 기다려야 하는 경우도 적지 않다.

지산지소로 사람을 끌어당긴다

이처럼 붐비는 가장 큰 이유는 지산지소를 기본으로 하고 있기 때문이다. 출하회원은 2천 명이 넘는데, 대부분이 겸업농가를 포함한 소규모 생산자로서, 정년귀농자도 적지 않고 출하자의 평균연령은 70세이다. 또 그린팜에는 실험농장도 마련되어 있어, 농가가 아닌 사람이 전문적인 지도를 받아, 농업을 경험하면서 자립해 나갈 수 있도록 시스템화되어 있는 동시에, 이러한 사람들이 생산한 농산물을 팔기 위한 전용 코너도 있다.

그린팜의 운영은 그린팜과 생산자가 조직하는 「생산자 모임」에 의해 구성된 운영회의에 의해 결정된다. 현재의 판매에 관한 룰은, ① 수수료는 모두 20%, ② 품질이 열악한 것은 폐기한다, ③ 생산 품목은 생산자가 독창적인 사고방식과 아이디어로 결정한다, 등 3가지뿐이다. 그 이외에 대해서는 기본적으로 생산자의 재량에 맡겨져 있다.

여기에 더하여 다음과 같은 몇 가지 특징을 가지고 있는데, 이것이 또한 그린팜의 큰 매력이 되어 사람들을 끌어들이고 있다고 할 수 있다.

첫째, 밥상을 비롯하여 다리를 접을 수 있는 낮은 밥상, 절구공이, 탈곡기, 레코드, 램프 등등, 집을 정리하거나 헐었을 때 나온 것일까, 옛 생활에 사용되던 것들도 많이 진열되어 있어 지역의 삶과 문화를 실감할 수 있어 보기만 해도 즐겁다.

둘째, 곤충식이 풍부하게 진열되어 있다. 기후현과 함께 나가노현은 곤충식이 가장 성행하는 곳으로, 전통식인 동시에 특산품이 되고 있는데, 벌 유충, 날도래 유충, 메뚜기 등의 감로(甘露)조림 등이 풍부하게 진열되어 있다. 특히 메뚜기 감로조림은 제가 가장 좋아하는 것으로, 맥주 안주로는 메뚜기 감로조림과 껍질이 붙은 땅콩이 최고이다. 프로젝트를 위해 조사하거나 NPO의 이사회 등 때문에 거의 매월 이나를 방문하는데, 메뚜기 감로조림은 꼭 사곤 한다. 그리고 벌 유충에 그치지 않고, 땅벌의 집, 물론 꿀이 듬뿍 든 벌집인데 이것이 통째로 팔리고 있다. 또한 꿀도 많이 진열되어 있고 서양 꿀벌과 일본 꿀벌의 꿀, 그것도 각각 각종 꽃에서 따온 꿀들이 즐비하다.

셋째, 버섯류와 약초가 역시 풍부하게 진열되어 있다. 최근에는 산지직판이라고는 하지만 버섯류는 인공재배된 것밖에 진열되어 있지 않은 곳이 대부분인데, 이곳에서는 그 계절이 되면 "산 채취물"로 그야말로 가득 찬다. 약초도 여러 종류가 있는 데다, 한편 신슈대학교 농학부 캠퍼스가 바로 인근에 있어, 프로젝트를 만들어 약초 연구·개발에도 힘쓰고 있다.

넷째, 건물과 도로를 사이에 두고 맞은편에는 닭, 오리, 염소, 토끼 등등 그야말로 다양한 가축이 사육·판매되고 있다. 이것이 동물원이라고 할까, 이름하자면 가축원으로 되어 있어 아이들에게 큰 인기다. 동물원에서는 동물을 멀리서 바라보기만 하면 끝나지만, 이곳에서는 가축을 만지거나 안을 수도 있어 이곳에서 노는 아이들의 눈은 반짝인다. 또한 염소가 100마리 이상 사육되고 있는데 염소에 대해서는 판매뿐만 아니라 대여도 하고 있다. 염소를 대여해서, 잡초 등을 "혀 깎기" 하여 경관을 깨끗하게 하는 동시에,

옛날에 마시던 그리운 염소 우유의 풍미를 즐기고 있는 사람도 적지 않은 것 같다.

다섯째, 그린팜과 함께 「코마 서점」이 마련되어 있다. 그동안 그린팜 건물 2층에 있었는데 2년 전 수백 미터 떨어진 곳으로 이사를 했다. 어린이를 위한 책과 지역 관련 도서에 특화된 서점으로, 미래를 책임질 아이들에게 좋은 책을 제공해 나감으로써 교육의 한 부분을 담당하는 동시에 지역 문화를 전파하고자 한다.

이러한 그린팜을 만들어 이끌어 온 것이 그린팜의 창업자인 고바야시 후미마로小林史麿 씨이며, 고바야시 씨의 지혜와 삶의 모습이 그린팜의 건물 그리고 운영에 녹아 있다고 할 수 있다. 고바야시 씨는 일찍 아버지를 여의고 고생하셨다고 하는데, 고생을 거듭하는 가운데 축적되어 온 지혜나 궁리 그리고 독자적인 발상에는 배울 바가 많다.

지역순환을 창출

지혜·궁리라고 하는 것은, 예를 들면 약초나 건강에 관한 것이다. 앞에서도 언급했듯이 2017년 2월 말부터 3월까지 쿠바를 방문했는데, 이는 고바야시 씨의 권유에 의한 것이었다. 쿠바에 도착해, 고바야시 씨는 식사가 맞지 않아 컨디션이 좋지 않다고 해서 우리와 함께 테이블에 앉아도, 메뉴는 별도로 해서, 오로지 꿀과 우유와 바나나를 먹는 것만으로 훌륭히 컨디션을 회복하였다. 그리고 그 전후로 건강이 화제가 되어, 고바야시 씨로부터 약초의 사용법에 대해 여러 가지를 물었는데, 암에는 구름버섯을 달인 것이 효과가 있다, 통풍에는 왕말벌 소주 절임, 당뇨병에는 각종 버섯을 끓인 것이 좋다는 얘기. 또 면역력을 높이기 위해서는 아침에 맨 먼저 찻숟가락으로 한 스푼의 꿀을 그냥 먹으면 좋다, 그것도 일본 꿀벌의 꿀로, 게다가 색이 진한 것이 좋다고 한다.

그 이후로 나도 이 "꿀 생활"을 시작하기로 했고 지금도 계속하고 있다. 또, 쿠바에서 시장에 나갔을 때 약초를 파는 가게가 있었는데, 거기서 그야말로 많은 약초를 사올 수 있었는데, 그는 이것을 가지고 와서 신슈대학교와 함께 하고 있는 프로젝트에서 분석하고 연구한다든가, 어쨌든 연구를 열심히 하는 것, 이는 어쩔 수 없다.

독자적인 발상이라고 하면, 그린팜의 2층에서 이전한 코마서점이 이동 가능한 간이 주택인 모바일 하우스로 되어 있다. 495제곱미터(150평) 정도의 제법 큰 건물로, 입구 바로 왼쪽이 서점이고, 그 외에는 큰 오픈 스페이스로, 옆에 작은 회의실과 조리실이 함께 설치되어 있다. 차가 연결되어 있어 이동 가능해 건축기준법 대상에서 제외되지만, 사카구치 쿄헤이坂口恭平 등 젊은이들이 시도하고 있는 이야기를 책에서는 봤어도 1940년생 고바야시 씨가, 더구나 이만한 크기의 모바일 하우스를 만든 발상과 행동력은 놀랍다. 그리고 오픈 스페이스에는 커다란 책상과 의자, 멋진 장식물들이 진열되어 있고, 또 조리실에도 프로용 주방 기구들이 즐비한데, 이곳에 있는 모든 것은 폐물을 이용한 것이라고 한다.

지산지소 자급자족이 기본. 돈은 사용하기 나름이며, 돈이 없어도 지혜와 궁리를 통해 풍요로운 생활을 실현할 수 있다. 또 지역순환을 만들어 가는 것 자체가 설레고 재미있다. 이렇게 지역에 사는 사람들이 귀중한 현금 수입을 확보할 수 있는 장을 제공함으로써, 보람을 가지고 일하고, 생활을 즐기면서 공생해 가는 길을 구체적으로 보여 주고, 여기에 필요한 지혜·궁리나 사고방식을 느끼게 해 주는 고바야시 씨로부터 항상 배우고 있다.

농적 사회(Agro-society) 창조의 요건

농적 사회를 향한 대처 방안에 대해 필자 자신의 경험을 중심으로 다루어 왔는데, 이는 필자 스스로의 대처가 결코 우수한 사례였기 때문이 전혀 아니라, 개개인의 대처, 실천이 출발점이며, 이것을 쌓아 올려 확대해 나가는 것만이 사회를 바꾸어 나갈 수 있다고 생각하기 때문이다. 사소한 노력에 지나지 않아, 이러한 형태로 다루는 것 자체가 부끄럽기는 하지만, 스스로의 활동 그리고 인연을 맺어 여러 가지 왕래를 하고 교류하고 있는 주변의 대처 모습들을 바탕으로, 농적 사회를 창조해 나가는 데 있어서 포인트가 된다고 생각되는 몇 가지 점에 대해, 기본적인 틀에 관계되는 것과, 대처해 나가는 데 있어서 생각이나 노하우에 속하는 것으로 크게 나누어 정리해 두고 싶다.

농적 사회의 방향과 틀

먼저 농적 사회의 창조를 위한 기본적인 방향성과 틀에 관한 것이다.

우선 첫째, 대처의 방향성을 명확히 하는 것이 출발점이다. 지역을 잘 만들어 나간다는 것에 대해 이견은 없겠지만, 경제적으로 잘해 나갈 것인지, 경제를 초월한 풍요를 추구해 나갈 것인지는 사람에 따라 견해가 크게 갈리는 부분이다. 본서는 경제적 풍요를 전면적으로 부정하는 것은 아니지만, 경제성에 치우친 풍요의 추구에는 반대하는 것이다. 경제성 이상으로, 경제 외적 풍요를 중시하고, 무엇보다 인간은 그에 상당하는 만큼을 분별하고, 생명원리를 존중하며, 이를 최우선으로 해 나가는 것이 기본이라고 생각한다.

둘째, 추구하는 농적 사회는 지역이라는 토대에 입각함으로써만 성립할 수 있다는 것이다. 말하자면 추상적인 가이드라인 등에 의해서 만들어지는 것이 결코 아니고, 생산이나 생활이라는 일상성의 레벨에서, 구체적인 지역이라는 현장과 그에 대한 압력이 있어야 성립하는 것이다. 그런 의미에서는 농(農)에의 참여를 매우 중요시하지만, 아울러 FEC[16] 자급권 구상이나 슬로푸드 운동 등과도 공통점이 많다.

셋째, 이러한 방향성에 동참하고 함께 행동하려는 사람들은 안타깝게도 일부에 그치지만 그것이 당연하며 실망할 필요는 없다. 생각 있는 사람들이 개인 혹은 작은 모임부터 시작하는 것이 중요하며 작은 순환을 조금씩 부풀려 나가면 된다. 큰 대응으로서 가는 것 이상으로, 작지만 대응해 가는 현장

---

16 FEC: 여기서 F(Food)는 식량, E(Energy)는 에너지, C(Care)는 복지 개호를 의미. -역자주.

의 수를 늘려 가는 것이 중요하다.

넷째, 현장끼리 네트워크로 연결한 후 파트너십을 맺어 가는 방식이다. 어디까지나 하나하나의 현장이 기본이며, 각각은 동등한 가치를 지닌다. 그 서로의 가치를 존중하면서 교류하고, 서로 다양한 형태로 지원하고 보완해 나갈 것으로 기대된다. 파트너십은 복수의 지역 레벨, 현(県) 레벨, 국가 레벨, 나아가 해외와 여러 층으로 겹쳐 가는 것이지만, 기본은 지역, 현장에 있다는 점은 불변이다.

다섯째가, 대처의 주역은 지역의 주민 한 사람 한 사람이라고 하는 점이다. 지역 활성화의 대처 중에는 국가나 지자체가 작성한 것이 프로그램 등의 형태로 위에서 내려오는 것도 많지만, 명령을 듣고 뭔가를 하는 것은 샘솟는 에너지가 전혀 다르다. 지역 사람들이 서로 대화를 거듭하면서 프로그램을 만들어 함께 실천해 나가는 것이 중요하며, 바로 그렇기 때문에 그곳에서의 대처가 큰 의의를 가질 수 있다. 그렇다고 해도 지역 주민도 한 사람 한 사람 다르고, 또 남녀에 따라, 노소에 따라 그가 가지는 의견은 달라지리라. 남녀노소를 적당히 조합하는 동시에, 대응의 내용에 따라 세대나 남녀에게 늦춤과 당김을 주어 협의를 정리해 나갈 필요가 있다.

여섯째, 지역 자원을 최대한 살려 나가는 것이 기본이다. 지역 자원은 물자(物)뿐만 아니라 사람·돈도 포함한다. 사람(人)·물자(物)·돈(金)을 중심으로, 그 지역에 있는 모든 것을 최대한 활용해 나감으로써 지역 순환을 만들어 자급도를 향상시키고, 자립해 나가는 것이 바람직하다. 물론 모든 것을 지역에서 조달해 나갈 수는 없을 것이지만, 자칫하면 안이하게 외부에 의존하기 쉬워, 그럴 때 다시 멈춰 서서 지역에 있는 자원을 재검토하고 활용을 생각해 보는 것이 중요하다.

일곱째, 지역 자원에 포함되기도 하지만, 지역의 역사와 문화를 존중해 나가는 것이다. 여러 가지 사태에 직면하게 되는데, 그 사태와 비슷한 일이 과거에 벌어졌던 경우가 많다. 과거의 지혜에서 배우는 것이 중요하며, 일상 속에서 지역의 역사와 문화를 배울 기회를 마련해 나가는 동시에 노인들의 경험과 지혜에서 배우고 계승해 나가는 것이 필수적이다.

이상이 큰 방향성이나 구도가 되는데, 이에 더하여 보충적으로 유의해 두어야 할 두 가지 점을 함께 말해 두고 싶다. 하나는 지역 만들기에 참고가 되는 사례는 있어도 기본적으로 모델은 없다는 것이다. 어떤 선진사례도 아주 개별적이고 구체적이어서 어느 정도 유형 구분은 가능하다 해도 모델화할 수는 없다. 선진 사례라고 해서 안이하게 흉내 내는 것은 허용되지 않는다. 타 지역의 대응을 참고하면서도 어디까지나 자신이 처한 조건·환경을 충분히 고려하여 주체적으로 임해 나갈 필요가 있다.

또 하나는, 첫 번째와도 관련이 있지만, 행정이나 학자·연구자, 더구나 컨설턴트에 의존하는 것은 피해야 한다. 정세를 조감하거나 문제를 정리해 가는 데에는 유용하겠지만, 자칫 주객이 전도되어 외부에 의존하기 쉬워지는 경우가 많다. 실례되는 말이지만, 컨설턴트라 해도 대부분 스스로의 책임하에 대처해 본 경험이 있는 것은 아니며, 논리로 무장을 해도 논리만으로는 움직이지 않는 것이 현실이며, 외부에 의존하여 멋지게 정리만 했지, 실패로 끝난 사례는 일일이 열거할 수 없을 만큼 많다.

대처의 방식

다음으로 대처해 나가는 데 있어서 그 사고방식이나 노하우의 수준에 관한 것에 대해서 언급하고자 한다.

첫째가 처음부터 대대적인 일을 할 것이 아니라, 작은 일부터 시작해서 쌓아 가는 것이 중요하다. 뭔가 하려고 할 때 무의식중에 이벤트적인 것을 생각하기 쉽지만, 이벤트적일수록 일상성에서 벗어나, 한번 지나가는 일과성으로 되어 지속성이 떨어지는 경향이 있다.

둘째, 우선은 어쨌든 이것저것 시도해 보는 것이 중요하다. 해 보지 않으면 시작 자체가 안 될 뿐만 아니라, 해 봐야 알게 되는 게 많다. 농업에 참여해 보든, 지역에서 어떤 활동을 해 보든, 생각났을 때가 바로 그 날이다. 이것저것 생각해 보는 것은 중요한 일이기는 하지만, 생각할수록 손을 대기 어려워져, 결국은 하지 않기 위한 구실만 생각하는 것이 될 수도 있다.

셋째, 실패를 두려워할 필요가 없다는 것이다. 실패하고 배울 것은 많다. 오히려 실패로부터 많은 것을 배워 다음을 위한 거름으로 삼아 가는 것이 중요하다. 농적 사회를 향한 대처는 영속성을 요하는 것으로서, 눈앞의 일에 일희일비하는 것은 도움이 안 된다. 100점보다는 60점 정도를 추구한다는 정도가 딱 좋다.

넷째, 가능한 한 돈은 쓰지 않고, 오히려 사람을 쓴다. 사람이 움직여서 주는 것이다. 최대한 돈을 쓰지 않도록 지혜를 발휘하고, 할 수 있는 일은 손으로 만들어 가는 것이 중요하다. 왁자지껄하게 해 나가는 것이 사람과 사람의 연결, 유대를 강화시켜 준다. 돈이 없다고 바로 행정에 의존하는 경향이 있지만, 보조금 등을 받는 순간 행정의 간섭이라고 하면 지나칠지 모르지만, 규칙이나 사무처리의 장려를 피할 수 없게 되어 행동까지 제약받게 될 수도 있다. 게다가 보조금 등의 교부가 언제까지나 계속된다는 보증은 없으므로 지속성을 상실할 가능성을 내포하게 된다. 그런 의미에서는 굳이 NPO 등으로 법인화할 필요는 없다. 오히려 임의의 모임으로 하는 것이 재정적으로는 답답하더라도, 자유도와 지속성은 높다.

다섯째, 모임은 가능한 한 여러 사람이 들어오도록 하는 것이 좋다. 여성이나 젊은이 등이 들어감에 따라 다양한 시각에서 이야기가 나올 것으로 기대된다. 또 어린아이가 있는 것만으로 그 자리가 익숙해진다고 할까, 편안해지는 것을 항상 경험하고 있다.

 # 농적 사회(Agro-society)에 의한 지역 자급권

농적 사회에 대해 내 자신 주변에서 이루어지는 대처를 예로 들었다. 이 모두가 단편적인 대처이긴 하지만 오히려 이러한 작은 대응으로부터 착수해 나가는 것의 중요성을 강조해 왔다. 그래서 여기에서는 다시 한번 농적 사회에 대한 총체적 이미지를 모색해 보고자 한다. 그 총체적 이미지는 「커뮤니티 농업」으로의 대처를 생산과 삶의 전반으로 넓힌 것으로 되며, 「지역자급권」이 이에 걸맞다. 지역자급권이라고 하면 아무래도 물적인 자급 · 순환에 중점을 두기 쉽지만, 그 기본은 사람·물자·돈, 이 모든 것을 최대한 지역 안에서 순환시켜 나감으로써 지역의 자급과 자립을 도모해 나가는 것이다.

지역자급권의 실현을 위하여

지역자급권의 대응을 대표하여 생협 등에서 추진하고 있는 것이 'FEC 자급권'이다. 경제평론가 우치하시 카츠토 씨가 구상·주장하고 있는 것으로 식량(Food), 에너지(Energy), 복지개호(Care)라는 생활·생계에 최소한 필요한 것을 가까운 곳에서 자급해 나가는 운동으로서 전개되고 있다.

FEC 자급권에 크게 공감하고 동참하는 바인데, 필자는 여기에 교육(Education), 치유·건강(Cure), 문화(Culture)를 덧붙여 1F2E3C로 하고 있다. 식량, 에너지, 복지개호의 중요성·필요성에 대해서는 재차 말할 필요도 없지만, 농적 사회에서는 교육, 치유·건강, 문화에 대해서도 마찬가지로 중요시하는 것이다.

교육(Education)은 「세 살부터 백 살까지」인 동시에, 체험·경험을 기본으로 한다. 미각은 영유아 때 확립되기 때문에, 그 미각을 나중에 바꾸게 하는 것은 극히 어렵다고 생각한다. 미각으로 상징되듯이 오감을 풍부한 자연에도 닿게 하면서 신장시켜 가는 것이 중요하다. 또한 지식은 체험이 뒷받침되어야 생명이 있는 건데, 이것이 역전하여 지식이 전부인 양 되어 경험·체험이 가볍게 여겨지고 있다. AI가 발전할수록 인간에게 필요한 것은 체험·경험에 의해 연마된 오감, 감성이 아닐까. 학교는 지식교육으로 편중을 계속해 왔지만, 이제 지식은 PC나 스마트폰 등에 의해 즉시 검색이 가능해지고 있으며, 한편으로는 PC 게임 등에 의해 가상현실(virtual reality)이 만연하여, 가짜가 아닌 진짜의 체험·경험과 구별할 수 없게 되어 버렸다. 학교 교육의 재검토도 중요하지만, 체험·경험은 원래 학교에서 배우는 것 이상으로 이웃이나 지역에서 쌓아진다. 그렇기 때문에 그러한 장을 제공할 수 있는 「지역에서 사람을 기른다」는 개념의 교육 자급이 필요하다. 그곳에서는 노인들이 중요한 역할을 하게 된다.

치유·건강(Cure)에 대해서는, 의사 그리고 약에 너무 의지하고 있는 것이 현재의 모습이다. 포식 혹은 편식을 하고 이것을 보충제를 먹고 균형 회복을 꾀하는 사람도 많다. 의사의 진찰은 PC 화면을 보면서 환자의 이야기를 들을 뿐 환자의 안색이나 용태를 보는 일은 적고 데이터, 평균값으로 진단해 그에 대응한 약 처방전만 쓰는 것으로 되고 있다. 원래 인간 건강의 기초는 제대로 된 식사에서 비롯된다. 농약이나 화학비료는 그다지 사용하지 않는 생명력이 넘치는 농축산물을 적정량 받고, 적당히 몸을 움직이다 보면 건강은 저절로 유지되기 마련이다. 또 그렇게 하고 있으면 만일 몸에 큰 변조가 초래되더라도, 그전에 몸이 발하는 신호를 스스로 느끼고 받아들이는 것이 가능하기도 하다. 컨디션이 나빠진 경우도 포함해, 식사나 한방(漢方), 운동 등을 포함한 많은 축적이 돼 있는 민간요법이나 건강법을 활용해 나가는 것도 한 방법이다. 의사나 약국도 중요하며, 그 조언 등을 들으면서 하는 것이 되겠지만, 지역에 있는 노인 등의 체험이나 정보를 받으면서 일상적으로 민간요법이나 건강법을 활용·대응해 나감으로써 병에 걸리지 않는 몸 만들기에 유의해 나가는 것이 중요하다.

또 문화(Culture)에 대해서인데, 문화란 그림을 비롯하여 모양으로 나타내거나, 음악으로 만들거나, 몸으로 표현하거나 해서 자기표현을 해 나가는 것에 그 본질이 있다고 생각한다. 집단에서 하는 자기표현이 축제가 되어 에너지를 발산하고, 지역 유대를 다지는 역할도 해 왔다. 그러나 역사가 경과하면서 문화는 연마되고 세련되어 왔지만, 그와 동시에 전문화가 진행되어 특정 전문가(professional)만이 표현하는 것이 되어, 표현자·연주자와 견학자·청중으로 분화되어 왔다. 이것을 다시 일체화해 나가는 것이 필요한 시대가 되고 있는 것은 아닌가. 물론 지극히 뛰어난 프로페셔널의 연주나 퍼포먼스를 보거나 듣고 싶은 욕구가 있는 것이 당연하지만, 그것은 그것이고, 지역 레벨에서 모두가 더 다양한 형태로 자기표현을 하고 개성을 발휘해 나가는 것이 필요하지 않을까. 비행이나 정신질환 등이 만연해 있는데, 그 원인의 대부분은 발산해야 할 에너지가 억압되어 있거나 타인과 잘 소통하지 못하고 있는 데 있는 것은 아닐까. 편하게 일상적으로 자기표현을 할 수 있는 장소를 늘려 가는 동시에 축제 등에서 에너지를 발산해 나가는 것이 가장 좋다고 생각한다. 문화는 프로페셔널, 예술가가 담당하는 것이라는 고정관념을 타파해 나가는 것이 중요하다.

사람·물자·돈의 순환

1F2E3C의 자급도 향상을 위한 대처를 통해 사람·물자·돈의 순환을 만들어, 부풀려 나가려는 것인데, 이것에 약간의 보충을 해 두면, 우선 사람(人)에 대한 것이다. 이탈리아를 찾을 때마다 절감하는 것이 이탈리아 사람

들의 지역에 대한 강한 자부심이다. 어딜 가나 대개 내가 사는 이 동네가 세상에서 제일이라는 대답이 돌아온다. 그게 관용적·습관적으로가 아니라 겉치레의 사교적으로도 아니고 진심으로 말하는 게 대단하다. 이탈리아 농촌에서는 일본보다 빨리 농촌에서 도시로의 인구 유출, 과소화가 진행되었지만, 현재는 과소화가 해소되었다고 말할 수 있을 정도로 농촌 회귀가 진행되고 있다. 지역에 대한 자부심이 농촌 회귀를 가져오고 있다고 받아들이고 있는데, 대대로 내려오는 먹거리의 맛, 그리고 저녁 식사는 물론 점심 식사도 꽤 집으로 돌아와 가족과 함께 테이블을 둘러싸는 가정의 유대감, 그리고 매일 아침 바(bar: 간단한 식사나 술도 나오는 서서 먹는 식의 찻집과 같은 곳)를 찾아 에스프레소를 마시며 이야기를 나누면서 형성되는 동료의식과 지역 커뮤니티, 이런 것들이 자부심을 공고히 떠받치고 있는 게 아닐까 생각한다. 농촌으로의 인구 환류, 전원(田園) 회귀를 더욱 촉진하고, 지역에서의 사람 순환을 만들어 가기 위해서 빼놓을 수 없는 것은 지역에 대한 긍지이며, 일본 농촌에서도 그곳에 사는 사람들이 되찾아 가야 할 큰 과제라고 할 수 있다.

또 물자(物)의 순환에는 많은 것이 대상이 되는데, 여기서 한 가지 강조해 두고 싶은 것이, 농업뿐만 아니라 임업, 어업을 포함한 숲·마을·바다라는 큰 순환을 의식한 대처를 해 나가는 것이다. 삼림의 보살핌이 없으면 농업도 어업도 지속되기 어렵다. 「숲은 바다의 연인」이며, 따라서 숲·마을·바다의 순환 만들기에 나서는 것이 필수적이다.

그리고 돈(金)의 순환에 관한 것인데, 가급적 돈은 쓰지 않도록 하는 것이 가장 중요하다는 것이다. 돈이 필요해서 보조금 등 국가나 자치단체에 대한 의존도를 높일 경우도 있을 수 있지만, 더욱 중요한 것은 돈을 사용하지 않는 것이 물자의 순환을 촉진한다는 것이다. 음식 찌꺼기부터 시작해 의류에 이르기까지 폐기되는 것이 너무나 많다. 지금, 노인이 돌아가시면 의류도 장롱과 함께, 세간 등의 온갖 물건도 모두 폐기되는 일이 많다. 우연히 이웃에서 남편이 돌아가시고 부인은 딸 집에서 살게 되는지, 집을 처분하기 전에 쓰던 접시를 비롯한 식기와 세간 등이 누구나 가져갈 수 있도록 놓여 있었다. 이것도 하나의 아이디어다. 또 신문 등에서는 아이들에 대한 금융 교육의 필요성 나름을 호소해, 능숙한 돈의 사용법을 "전수"해야 한다고 하는 기사도 볼 수 있는데, 돈의 진짜 소중함은, 돈을 가능한 한 사용하지 않는 생활방식을 해 나가는, 물자를 철저하게 써 가는 데서 보이는 것이 아닐까. 그리고 무엇보다 아이들에게 가장 중요한 것은 돈 이야기 등이 아니라, 자연 속에서 놀이를 통하여 느껴 가는 체험이 진짜 중요하다. 그리고 사람과의 관계 속에서 성장해 나가기 위해서 가족은 물론 가까운 이웃과의 관계를 긴밀히 넓혀, "커다란 가족"으로 해 가는 것이 중요하기도 하다. 또 버리는 것이 감소하면 경관도 깨끗해진다.

 # 농적 사회(Agro-society)와 국가

지금까지 농적 사회에 대해 이야기해 왔는데, 농적 사회는 국가와 어떤 관계에 있는지, 또 어떤 관계로 설정해 나가야 하는지를 마지막으로 짚어 두고 싶다.

국가는 불안정한 존재

우선은 국가라고 하는 것은, 특별히 근대의 산물이라고 하는 사실이다. 즉 1648년 베스트팔렌조약(Peace of Westfalen)[17]에 따라, 그때까지 30년 동안 전쟁을 거듭하던 것이, 서로의 영토를 존중해 내정간섭은 하지 않는, 서로 독립된 존재임을 인정한 데서 발생한 것이 주권국가이며, 이를 고대국가와 구별하기 위해 근대국가라고 부른다(이하 국가는 근대국가를 가리킨다). 일정 범위를 국가의 국토로 하여 독립된 존재로 인정하고, 상호불가침을 기본으로 하는 관계를 맺음으로써 30년 전쟁을 종결시키고 평화를 확보하고자 한 것은 근대가 만들어 낸 예지라 할 수 있다. 그러나 국가를 성립시키기 위해 국경선을 확정하게 되는데, 각국마다 모두 중요한 시기의 권력자들이 자신의 영역을 최대한 넓게 획득하려고 무력과 권모술수를 다하여 국경선이 확정된 실정이며, 그런 만큼 국경선이 한번 그어졌다고 안정된 관계가 지속되는 것으로 된 것은 전혀 아니며, 항상 서로가 국경선을 넘어 침략을 거듭해 온 것이 현실의 역사이다.

또한 국경선에 둘러싸인 가운데도, 그곳에 공간적·물리적으로 존재한다고 해서 그 국가에 속하는 일원으로 여겨지기는 하지만, 나라마다 국가 안에 여러 민족과 종교, 문화를 품고 있는 실정이어서, 소수세력이 국가로부터 독립하려는 움직임은 끊이지 않고 있다. 즉 국가 간의 관계와 함께 국가

---

17 베스트팔렌조약(Peace of Westfalen): 독일 30년 전쟁을 끝마치기 위해 1648년에 체결된 평화조약으로 가톨릭 제국으로서의 신성로마제국을 사실상 붕괴시키고, 주권국가들의 공동체인 근대 유럽의 정치구조가 나타나는 계기가 되었다. (두산백과) -역자주.

와 국민 간의 관계도 불안정한 관계에 있다. 그래서 국가는 국민과의 관계를 안정적으로 만들기 위해, 국가에 대한 충성을 획득해 나가는 데 열심이었으며, 이를 위해 무력이나 지배를 위한 다양한 장치를 만들어 내고 구사해 왔다. 그것이 최근에 와서 무력을 대신하여 최대의 수단으로 대두되어 온 것이 경제정책이며, 경제성장을 통한 소득증가로 국민을 끌어들이려 한다고 할 수 있다. 무릇 국가는 자본주의와 불가분의 관계로서, 자본주의 발전과 함께 국력을 형성해 왔다. 이는 일본뿐만 아니라 자본주의 국가 전체에 공통적으로 나타나는데, 심지어 사회주의 국가인 중국까지도 마찬가지이며, 이 때문에 시장화·자유화 그리고 세계화가 강력하게 추진되면서 국제간 경쟁은 치열해지고, 경제는 성장하고 있다고는 하지만 소득격차는 확대되고 있고 대량의 빈곤층을 낳고 있다.

다시 말해 국가의 존립을 확보함과 동시에 국민의 충성을 얻기 위해 지금까지는 무력이 결정적인 역할을 해 왔는데, 근래에는 무력에 의한 전쟁에서 경제전쟁으로 크게 양상을 변화시켜 왔다. 경제발전과 소득증가에 의해 만들어지는 물적 풍요가 국민의 마음을 사로잡도록 선동되어, 그야말로 GDP 신앙이 만연하고 국민 마음의 많은 부분을 차지하게 되었다. 그리고 소득격차 확대라는 폐해에 그치지 않고, 관리 강화가 철저해지면서 인간은 상품으로서의 노동력으로만 취급되고 말아, 스트레스에 시달려 정신에 이상을 겪는 사람이 급증하고 있다.

이와 같이 일단 만들어진 국가는, 그 존립 유지를 지상 명제로 하는, 대내적으로나 대외적으로 불안정한 존재인 동시에, 국민에 대해서는 국가로서의 강제를 침투시키고 철저하게 해 나갈 수밖에 없는 존재이다. 따라서 지방이나 지역을 힘껏 끌어들여 일률화·균질화해 나가는 동시에, 정권에 있는 정치인이나 관료가 권력·권한을 쥐고 상의하달을 철저하게 해 나가는 것을 기본으로 하는 성질을 본질적으로 갖는 존재라고 할 수 있다.

인간 본래적인 삶의 방식으로

농적 사회는, 이러한 국가의 존재를 긍정도 부정도 하는 것이 아니며, 오히려 현실에 존재하고 피할 수 없는 거대한 장치로서, 이것(국가의 존재)을 필요악으로 받아들이는 한편, 스스로의 힘과, 이를 협동해 나감으로써 큰 힘으로 만들어, 생존하고 공생해 온 지역 자급적인 삶의 방식을 소중히 여겨가는 것이다. 이 지역 자급적인 삶의 방식은 말할 것도 없이 근대국가 성립이전부터 존재하여 왔던 것으로, 인간의 본래적인 삶의 방식이었다고 할 수 있는데, 이것이 근대국가의 성립, 그리고 자본주의의 발전과 함께, 조금씩 붕괴되어 왔다.

그것이 경제적 풍요만으로는 진정한 풍요를 획득할 수 없다는 것을 보여준 것으로서, 인간의 본래적인 삶의 방식을 재확인하고, 이쪽으로 조금이라도 되돌아가기 위해서 가치관을 전환시켜 생명원리를 최우선시해 나가는 동시에, 사람과 사람의 연결을 소중히 해 나가는 것부터 다시 시작할 수밖에 없다. 인간이 주역이며 자연을 다스릴 수 있고, 무한의 성장과 물질적 풍요를 찾아갈 수 있다는 환상을 한시라도 빨리 버려야 한다.

인간은 「태양과 흙과 물」에 의존하여 살아가고 있는 존재이며, 이것을 원점으로 하여 공생·공존해 나가는 것이 농적 사회이다. 농적 사회는 시대의 변화와는 무관하게 국가의 기반, 토대로서 있어야 할 것이며, 인간이 인간답게 제대로 살아가기 위한 필요조건이기도 하다. 이것은 국가로부터 공급되는 것이 아니라, 한 사람 한 사람이 지역 내에서 스스로의 활동으로서 협동해 나가는 가운데 생겨나는 것이다.

현재의 농정은 대규모화에 의한 프로 농가의 육성밖에 안중에 없지만, 이미 살펴본 바와 같이 일본에서 프로 농가는 많은 사람들이 농업에 참가하는 국민 개농(皆農)·시민개농이어야만 지산지소에 의한 지원·응원을 얻어 살아남을 수 있다. 농적 사회는 농업에 그치지 않고 생산과 삶 전반에 관련된 것이며, 그런 의미에서 농적 사회는 국가 전반의 폭주를 막고, 균형을 잡는 역할을 하기도 한다고 할 수 있다.

참고문헌

- 직접 인용한 것, 특히 참고한 것만 제시하였음

제1장

· 赤峰勝人 아카미네 카츠토(2016)『食の命　人の命』. マガジンランド
· 蔦谷栄一 쓰타야 에이치(2004)『日本農業のグランドデザイン』. 農山漁村文化協会
· 蔦谷栄一 (2009)『都市農業を守る』. 家の光協会
· 蔦谷栄一 (2013)『共生と提携のコミュニティ農業へ』. 創森社
· 蔦谷栄一 (2014)『地域からの農業再興』. 創森社
· 中野美季 나카노 미키(2018)「イタリアにおける包摂と寛容の社会的農業」. 東京大学大学院新領域創成科学研究科 · 博士論文

제2장

· 畠山重篤 하타케야마 시게아쓰(2011)『鉄は魔法つかい』. 小学館
· 森田三郎 모리타 사부로(2014)「農園の大規模化は″地域生活を豊かにするのか : ダイヌーバ＝アーヴィン論争を手がかりとして」. 甲南大学紀要 · 文学編164
· 矢田浩 야다 히로시(2005)『鉄理論＝地球と生命の奇跡』. 講談社고단샤

제3장

- アダム・スミス 애덤 스미스 『国富論』. 岩波 이와나미書店
- カール・マルクス 칼 마르크스 『資本論』. 岩波書店
- ケネー 케네 『経済表』. 岩波書店
- 岩井克人1 이와이 카즈히토(1997)『資本主義を語る』. 筑摩書房
- 岩井克人2(2006)『二十一世紀の資本主義論』. 筑摩書房
- 岩井克人3(2006)『資本主義から市民主義へ』. 新書館
- 宇沢弘文 우자와 히로후미(2015)『宇沢弘文の経済学―社会的共通資本の論理』. 日本経済新聞出版社
- 宇根豊 우네 유타카(2016)『農本主義のすすめ』. 筑摩書房
- 宇野弘蔵 우노 코조(1969)『農業問題序論』. 青木書店
- 小貫雅男・伊藤恵子 오누키 마사오・이토우케 이코(2016)『菜園家族の思想―甦る小国主義日本』. かもがわ出版
- 佐伯啓思 사에키 케이시(2012)『経済学の犯罪―希少性の経済から過剰性の経済へ』. 講談社
- 中沢新一 나카자와 신이치(2003)『愛と経済のロゴス』. 講談社
- 村岡到1 무라오카 이타루(2003)「自然・農業と社会主義」『生存権・平等・エコロジー』. 白順社
- 村岡到2 (2003)「『資本論』と農業」『生存権・平等・エコロジー』. 白順社
- 吉本隆明1 요시모토 타카아키(2015)「農村の終焉―〈高度〉資本主義の課題」『農業のゆくえ―吉本隆明＜未収録＞講演集〈3〉』. 筑摩書房

제4장

- 阿部信彦 아베 노부히코(2000)『協同組合"100年の軌跡―ふり向けば産業組合―』. 協同組合懇話会
- 賀川豊彦1 가가와 도요히코(2009)『復刻版　死線を越えて』. ＰＨＰ研究所
- 賀川豊彦2(2012)『復刻版　協同組合の理論と実際』. 日本生活協同組合連合会
- 賀川豊彦3(1933)『身辺雑記』(賀川豊彦全集第24巻). キリスト教新聞社

· 賀川豊彦4(1935)『農村更生と精神更生』(賀川豊彦全集第12巻). キリスト教新聞社

· 河内聡子 가와치 사토코(2018)「理想郷としての「乳と蜜の流るゝ郷」―産業組合の論理を越えて」『雲の柱32』. 賀川豊彦記念松沢資料館

· 木村茂光 기무라 시게미츠編(2010)『日本農業史』. 吉川弘文館

· 佐藤常雄・大石慎三郎 사토 츠네오・오오이시 신자부로(1995)『貧農史観を見直す』. 講談社

· 鈴木浩三 스즈키 코조(2016)『江戸の都市力』. 筑摩書房

· 隅谷三喜男 스미야 미키오(2011)『賀川豊彦』. 岩波 이와나미書店

· 田中圭一 다나카 케이이치(2000)『百姓の江戸時代』. 筑摩書房

· 蔦谷栄一(2010)『協同組合の時代と農協の役割』. 家の光 이에노히카리協会

· 日本協同組合学会訳編(1989)『西暦2000年における協同組合＜レイドロー報告〉』. 日本経済評論社

· 日本農業新聞編(2017)『協同組合の源流と未来―相互扶助の精神を継ぐ』. 岩波書店

· 原田信男 하라다 노부오(2008)『中世の村のかたちと暮らし』. 角川学芸出版

· 朴元淳(パクウォンスン)(2015)「協同組合都市ソウル」. 『社会運動 no.417』. 市民セクター機構

· 尹壮鉉(ユンジャンヒョン)(2015)「民主・人権・平和」の実質化を続ける光州」. 『社会 運動no.417』. 市民セクター機構

· 渡辺尚志 와타나베 타카시(2015)『百姓の力―江戸時代から見える日本』. KADOKAWA

제5장

· 後藤政子 고토 마사코(2016)『キューバ現代史』. 明石書店

· 新藤通弘 신도 미치히코(2007)「キューバにおける都市農業・有機農業の歴史的位相」. 『アジア・アフリカ研究』384号

· 吉田太郎 요시다 타로(2002)『200万都市が有機野菜で自給できるわけ―都市農業大国キューバ・レポート』. 築地書館

제6장

· ウラジーミル・メグレ(2012)『アナスタシア』(1~6巻). ナチュラルスピリット
· 蔦谷栄一(2016)『農的社会をひらく』. 創森社
· 豊田菜穂子 도요타 나오코(2017)「ロシア　菜園つきセカンドハウス =「ダーチャ」
　　のある暮らし」『世界の田園回帰』. 農山漁村文化協会

제7장

· 小林史麿 고바야시 후미마로(2012)『産直市場はおもしろい』. 自治体研究者

저자 후기

본서는 ① 이전 저작인 『농적 사회를 열며(農的社会をひらく)』의 속편으로서, 「농적 사회」에 대해 좀 더 깊고 구체적으로 전개해 두고 싶다는 것을 기본으로 하면서도, 이 기회에 ② 국민·소비자가 납득·지지할 수 있는 일본 농업으로 다시 일으켜 나가기 위해서는, 산업으로서의 농업뿐만 아니라, 소규모·가족농업을 중시하는 동시에, 농(農)의 세계를 명확히 하고, 이와 일체화시킨 국민이 참가할 수 있는 농업으로 재편해 나가야만 한다는 것을 호소하고, ③ 70세를 맞이하면서, 지금까지 손대지 못했던 경제학과 농업·자연과의 관계, 일본의 협동조합 운동을 리드해 온 "거인" 가가와 도요히코賀川豊彦 씨 등에 대해 정리해 두고 싶다는 다른 생각도 더해 집필을 시작한 것이다.

이와 같이 목표가 혼재함과 동시에 폭이 있기도 하여, 집필에는 솔직히 어려움을 겪었고, 또 예기치 못한 전개·구성이 되어 버렸지만, 지금까지 없었던 실로 즐거운 작업이 되었다.

이 책에서 보여 주듯이 많은 분들과의 만남과 연계된 활동이 있어 오늘에 이를 수 있었던 것으로서, 만남을 주신 많은 분들께 진심으로 감사의 말씀을 드리고 싶다. 또 이런 이기적인 기획을 이번에도 또 용서해 주신 소신샤創森社 사장에게 깊은 감사의 말씀을 드린다. 그리고 지금까지 활동을 함께 하고 파트너로서 협력하여 일하여 준 아내 마사코, 지극히 유능한 비서로서 PC 작업을 비롯해 여러모로 지탱해 준 딸 노부코에게도 감사의 뜻을 전하고 싶다.

색인

Agro-society

미래를 경작하는
농적 사회

초판인쇄 2023년 10월 15일
초판발행 2023년 10월 15일

지은이 쓰타야 에이치
옮긴이 전찬익
펴낸이 채종준
펴낸곳 한국학술정보(주)
주 소 경기도 파주시 회동길 230(문발동)
전 화 031-908-3181(대표)
팩 스 031-908-3189
홈페이지 http://ebook.kstudy.com
E-mail 출판사업부 publish@kstudy.com
등 록 제일산-115호(2000. 6. 19)

ISBN   979-11-6983-707-1 93330